T0303827

Mónica Cavallé

La sabiduría recobrada

Filosofía como terapia

© 2002, Mónica Cavallé
© de la edición en castellano: 2011 by Editorial Kairós, S.A.
Numancia 117-121, 08029 Barcelona, España
www.editorialkairos.com

Fotocomposición: Moelmo, SCP. Barcelona
Impresión y encuadernación: Romanyà-Valls. 08786 Capellades

Primera edición: Noviembre 2011
Décima edición: Abril 2024

ISBN: 978-84-9988-027-3
Depósito legal: B 37.236-2011

Este libro ha sido impreso con papel certificado FSC, proviene de fuentes
respetuosas con la sociedad y el medio ambiente y cuenta con
los requisitos necesarios para ser considerado un "libro amigo de los bosques".

A la memoria de dos entrañables ejemplos de sabiduría de vida: Blanca, mi abuela, y Alfonso, mi padre.

Sumario

Introducción

«En la vida humana, el tiempo no es más que un instante. La sustancia del ser humano cambia sin cesar, sus sentidos se degradan, su carne está sujeta a la descomposición, su alma es turbulenta, la suerte difícil de prever y la fama, un signo de interrogación. En breve, su cuerpo es un arroyo fugitivo, su alma, un sueño insustancial. La vida es una guerra y el individuo un forastero en tierra extraña. Además, a la fama sigue el olvido. ¿Cómo puede hallar el ser humano una manera sensata de vivir? Hay una sola respuesta: en la filosofía. Mi filosofía consiste en preservar libre de daño y de degradación la chispa vital que hay en nuestro interior, utilizándola para trascender el placer y el dolor, actuando siempre con un propósito, evitando las mentiras y la hipocresía, sin depender de las acciones o los desaciertos ajenos. Consiste en aceptar todo lo que venga, lo que nos den, como si proviniera de una misma fuente espiritual.»

MARCO AURELIO[1]

Parecen quedar lejos de nosotros aquellos tiempos en que la filosofía tenía un profundo impacto en la vida de quienes la cultivaban, cuando era una práctica que conllevaba toda una ejercitación coti-

diana y un estilo de vida. La palabra "filosofía" ha llegado a ser sinónimo de especulación divorciada de nuestra realidad concreta, de
pura teoría, de reflexión estéril, y casi hemos olvidado que durante
mucho tiempo fue considerada el camino por excelencia hacia la
plenitud y una fuente inagotable de inspiración en el complejo camino del vivir.

Pero el rumbo discutible que con frecuencia ha seguido la filosofía en nuestra cultura no puede hacernos olvidar que esta nació, en
torno al 600-400 a.c., en la antigua Grecia –y paralelamente en otros
lugares, como la India o China–, no solo como un saber acerca de los
fundamentos de la realidad, sino también como un *arte de vida*, como
un camino para vivir en armonía y para lograr el pleno autodesarro-
llo. La filosofía no era únicamente una actividad teórica que podía
tener ciertas aplicaciones prácticas; más aún, en ella, esta división
entre teoría y práctica, entre *conocimiento* y *transformación* propia,
carecía de sentido. Los filósofos de la antigüedad sabían que una
mente clara y lúcida era en sí misma fuente de liberación interior y
de transformaciones profundas; y sabían, a su vez, que esta mente
lúcida se alimentaba del compromiso cotidiano con el propio perfec-
cionamiento, es decir, de la integridad del filósofo.

Esta convicción de que sabiduría y vida son indisociables hacía
de la filosofía el saber *terapéutico* por excelencia. El término "terapia"
alude aquí a su función liberadora y sanadora: era "remedio" para las
dolencias del alma. Los primeros filósofos sostenían que el conocimiento profundo de la realidad y de nosotros mismos era el cauce
por el que el ser humano podía llegar a ser plenamente humano; que
el sufrimiento, en todas sus formas, era, en último término, el fruto
de la ignorancia. Consideraban que la persona dotada de un conocimiento profundo de la realidad era, al mismo tiempo, la persona liberada, feliz, y el modelo de la plenitud del potencial humano: el
sabio.

Pero, como decíamos, la filosofía fue progresivamente abandonando su función terapéutica. Poco a poco fue dejando de ser *arte de vida* para convertirse en una actividad estrictamente teórica o especulativa. Hoy en día se entiende por filosofía, básicamente, una disciplina académica y un tema de análisis y reflexión; rara vez una práctica, un sistema global de vida. Parece que ya no es preciso ningún compromiso activo con la propia integridad para ser filósofo y que el conocimiento filosófico ya poco tiene que ver con una vida plena.

Recuerdo, a este respecto, que el primer día de clase de mis estudios de Filosofía un profesor nos dijo esbozando una media sonrisa: «El que haya venido aquí esperando que estos estudios le ayuden a superar sus problemas o a mejorar su vida, ya puede ir abandonando esa pretensión». Lo peor de todo es que tenía razón: el panorama de los estudios filosóficos, básicamente abstracto, desconectado de nuestras cuestiones más inmediatas y anhelos más vitales, y en el que las opiniones de los pensadores se sucedían como un inmenso y caprichoso "collage" en el que la disensión parecía ser la ley, poco contribuía a darnos algo de la luz y orientación que nuestra supuesta "candidez de neófitos" reclamaba.

¿Qué ha pasado para que la filosofía, que fue *maestra de vida* por antonomasia, a la que acudían aquellos que aspiraban a una vida plena y feliz, haya llegado en buena medida a ser un conocimiento inoperante, vitalmente estéril, y, en ocasiones, mayor fuente de confusión interior que de claridad, serenidad lúcida, alegría y equilibrio?

* * *

La filosofía originaria, la que era sabiduría de vida, ha sido en gran medida desplazada en nuestra cultura por una filosofía bien distinta:

la filosofía especulativa que todos conocemos. Pero, aunque relegada y silenciada en nuestra cultura, dicha filosofía originaria no ha muerto; ha seguido activa en Occidente, generalmente al margen de los ámbitos oficiales y académicos, y ha estado profundamente viva, y lo sigue estando, en gran parte de las culturas orientales.

Una de las ideas que propone este libro es precisamente la de que *hay, en realidad, dos formas de entender la filosofía cualitativamente diferenciadas,* aunque este hecho haya pasado desapercibido por haber estado ambas unificadas, de manera equivocada, bajo una misma categoría: la de la "filosofía". No hablamos tan solo de sistemas diversos de pensamiento, sino de dos actividades distintas, con intenciones, metas y presupuestos diferentes, a saber:

• Una de ellas se corresponde con lo que habitualmente entendemos por "filosofía" en nuestra cultura actual: la filosofía especulativa que se enseña en las aulas, la que predomina en los ámbitos académicos y especializados.

• La otra filosofía tiene una naturaleza bien distinta y, por eso, aunque algunas de sus expresiones han formado parte de lo que en dichos ámbitos especializados se conoce como "historia de la filosofía", no encuentra ahí su verdadero elemento. Queda desvirtuada si se la conoce exclusivamente en el marco de una disciplina académica, o en el de un manual en el que, a modo de inventario, se alinean los sistemas de pensamiento de los distintos filósofos.

¿Por qué? Porque, como hemos señalado, esta segunda filosofía –la que ha permanecido fiel a su sentido originario– es, ante todo, una sabiduría de vida: un conocimiento indisociable de la experiencia cotidiana y que la transforma de raíz, un camino de liberación interior. Más que como una doctrina o una serie de doctrinas teóricas autosuficientes, se constituye como un conjunto de indicaciones operativas, de instrucciones prácticas para adentrarnos en dicho camino. La filosofía así entendida se propone *inspirar* más que explicar; no nos invita a poseer conocimientos sino a acceder a la *experiencia* de un nuevo *estado de saber y de ser* cuyos frutos son la paz y la libertad interior. El modelo de esta filosofía no es un sistema teórico, ni un libro, sino la persona capaz de encarnarla: el "sabio", el "maestro de vida". Se trata de una sabiduría que no es fruto del ingenio ni de las disquisiciones de nadie en particular, que no es "propiedad" de ningún pensador; de hecho, allí donde ha estado presente nadie se ha sentido su propietario.

Esta última filosofía ha sido armónica y coherente en su esencia y en su espíritu (no necesariamente en su forma) en los distintos lugares y tiempos. En contraste con el carácter cambiante de la historia de la filosofía especulativa, se trata de una filosofía imperecedera, que no decae con las modas intelectuales, que no es desbancada por otras. Por ello, numerosos pensadores del siglo xx la han denominado "filosofía perenne".

Para evitar confusiones, en un momento dado de nuestra exposición optaremos por denominar a esta "filosofía perenne" *sabiduría* o *filosofía sapiencial*, y a la filosofía especulativa, sencillamente *filosofía*.[2] La *filosofía* –en su acepción restringida– no ha de ser confundida con la *sabiduría*, ni el mero *filósofo* con el *sabio*. No llamaremos "sabio" solo a aquel que ha alcanzado las cumbres del conocimiento y de la virtud (*rara avis*), sino, más genéricamente, a quien está comprometido con lo que hemos denominado la "experiencia de un nuevo estado de saber y de ser" y lo saborea en su vida cotidiana, a quien no confunde sus especulaciones subjetivas con la sabiduría y la visión directa" que solo esa experiencia proporciona. Los límites entre la filosofía y la sabiduría, así entendidas, no son rígidos. Estas categorías son solo orientadoras. Así, ciertas doctrinas filosóficas presentes en los manuales de la historia de la filosofía son sabiduría en el sentido señalado. El calificativo "sabiduría" busca hacer ver que, si bien estas doctrinas pueden ser objeto de la filosofía especulativa, no es esta la que puede revelarlas en su verdadera dimensión.

La filosofía especulativa ha sido la exclusiva de un reducto de especialistas; los "legos" difícilmente han tenido acceso a ella. La sabiduría, en cambio, ha sido accesible a todos. La medida del propio amor a la verdad, y no las dificultades formales, ha sido su única criba. La filosofía especulativa parece haber monopolizado las cuestiones fundamentales –además de, con frecuencia, haberlas desvitalizado y fragmentado–. Las tradiciones de sabiduría, por el contrario, sostienen que el conocimiento de lo más importante, de las verdades más significativas, no es privilegio de ningún experto o "entendido", sino que está al alcance de quienes lo anhelan con pureza, persistencia y radicalidad. A estos últimos les es ajeno el "espíritu de propietario", característico de "aquellos que dificultan las incursiones 'ajenas' en su parcela de saber".[3] Si son pocos los que se adentran en la sabiduría, no es por su inaccesibilidad, sino porque es limitado el número de quienes la desean realmente, porque son pocos los veraces y "puros de corazón".

* * *

En las últimas décadas, la Psicología ha sido la disciplina que ha decidido tomar el relevo de las cuestiones y tareas, originariamente propias de la filosofía sapiencial pero relegadas posteriormente por la filosofía especulativa, relativas a la consecución de una vida plena y liberada. Nos referimos, en concreto, a ciertos desarrollos de esta disciplina que se han erigido en claras alternativas frente a la psicología positivista clásica y al freudismo ortodoxo, y que se enclavan dentro de la denominada *psicología humanista* –también llamada "tercera fuerza"–. Estas nuevas vertientes de la psicología tienen mucho de filosofía de vida pues saben que las "recetas" y las "técnicas" no funcionan a largo plazo y que solo el conocimiento profundo de uno mismo, arraigado en el conocimiento de nuestro lugar en el cosmos, puede ser fuente de plenitud y de verdadera y permanente transformación. No piensan en términos de salud y enfermedad psíquica, sino de crisis, conflictos y reajustes dentro del movimiento global de la persona hacia su completa realización. Consideran que esta realización no es algo que competa al individuo aislado, ni siquiera al individuo considerado en el marco de sus interacciones sociales, sino que requiere que este se abra a la dimensión trascendente de sí mismo que le pone en conexión con la totalidad de la vida. Saben que nada es realmente conocido si no se conoce en su contexto, y el del ser humano (el de su comportamiento, deseos, temores, búsquedas...) es la realidad en su integridad. Creen que una práctica psicoterapéutica que no conlleve un incremento de nuestro nivel de comprensión, de conciencia, tiene un alcance muy limitado y es a la larga ineficaz; en otras palabras, saben que hay una relación íntima entre el conocimiento profundo de la realidad y el despliegue de nuestras potencialidades. Pues bien, estas nuevas psicologías han hallado una importante fuente de inspiración en la sabiduría de todos los tiempos, en la filosofía perenne, como ellas mismas reconocen. Han sabido detectar y aprovechar su inmenso potencial para la transformación.

Resulta significativo que, mientras desde distintas disciplinas se está favoreciendo el renacer de la sabiduría en Occidente, la filosofía académica parezca ser uno de los ámbitos más ajenos a este resurgir. Ahora bien, también en ella hay quienes comienzan a afirmar que ya es hora de que la filosofía retome su función como *maestra de vida*. Que ya es hora de que admita que nuestra cultura está sedienta de dicha sabiduría de vida, de un conocimiento que se mida por sus frutos; que está cansada de la esterilidad, arbitrariedad y narcisismo de las teorías abstractas. Está tan cansada de estas últimas como de la futilidad de las técnicas que prometen un bienestar inmediato, pasando por alto el camino lento pero seguro del conocimiento. Como está cansada de la pretensión de ciertos grupos religiosos o ideológicos de monopolizar todo lo relativo al conocimiento de los medios que posibilitan el logro de nuestra libertad interior, de su pretensión de erigirse en los intermediarios de nuestra realización.

* * *

Este libro es una invitación a conocer esa sabiduría que en nuestra cultura ha sido en gran medida relegada de los ámbitos oficiales. Se dirige a quienes siempre han sospechado que la filosofía les sería útil, si bien, cuando han acudido a lo que habitualmente se imparte como tal, se han sentido decepcionados o defraudados. A aquellos que creen que la filosofía debería ser algo mucho más relevante y directamente concerniente a la propia vida que lo que se enseña corrientemente como tal. A los que tienen demasiada sed de verdad, de realidad, de claridad en su mundo interno y en su vida, como para disfrutar de las acrobacias mentales de cierto "filosofar de salón"; en otras palabras, a quienes buscan verdades que sacien su sed, y no, simplemente, que satisfagan su curiosidad. También a quienes no creen que el acceso a los conocimientos más relevantes –los concernientes a los secretos últimos del ser humano y de la vida– deba ser el privilegio de ciertos especialistas ni el reducto de los conocedores de cierta jerga. A los que, por ello, desconfían de quienes ofrecen una filosofía que exige mentalidad y hábitos de técnicos, así como conocimientos alambicados o innecesariamente oscurecidos. A los que saben que la verdad se protege a sí misma y que no necesita, por ello, de preámbulos u oscurecimientos añadidos. Se dirige asimismo a quienes se han formado como especialistas en un ámbito particular y echan en falta un conocimiento más global y esencial que les aporte el horizonte que su formación no les ha aportado, pero temen el aura de complejidad y hermetismo que rodea a la filosofía. También a los que, interesados en su propio autoconocimiento y automejoramiento, quieren conocer cómo la sabiduría de todos los tiempos ha abordado y cimentado estas tareas.

* * *

Hemos estructurado esta obra en dos partes:

- En la primera ahondaremos en algunas de las ideas apuntadas: ¿Es útil la filosofía? ¿Debe serlo? ¿En qué sentido lo es y en qué sentido no? ¿Qué queremos decir cuando afirmamos que hay un conocimiento que transforma? ¿Qué es la "filosofía perenne"? ¿Por qué la filosofía dejó de ser "sabiduría"? ¿Ha asumido históricamente la religión la función liberadora y sanadora (la del "cuidado de la salud del alma") que dejó de tener la filosofía? ¿Dónde están los sabios en nuestra cultura? Etcétera.

- En la segunda parte nos adentraremos en lo que hemos denominado "filosofía perenne". Intentaremos hacer ver cómo ciertas ideas básicas sostenidas por la sabiduría de todos los tiempos pueden iluminar nuestra vida cotidiana y desvelar su hondura y sus posibilidades. Estas reflexiones, a la vez que servirán de introducción a la sabiduría imperecedera, irán dando respuesta a preguntas del tipo: ¿Cómo desenvolvernos en medio de la complejidad creciente del mundo actual, sin desvincularnos de nuestro espacio interior y de sus exigencias? ¿Cómo entrar en contacto de modo habitual con ese espacio, el único que nos permite obrar con autenticidad, simplicidad y lucidez? ¿Es posible hallar la propia voz cuando la saturación de información y de voces ajenas ha falseado nuestras necesidades reales? ¿De qué manera conservar la inocencia, la puerta hacia la plenitud interior y hacia la sabiduría, cuando parece que todo nos invita a la astucia y a la lucha descarnada? ¿Cabe hacer de nuestra actividad habitual, cuando se imponen la celeridad o la rutina, un camino de crecimiento? ¿Cómo ser eficientes siendo a la vez creativos, es decir, sin que la búsqueda de resultados mediatice nuestra propia verdad y nuestra necesidad de expresión auténtica? ¿De qué modo habitar en la complejidad y en la incertidumbre sin caer en la desorientación o en la dispersión?...

Nuestras reflexiones no se impondrán como explicaciones cerradas ni como recetas para la acción; buscarán solo sugerir, de modo que el lector pueda ir encontrando y despertando sus propias respuestas dentro de sí.

La segunda parte de este libro orbitará en torno a ciertas máximas de la sabiduría perenne y a las intuiciones centrales de algunos filósofos (de filósofos *sabios* que han compartido la señalada concepción terapéutica de la filosofía). Con ello buscaremos mostrar cómo obras y autores que quizá creíamos distantes o inaccesibles pueden resultar cercanos y sugerentes; tal vez así, las barreras que alguien pensaba que existían entre él y buena parte de la sabiduría de todos los tiempos puedan ser felizmente salvadas. Propiamente, no explicaremos el pensamiento de esos filósofos; sencillamente, sus palabras nos servirán de inspiración para pensar por cuenta propia. Al hacerlo así somos fieles al espíritu de la sabiduría, que no es nunca "filosofía forense": una invitación a repetir lo que ya se dijo, un culto a la letra muerta y al pasado.[4]

Nos encontraremos con referencias a la *filosofía presocrática*, muy en particular a la figura de Heráclito. Al *estoicismo romano* (Epicteto, Marco Aurelio, etcétera), los mejores herederos de lo que el pensamiento griego tuvo de "filosofía de vida". Haremos alusión a pensadores que nos son más cercanos en el tiempo y que, dentro de la historia de la filosofía, han sido, en mayor o menor grado, emergencias de la sabiduría perenne, como Ralph W. Emerson, Søren Kierkegaard, Friedrich Nietzsche, Simone Weil, etcétera. A "sabios" contemporáneos que no han sido filósofos, como Jiddu Krishnamurti o Albert Einstein. A la denominada "mística especulativa" occidental, representada en la figura del Maestro Eckhart. Al *pensamiento taoísta*: Lao Tsé y Chuang Tzu. Al *hermetismo*, de cuyas supuestas fuentes mistéricas egipcias bebieron muchos filósofos y sabios griegos. Al pensamiento índico, en concreto, a las *Upanishad* y a una de las tradiciones de sabiduría en ellas inspirada: el *Vedanta Advaita* o *Vedanta de la no-dualidad* (cuyo iniciador fue Shamkara y cuyos principales representantes contemporáneos han sido Ramana Maharshi y Nisargadatta Maharaj). Al *budismo Zen*, y muy en particular a un breve texto, el *Sin-sin-ming*, que es una interesante confluencia del pensamiento budista con el no-dualismo índico y con el taoísmo. Etcétera.

En todos estos pensadores y enseñanzas, más allá de las disparidades individuales, culturales, geográficas y temporales, late un mismo espíritu, un mismo tipo de vigor del que carecen las meras explicaciones teóricas, que es propio de todo aquello que es un cauce de la fuerza transformadora y liberadora de la realidad, de la verdad viva. Todos ellos son una provocación, un desafío: ejemplos privilegiados de la altura real que podemos alcanzar, de la riqueza –habitualmente desconocida– de nuestro potencial. Nos enseñan que la lucidez, la plenitud y el gozo sereno, como estados estables, no son una ilusión, sino nuestra naturaleza profunda: nuestra herencia y nuestro destino.

Parte I

La sabiduría silenciada

«Hay cierta sabiduría humana, que es común a los hombres más grandes y a los más pequeños y que nuestra educación corriente labora con frecuencia para silenciar y obstaculizar.»

R.W. EMERSON[1]

1. Acerca de la utilidad de la filosofía

«¿Qué hay, ¡por los dioses inmortales!, más deseable que la
sabiduría, más trascendente, más útil y más digno del hombre?
Los que se entregan con ardor a su consecución se llaman filósofos.»

CICERÓN[2]

Hace un cierto tiempo se produjo en España una importante polémica
desencadenada por las decisiones gubernamentales que buscaban
reducir al mínimo la asignatura de Filosofía en los planes de estudio.
Estas medidas eran solo unas entre las muchas que, desde hace décadas, parecen ver en las asignaturas de humanidades disciplinas pres-
cindibles en una sociedad en la que crecientemente se requieren, se
valoran y se remuneran, por encima de todo, los conocimientos técnicos especializados. Puesto que pertenezco al gremio de los filósofos
tuve ocasión de atestiguar el escándalo que entre mis compañeros
produjo, con toda lógica, esta decisión. Pero hubo algo que me llamó
la atención: el que pocos filósofos, además de indignarse justamente
por el despotismo creciente de los valores estrictamente pragmáticos
que está provocando la anemia espiritual de nuestra sociedad, se
preguntaran en qué medida ha contribuido a este estado de cosas la
misma filosofía. En otras palabras, pocos filósofos se preguntaban:

¿Por qué la filosofía ha llegado a ser considerada por la mayoría como algo abiertamente inútil?

¿Por qué ya no se acude a los filósofos ante los grandes retos y problemas de nuestro tiempo?

¿Por qué el estudiante de secundaria que aprende la asignatura suele afirmar que de poco le ha servido ese vertiginoso paseo por las reflexiones de los grandes filósofos (sistemas de pensamiento que se suceden e invalidan entre sí y en los que tan solo con dificultad puede ver alguna conexión consigo mismo y con sus inquietudes más íntimas)?

¿Por qué tantas personas piensan que la filosofía es un reino inaccesible, lingüísticamente hermético e inabordable, del que sospechan que pocas cosas relevantes pueden obtener?...

En esa decisión no solo se podía ver una señal de los tiempos y el pragmatismo asfixiante que los caracteriza; también un síntoma del estado de salud de la propia filosofía.

La filosofía, entendida en sentido amplio como aquella actividad por la que el hombre busca de forma lúcida y reflexiva comprender la realidad y orientarse en ella, ha formado parte de la raíz de toda civilización. Todas las grandes civilizaciones se han asentado, entre otros, en unos cimientos de naturaleza filosófica. Estos proporcionaban una determinada forma de mirar la realidad y de estar en el mundo, y daban respuesta a las cuestiones más básicas y radicales, como las de quién es el ser humano y cuál es su destino. Los demás saberes y las demás artes orbitaban en torno a esta sabiduría, y era esta última la que definía el correcto lugar, el sentido último y la función de dichos artes y saberes.

Pero ¿se considera actualmente a la filosofía como uno de los ejes de nuestra cultura contemporánea? Parece que no, que hace tiempo que perdió, ante la conciencia de los occidentales, este papel central. La filosofía ya no impregna la vida ni la sociedad pues se ha relegado a los ámbitos académicos y especializados. No estamos en los tiempos en que los reyes o los emperadores reclamaban a los filósofos y a los sabios. Hoy los gobernantes demandan técnicos y gestores, no pensadores. Pero tan grave como esto es que la misma filosofía cierre los ojos ante este hecho y no se dé cuenta de lo poco que tiene que decir; que no reflexione sobre por qué se ha llegado a considerar tan irrelevante su aportación.

La filosofía aspiró a tener, en sus orígenes, un influjo directo en la vida individual, social y política. Con el tiempo, en la misma medida en que perdía su eficiencia para la vida cotidiana, fue aislándose de la esfera pública, hasta el punto de que hoy en día su capacidad de influencia sobre esta última es mínima. Ahora bien, precisamente porque la filosofía constituye siempre uno de los cimientos de toda civilización, no puede, sin más, ser eliminada. Por eso, cuando esta filosofía ya no es ampliamente reconocida y explícita, como sucede en nuestra sociedad, lejos de desaparecer de esta, sigue impregnándola, pero de forma larvada. De ser consciente, pasa a ser inconsciente. De reflexiva y crítica, se convierte en irreflexiva y acrítica. Nos pueden dar pistas sobre cuál es la filosofía oculta de nuestro tiempo las consignas que nuestra época da por supuestas, los ideales que la animan y que son mayoritariamente asumidos, los valores individuales y colectivos predominantes que tan bien revelan la publicidad o los medios de comunicación.

La filosofía no se puede suprimir; constituye el entramado más íntimo de la cultura. Pero, cuando esto no se reconoce abiertamente, el pensamiento pasa a ser ideología que nos penetra de modo indirecto, sin darse a conocer como tal, eludiendo la crítica, es decir, de modo impositivo. Una sociedad en que la filosofía –la dilucidación de las cuestiones últimas y la reflexión crítica– no tiene un lugar central y explícito es siempre una sociedad adocenada, un caldo de cultivo de toda forma de manipulación.

¿Es útil la filosofía?

¿Por qué la filosofía ha llegado a parecernos accesoria? Si la filosofía ya no ocupa un lugar central en nuestra cultura es, en gran medida, porque ha perdido aquello que le confería un papel vital en el desarrollo del individuo y la sociedad: su dimensión transformadora, terapéutica; en otras palabras, porque *ha dejado de ser maestra de vida* y el conocimiento filosófico ya no es aquel saber que era, al mismo tiempo, plenitud y libertad; porque la esterilidad de muchas de las especulaciones denominadas filosóficas ha llegado a ser demasiado manifiesta.

La supuesta "esterilidad" o "inutilidad" de la filosofía es el principal argumento que esgrimen sus detractores y lo que les ha llevado a considerarla un saber culturalmente prescindible. La mayoría de los filósofos –y de quienes piensan que es indispensable salvaguardar la cultura de las humanidades– consideran, por el contrario, que el valor de la filosofía, lo que le otorga su especial dignidad, radica precisamente en que no es un saber directamente "útil", en que es una actividad libre que no precisa venderse a ningún resultado. El carácter irreconciliable de estas posturas –como pasaremos a ver– es solo aparente; de hecho, cada una de ellas otorga un sentido distinto al término "utilidad". Ambas posiciones han advertido una dimensión real de la filosofía: que ha de ser "útil", por un lado, y que ha de ser "libre" de toda instrumentalización, por el otro. Su error radica en considerar que ambas dimensiones son excluyentes.

¿Ha de ser útil la filosofía? ¿O no radica su dignidad precisamente en su carácter libre, en que su valor es intrínseco y no se deriva de los resultados que posibilita? Este dilema es una falacia. Una falacia que ha favorecido, por una parte, que algunos piensen que una sociedad puede prescindir, sin más, de la filosofía, olvidando que una cultura sin sabiduría está abocada al gregarismo, a la destrucción y al caos. Y que ha favorecido, por otra parte, que otros cultiven una filosofía estéril, autorreferencial y hermética, confinada a unos pocos especialistas, que ha ocultado su vacuidad y su infecundidad bajo el aura de una "dignidad" y "libertad" mal entendidas. Los primeros intuyen, acertadamente, que la filosofía ha muerto, pues ha perdido su eficiencia; pretenden simplemente quitar del medio un cadáver que les estorba. Los segundos intuyen, también acertadamente, que la verdadera filosofía, como saber libre, no puede ni debe morir.

¿Qué significa "utilidad"?

El término "filosofía" no suele sugerir la idea de "utilidad". Ambas nociones, en principio, parecen dispares. Como veremos, esto no es más que un síntoma del modo en que la filosofía ha perdido su norte y su función y, a su vez, de lo estrecha y banal que ha llegado a ser nuestra concepción de la "utilidad".

El *Diccionario de la lengua española* nos dice que "útil" es aquello «que puede servir o aprovechar en alguna línea», lo que produce un resultado provechoso. Ahora bien, conviene distinguir entre dos tipos de *utilidad* que denominaremos, respectivamente, *utilidad instrumental o extrínseca* y *utilidad no-instrumental o intrínseca*.

Lo utilitario (cuando algo es medio para obtener un fin)

Algo es útil de manera instrumental cuando es solo un medio para lograr un fin, cuando no posee valor en sí, sino en razón de los resultados prácticos que posibilita y a los que se subordina. Un mapa, por ejemplo, es útil pues nos puede ayudar a orientarnos en un territorio que desconocemos. La utilidad del mapa no es intrínseca –el objeto "mapa" no es útil en sí mismo–, sino extrínseca: es útil exclusivamente en función de algo exterior y de los resultados utilitarios que proporciona, pues de poco sirve un mapa que no remite a algún lugar, o que está tan mal elaborado que no nos permite ubicarnos en él. Una herramienta también es algo extrínsecamente útil. Un martillo no es útil en tanto tal martillo, sino asociado a un contexto externo que lo dota de finalidad, por ejemplo, un cuadro que queremos colgar, unos clavos y una pared. A su vez, actividades como orientarnos consultando un mapa o martillear son instrumentalmente útiles, pues su sentido y finalidad no reside en ellas mismas, sino en que nos permiten, respectivamente, llegar a un determinado lugar o que un bello cuadro cuelgue en nuestra habitación.

Lo que es instrumentalmente útil es prescindible, canjeable por algo que cumpla la misma función. Puedo prescindir del martillo y utilizar en su lugar una piedra. Puedo prescindir de un mapa y orientarme con una brújula o contemplando las estrellas y el curso del Sol.

Lo instrumentalmente útil es *lo utilitario*.

La utilidad superior (cuando el medio es ya el fin)

> «Sé que la poesía es indispensable, pero no sabría decir para qué.»
> JEAN COCTEAU

Por lo general, calificamos de "útil", sin más, a lo instrumentalmente útil. Pero hay otro tipo de utilidad, que denominaremos "no instrumental" o "intrínseca". Esta última es propia de aquellas cosas, actividades o estados que son *en sí mismos* útiles, es decir, que no obtienen su sentido, valor y utilidad del hecho de subordinarse a un fin distinto de dichas cosas, actividades o estados. En lo intrínsecamente útil el medio es ya el fin, y, por eso, lo que es útil de este modo no es prescindible ni canjeable. Por ejemplo: jugar, conocer, comprender (no hablamos de adquirir conocimientos técnicos o con miras exclusivamente utilitarias), amar, crear, contemplar la belleza del mundo... son actividades y estados que poseen esta forma superior de utilidad.

Dada nuestra tendencia a identificar lo "útil" con lo "utilitario" tendemos a pensar que el término "útil" no es adecuado para calificar este tipo de actividades. Pero ¿merecen, acaso, ser calificadas de inútiles?

Pongamos un ejemplo de actividad inútil. Nos cuenta la mitología griega que Sísifo, fundador de Corinto, recibió un terrible castigo al descender al Hades tras su muerte. Fue condenado a arrastrar sin descanso una inmensa roca, empujándola con todo su cuerpo y con ímprobo esfuerzo, hasta la cima de una montaña. Una vez allí, la piedra escaparía de sus manos y rodaría al valle, y él tendría que descender de nuevo para recomenzar su terrible tarea; y así... por toda la eternidad. Aunque el mito no comenta nada al respecto, Sísifo podría haber preguntado, tras escuchar su condena, acerca del propósito de todo aquello. Y probablemente solo hubiera obtenido una respuesta: debía hacerlo "porque sí". Lo terrible del castigo no radicaba en el tremendo esfuerzo que se exigía a Sísifo, sino en la arbitrariedad e inutilidad de este; fue esta inutilidad la que le sumió en la más profunda desesperación.

Esta actividad abiertamente inútil nada tiene que ver con las actividades que hemos caracterizado como intrínsecamente útiles. No cabe decir de todas ellas que son "inútiles", tan solo porque tienen en común el carecer de una finalidad utilitaria. Si preguntamos al niño que en la playa construye y deshace castillos de arena por qué lo hace, probablemente conteste: "porque sí". Este "porque sí" no es análogo al del ejemplo anterior. El "porqué sí" del niño es la expresión de que su actividad no tiene más meta que sí misma; de que, en ella, el medio, el proceso, es ya el fin. Y *allí donde el medio y el fin se identifican se produce la vivencia de una profunda sensación de plenitud y sentido*. La actividad de Sísifo no tenía una utilidad extrínseca, pero tampoco intrínseca, pues no pudo vivenciar el proceso como algo valioso en sí mismo; de aquí su sensación de absurdo y futilidad.

Es sabido que los niños que no dedican en su infancia mucho tiempo al juego no maduran adecuadamente. El juego les es tan útil e imprescindible como el alimento. El niño al que se inculca una mentalidad instrumental impropia de su edad –porque la pobreza del entorno le ha forzado al trabajo duro, porque unos padres ambiciosos pretenden hacer de él un superdotado y le someten a un aprendizaje estresante cuya meta es la obtención de resultados en el futuro, o por contagio de un entorno excesivamente serio que no valora ni respeta su tendencia espontánea al juego– no crece adecuadamente. El niño educado para ser un superdotado, si a lo largo de su desarrollo no tiene una sana reacción de rebeldía, probablemente llegue a ser un mediocre instruido, rígido, de personalidad incolora, carente de genuina creatividad. El pequeño que juega no lo hace para crecer y madurar; juega "porque sí". Pero dicho juego, precisamente porque en él el medio y el fin son indisociables, es el espacio en el que se da su óptimo crecimiento y desarrollo. Más aún, también las actividades orientadas a su formación y educación solo pueden ser plenamente eficaces si son vivenciadas por él como un juego, como placenteras y llenas de sentido en sí mismas, y no como algo arduo y aburrido que, según oye, le será de provecho en el futuro.[3]

Lo que promete la filosofía

«La filosofía no promete al hombre conseguirle algo de lo exterior.»

EPICTETO[4]

Podemos decir, en una primera aproximación, que filósofo es aquel que se consagra desinteresadamente a la verdad; quien investiga, a través de una actitud interior de disponibilidad y atención lúcida, las claves de la existencia. La actividad filosófica es desinteresada, pues quiere la verdad por ella misma, no por su posible provecho, por sus resultados o frutos. Quizá por ello la verdad se ha simbolizado tradicionalmente como una mujer desnuda, pues nada tiene que ofrecer más que a sí misma.

La indagación de la verdad es un impulso acorde con nuestra naturaleza humana e indisociable de esta, un impulso que nos distingue de otros seres animados y nos eleva sobre ellos. Todo hombre ansía profundamente ver, comprender, y experimenta como una degradación la ignorancia y el engaño. En otras palabras, todos sentimos que el conocimiento de la verdad es tan valioso en sí mismo como indeseables son la ceguera y el error.

La filosofía, entendida como aquella actividad que busca encauzar este impulso humano hacia la verdad, no tiene, por lo tanto, una utilidad extrínseca. Ahora bien, está lejos de ser una actividad inútil –como tampoco lo son el juego, la contemplación amorosa o estética, la creación en todas sus formas, etcétera–. Hemos caracterizado a estas actividades como intrínsecamente útiles para poner de manifiesto que poseen una forma superior de utilidad, pues solo ellas satisfacen lo que más hondamente necesitamos: la experiencia de ser en plenitud, y la experiencia profunda del sentido de la vida, del valor intrínseco de todo lo que es.

El ser humano solo experimenta una felicidad íntegra y realiza satisfactoriamente sus posibilidades internas de ser en las activida-

des o estados que no tienen más meta que sí mismos. Lo intrínsecamente útil no equivale a lo inútil ni a lo no práctico. Nuestras necesidades más profundas no las puede satisfacer nada que no se baste
a sí mismo, que no tenga una razón propia para ser apetecido. Y lo
que nutre nuestro ser, ¿puede considerarse inútil?

Lo utilitario se relaciona con el "tener"; lo intrínsecamente útil, con
el "ser". Así, las actividades utilitarias aumentan nuestro *haber*,
nuestras *tenencias*: a través de ellas adquirimos todo tipo de logros,
de posesiones (materiales o sutiles), y desarrollamos las habilidades
físicas y psíquicas que nuestro *ego* tiende a considerar también como
"posesiones", como parte de su haber. Pero solo las actividades va-
liosas *per se*, que no se orientan exclusivamente hacia la obtención
futura de ciertos logros o resultados, permiten el crecimiento de
nuestra esencia; solo estas últimas satisfacen nuestra necesidad de ser
en plenitud.

El que ama no necesita que algo exterior justifique u otorgue
sentido a su amor, pues ese estado interno es valioso en sí mismo. El
que se conmueve ante la contemplación de algo profundamente bello
sabe que su contemplación es un preciado tesoro; no necesita tasa-
dores que le confirmen el valor o la utilidad de su experiencia. El
saber (no el erudito ni el técnico, sino el que se traduce en sabiduría,
en lucidez, en una visión penetrante y comprensiva de la realidad) se
justifica en sí mismo porque satisface un impulso radical del ser
humano. Estas actividades y estados no son inútiles, al contrario, son
supremamente útiles, producen un resultado (y "útil", recordemos,
es aquello que produce un resultado provechoso). Este resultado es
nada menos que la realización humana. No es que dichas actividades o estados sean medios o peldaños para lograr esta realización o
plenitud; son, sencillamente, la forma en que esta última se actualiza
y se expresa.

Saber para poder, para estar al día, para dotarnos de un aura de intelectualidad, para tener algo de que hablar, para lograr un puesto de trabajo, para "tener" conocimientos que exhibir; amar para comprar el amor de otros; jugar para ostentar nuestra habilidad y nuestra superioridad; crear para demostrar algo a los demás o a nosotros mismos; trabajar exclusivamente para ganar dinero...; nada de esto es saber, amor, juego, creación o trabajo genuinos. No negamos que algunas de estas metas sean, en ocasiones, legítimas –el "comercio" es necesario–, pero no pueden proporcionar al ser humano la plenitud que le es propia, y nadie debe sorprenderse de que conduzcan al hastío y a la mediocridad cuando se convierten en el tipo de metas predominantes. Nadie debe sorprenderse tampoco de que la depresión sea uno de los padecimientos característicos de nuestra civilización, básicamente mercantil, astuta, ávida y utilitaria.

El ser humano tiene una profunda exigencia de sentido. El que afronta su vida y sus actividades como Sísifo afrontaba diariamente su infructuosa tarea, se sumerge en el más profundo vacío. Pero las actividades estrictamente utilitarias terminan asimismo agostando el espíritu humano. De hecho, quizá no sea casual que el mito describa a Sísifo como el más astuto de los hombres, dado a toda clase de tretas, engaños y artificios, y que este hombre astuto fuera condenado al sinsentido, a la actividad más absurda, enajenante e inútil. Porque la astucia, la tendencia a convertir todo –hasta lo más digno de ser considerado como un fin en sí mismo– en algo de lo que esperamos obtener un beneficio interesado, es un camino directo al estancamiento de nuestra esencia, al vacío y a la enajenación.

La filosofía como actividad libre

La filosofía no es útil en el sentido que en general damos a esta palabra, es decir, no es instrumentalmente útil; como tampoco, por ejemplo, lo es el arte (el que se mantiene fiel a sí mismo; no hablamos del mundo de los marchantes). En otras palabras, ambos son actividades libres, pues competen a la dimensión más elevada del ser humano, aquella que también es libre y que le dota de cierto dominio sobre los aspectos de sí mismo y de la vida condicionados por la necesidad, por las urgencias utilitarias de la vida.

La filosofía vendida a un fin ya no es filosofía. Ni siquiera la filosofía vendida a unas ideas es ya verdadera filosofía. La filosofía "esclava" de la teología (como se definía a sí misma la filosofía escolástica medieval) no es filosofía, es teología. Habitualmente, cuando los artistas se han subordinado a un fin ajeno al arte mismo, han hecho un mal arte. El arte ideológico, puesto al servicio de la defensa de unas ideas, ha sido sistemáticamente defraudante. Cuando oímos que algún representante de una determinada iglesia, secta o ideología va a dar una charla filosófica sobre alguna cuestión, todos sabemos que no va a decir nada nuevo; sus argumentos serán los mismos que los que repiten hasta la saciedad aquellos que pertenecen a su grupo; como mucho, habrá ciertas variaciones formales; puede que incluso parezca elocuente y sugerente en un principio, pues en el planteamiento de la cuestión se permite cierta libertad, pero, finalmente, decepciona. Nos han dado gato por liebre. Todos sospechamos que ahí no hay pensamiento genuino, indagación libre y desinteresada, sino solo apología disfrazada de argumentación. Porque el verdadero pensamiento siempre es libre. Y por eso, solo las personas interiormente libres –que no hablan en nombre de nada ni de nadie, ni siquiera en nombre de su "ego", de lo que en dichas personas es estrictamente particular– son genuinos pensadores. Como solo las personas interiormente libres son creadoras en cualquier ámbito humano.

La filosofía es una actividad libre. El arte también lo es. Pero que no se "vendan" a un resultado extrínseco no significa que no sean útiles. Todo lo contrario: poseen una forma superior de utilidad. Aquí precisamente radica la falacia del dilema "utilidad *versus* libertad" que planteábamos al inicio de este capítulo. Las ideologías que han visto en ciertas expresiones gratuitas de la individualidad creadora, no subordinadas a fines pragmáticos, manifestaciones burguesas de irresponsabilidad y falta de compromiso social, han tenido una triste y reducidísima imagen del ser humano.

Necesidades del *ser* y del *estar*

> «La "vida verdadera" [...] no se halla tanto en las necesidades utilitarias de las que nadie puede escapar, como en el cumplimiento de uno mismo y en la calidad poética de la existencia.»
>
> EDGAR MORIN[5]

Aclararemos lo dicho hasta ahora introduciendo una nueva distinción. Diferenciaremos, en concreto, entre lo que denominaremos *utilidad esencial* y *utilidad existencial*.

• Es *existencialmente útil* lo que necesitamos para nuestro *existir* o nuestro *estar* en el mundo: desde el alimento y el vestido hasta una cierta cosmovisión que nos ayude a orientarnos en él. Las cosas que son útiles para nuestro estar en el mundo son cosas que *tenemos*. Tenemos alimento, dinero, ropa, casa, etcétera, de un modo análogo a como "tenemos" ciertas habilidades o unas creencias y una ideología.

• Pero hay otro tipo de necesidades que no son existenciales sino esenciales. Calificaremos de *esencialmente útil* todo aquello que necesitamos para alcanzar un grado óptimo de *ser*: lo que nos remite a nuestra esencia íntima, fortaleciéndola, y hace que seamos más y mejor eso que esencialmente somos.

La satisfacción de nuestras necesidades existenciales (de alimento, seguridad, pertenencia, afecto, instrucción, etcétera) se acompaña de lo que podríamos denominar un contentamiento o *alegría existencial.* Al ser cubierta alguna necesidad fisiológica, por ejemplo, se experimenta placer y sosiego. Quien, tras estar hambriento, ingiere los alimentos adecuados, recibe el "visto bueno" de su cuerpo a través de una sensación subjetiva de saciedad y bienestar. En general, todas nuestras funciones y facultades, físicas y psicológicas, tienen un correlato subjetivo de bienestar o malestar que nos indica cuál es su nivel de satisfacción, actualización o desarrollo.

Ahora bien, hay también una *alegría esencial* y un *dolor esencial* que nos dan la medida de cuál es nuestro grado de cercanía o alejamiento con respecto a nuestro propio centro, a nuestra verdad íntima; que nos indican cuándo estamos siendo, o no, un fiel reflejo de eso que somos en esencia y que pulsa por expresarse en nosotros. Del mismo modo que hay un tipo de dolor que acompaña a la frustración de nuestras necesidades fisiológicas y psicológicas, hay también un dolor que es el eco de la frustración de nuestra necesidad de ser de forma auténtica y plena.

Los dolores y alegrías existenciales y los dolores y alegrías esenciales son cualitativamente diferentes. Hay quienes existencialmente parecen tenerlo todo y no pueden rehuir una profunda sensación de vacío y de futilidad; algo en ellos exclama silenciosamente: «pero ¿es esto todo?». Por el contrario, hay quienes, en medio de situaciones existencialmente limitadas o incluso dolorosas, mantienen una conexión con su ser más íntimo que les proporciona una sensación básica de sentido, de serena plenitud.

Que ambos tipos de dolor (y, paralelamente, de alegría) son cualitativamente diferentes se evidencia, entre otras cosas, en que las dinámicas que permiten superar uno u otro son exactamente inversas.

Así, el dolor existencial se solventa multiplicando nuestro *haber*: aumentando nuestras posesiones materiales, ejercitando nuestras facultades y habilidades, multiplicando nuestras tenencias intelectuales, adquiriendo reconocimiento social, etcétera.

El dolor esencial, por el contrario, no se solventa con nada que se pueda tener. En ocasiones, puesto que este dolor se traduce psicológicamente en una sensación de vacío, lo malinterpretamos: creemos que se trata de un vacío relacionado con la necesidad de cosas, experiencias, logros, etcétera. Pero ninguna cosa, persona, situación, experiencia o logro puede llenarlo, porque se trata de un vacío de nosotros mismos.

El vacío existencial se supera con un movimiento acumulativo o aditivo, teniendo más, ya sean estas tenencias groseras o sutiles.

El vacío esencial, por el contrario, solo se supera cuando abandonamos el impulso por tener –no forzosamente en lo relativo a la actividad exterior, pues necesitamos seguir cubriendo nuestras necesidades existenciales, pero sí en nuestra actitud básica ante la vida– y dejamos a las cosas, a las personas y a las situaciones ser lo que son, sin esperar que sean de ningún modo particular, sin buscar en ellas ningún provecho o beneficio personal. También cuando nos permitimos sencillamente *ser* y abandonamos nuestra ansiedad por lograr, por tener que llegar a ser "esto" o "lo otro".

Cuando relegamos el apremio por la supervivencia, por conseguir, por el logro y la posesión; cuando nuestra mirada interior abandona toda perspectiva parcial e interesada y contemplamos las distintas realidades desligadas de su función utilitaria; cuando dejamos activamente a las cosas ser lo que son y ser como son, solo entonces, en este espacio de libertad, todo nos revela su ser o naturaleza original, su verdadero rostro.

«Cuando todas las cosas se contemplan con ecuanimidad, regresan a su naturaleza original.»

Sin-sin-ming, 25

Es entonces, al recobrar esta mirada atenta y desinteresada, cuando sentimos que nosotros –al unísono con toda la realidad– también retornamos a nuestra genuina condición. Nuestro ser más íntimo encuentra por fin su espacio; florece y se expande, a la vez que se aquieta y ahonda en sí mismo. La existencia deja de experimentarse como una lucha, una carga o una búsqueda enajenada volcada siempre en el futuro, en el lograr, en el tener, y experimentamos el verdadero sabor de la realidad, la alegría esencial, el simple gozo de ser. La falsa creencia de que no seremos plenamente hasta que no seamos, hagamos o tengamos esto o lo otro, se disipa. Descubrimos el engaño. Advertimos que hemos vivido como el mendigo que a diario pedía limosna sentado a la sombra de un árbol, exactamente sobre el trozo de tierra en el que estaba enterrado el más espléndido tesoro.

La verdad, la belleza y el bien

La contemplación desinteresada nos sitúa en el nivel esencial de la realidad y de nosotros mismos. El testimonio de este contacto, del triunfo del *ser* sobre el *tener*, es siempre –como pasaremos a ver– la experiencia de la *verdad*, de la *belleza* y del *bien*.

De la verdad, pues todo se nos revela en su ser propio, en su verdad íntima. Las cosas nos descubren sus secretos porque ya no las hacemos orbitar en torno a nosotros mismos, porque ya no las miramos a través del filtro de nuestro particular interés, como fuentes de ayuda o solución de las propias necesidades.

De la belleza, pues descubrimos la "gratuidad" del mundo, que todo sencillamente *es*, es decir, que todo obtiene su sentido y plenitud precisamente porque no necesita ser para nada ni para nadie.

«La belleza es la única finalidad de este mundo. Como muy bien dijo Kant, es una finalidad que no contiene ningún fin [extrínseco]. Una cosa bella no contiene ningún bien salvo ella misma, en su totalidad, tal como se nos muestra. Vamos a ella sin saber qué pedirle y ella nos ofrece su propia existencia. [...] Solo la belleza no es un medio para otra cosa. Solo la belleza es buena en sí misma.»

SIMONE WEIL[6]

En la experiencia de la verdad y de la belleza, nuestro yo más íntimo reconoce su hogar, por fin nuestra voluntad descansa, toda inquietud cesa; estamos en casa. En este momento, cuando contemplamos el mundo desde esta perspectiva, algo en nosotros exclama silenciosamente que todo está bien (como narra el Génesis que exclamó Yahvé al finalizar su creación: «Y vio que todo ello era bueno»). Este asentimiento profundo que procede de saber que todo, en su más radical intimidad, es lo que tiene que ser y está ya donde tiene que estar, es la experiencia gozosa del bien.

La verdad, la belleza y el bien des-velan la realidad. Son la realidad misma cuando esta revela su verdadero rostro, su rostro sagrado; cuando ya no está velada por nuestras necesidades existenciales ni condicionada por ellas (la excesiva preocupación de vivir, que nos hace contemplar las cosas tan solo desde el punto de vista de su utilidad, es el velo que oculta la verdadera naturaleza de las cosas).

Lo único que puede satisfacer nuestras necesidades esenciales son la verdad, la belleza y el bien. En otras palabras, nuestro ser real se expresa colmadamente solo en la contemplación desinteresada.

«... nunca he perseguido la comodidad o la felicidad como fines en sí mismos [...]. Los ideales que han iluminado mi camino y me han proporcionado una y otra vez un nuevo valor para afrontar la vida alegremente, han sido la Belleza, la Bondad y la Verdad [...]. Los objetivos triviales de los esfuerzos humanos (posesiones, éxito público, lujo) me han parecido despreciables.»

A. Einstein[7]

Una vida orientada con preferencia hacia los bienes utilitarios se asfixia esencialmente aunque existencialmente parezca floreciente y envidiable. Por eso, allí donde los valores pragmáticos tienen una clara hegemonía, han de estar presentes en igual medida los medios de distracción, de entretenimiento, que se encargarán de ocultar y evadir el dolor esencial y el vacío interior a los que aboca necesariamente todo ese vértigo orientado hacia el tener. Nuestra sociedad actual es un ejemplo nítido de esta dinámica.

Nuestro yo central solo encuentra su alimento en aquello que es un fin en sí mismo. En este sentido, la filosofía, entendida como contemplación desinteresada consagrada a la verdad, es máximamente útil. Es una de las actividades y las actitudes que nos permiten ser en plenitud –aquellas sin las cuales todos nuestros logros son solo los vestidos con que cubrimos el espectro de nosotros mismos, los ornamentos con los que adornamos nuestro vacío–.

Filosofías del *ser* y del *estar*

La verdad, la belleza y el bien con frecuencia se confunden con sus respectivas caricaturas. Sucede así cuando ya no se perciben en el horizonte del ser, cuando ya no son el fruto de la contemplación desinteresada, y se rebajan al ámbito del tener. Cuando esto ocurre, se suele denominar "amor a la verdad" a lo que solo es búsqueda de seguridad mental; "amor a la belleza", a lo que solo es deseo o vanidad (la belleza como algo que se quiere poseer o que se posee); y "bien", al mero decoro moral o a la "tenencia" de supuesta virtud. Al igual que la verdad tiene su correspondiente caricatura, también la práctica de la filosofía puede tenerla. La filosofía se degrada siempre que se relega al plano del *tener* y se subordina *directa* o *exclusivamente* a la satisfacción de necesidades existenciales.

Así, por ejemplo, cierta filosofía considera que su función prioritaria es la de elaborar y proporcionar "mapas" teóricos (una cierta cosmovisión) con los que poder desenvolvernos en el mundo. La filosofía así entendida es algo que tenemos y que satisface dos necesidades existenciales concretas: nuestra necesidad psicológica de orientación y nuestra necesidad psicológica de seguridad. Ello se traduce en cierta tranquilidad emocional –se alivia provisionalmente nuestra angustia vital– y en cierto apaciguamiento y satisfacción intelectual.

Este tipo de filosofía, insistimos, es algo que se tiene. No afecta ni modifica nuestro ser (aunque, eso sí, puede facilitar temporalmente nuestro estar en el mundo). Por eso, cuando decimos haber accedido al conocimiento de este tipo de filosofía seguimos siendo los mismos de siempre, solo que con un nuevo "mapa" en nuestras manos y con la seguridad psicológica que este provisionalmente nos proporciona.

La filosofía estrictamente teórica o especulativa, a pesar de su "desinteresada" apariencia, suele pertenecer a este tipo de filosofía, la que no rebasa el ámbito del *tener*.

Pero la filosofía, allí donde es fiel a sí misma y la búsqueda de verdad prima sobre la búsqueda de seguridad, tiene una mira más profunda: no la de saciar nuestra mente con ideas, proporcionándonos así mera seguridad psicológica, sino la de alimentar nuestro *ser* con la realidad, con la verdad viva. Hay mentes muy nutridas, incluso obesas, que recubren esencias escuálidas. La sed de verdad no se

solventa al lograrse la saciedad intelectual; solo al que tiene más
anhelo de seguridad que de verdad esta última saciedad le es suficiente.

La filosofía genuina no se puede *tener*, sin más, pues no podemos
acceder a ella sin transformarnos profundamente, sin quedar modi-
ficados. Solo comprende las claves de la existencia quien ha accedido a cierto *estado de ser*, quien se desenvuelve en un determinado
nivel de conciencia. Penetrar en los secretos de la realidad es únicamente posible para el que ha purificado su mirada y su personalidad,
para el que ha abandonado todo interés propio, de tal modo que su
visión es limpia y desinteresada, para quien tiene más anhelo de
verdad que de seguridad. Solo esta autenticidad y hondura de nuestro
ser posibilita la profundidad de nuestra visión y nos abre a la experiencia de la verdad. Solo el que está en contacto habitual con su
verdad íntima puede acceder a la verdad íntima de las cosas, es decir,
puede ser un filósofo. El que está situado en la periferia de sí mismo
no puede traspasar la periferia de la realidad.

La verdadera filosofía no se puede simplemente "tener" porque
es una "función del ser":

> «El conocimiento [genuino] es una función del ser: sólo cuando hay
> un cambio en el ser del cognoscente, hay un cambio correspondien-
> te en la naturaleza y cuantía del conocimiento.»
>
> ALDOUS HUXLEY[8]

Denominaremos *filosofía esencial* a la filosofía que concierne a
nuestro *ser*, la única capaz de satisfacer nuestras necesidades esenciales (y que no ha de ser confundida con la filosofía que se "tiene",
la orientada directa y exclusivamente a la satisfacción de ciertas
necesidades existenciales, aunque estas sean tan sutiles como nuestra necesidad psicológica de seguridad).

La filosofía estrictamente especulativa nos proporciona seguridad psicológica y cierta orientación existencial, pero no nos modifica. En cambio, la *filosofía esencial* exige, y a la vez posibilita, la conversión de nuestro ser, la ampliación de nuestro nivel de conciencia. Su finalidad es la de favorecer, en un único movimiento, *la capacidad de penetración de nuestra mirada interior, nuestra transformación profunda y nuestra realización*. Pues somos receptivos a la verdad solo en la medida en que somos "verdaderos". Solo en la medida en que somos nosotros mismos en profundidad podemos conocer las cosas tal y como son.

Obviamente, la filosofía que nutre nuestro ser también tiene consecuencias existenciales, pues lo que transforma nuestra esencia transforma toda nuestra existencia de raíz. Pero aquí precisamente está la diferencia: no la modifica en su periferia, sino desde su misma raíz. La filosofía esencial tiene siempre un alcance existencial, pero la filosofía especulativa no tiene siempre un alcance esencial.

¿Cómo reconocer ambas filosofías?

Que uno de los fines de la filosofía esencial sea nuestra transformación profunda no significa que la filosofía sea un *medio* para lograrla. Si así fuera, la filosofía ya no sería libre pues se habría subordinado a un efecto. Lo que queremos decir es que la dedicación efectiva a la verdad tiene en dicha transformación su síntoma inequívoco. Ambas dimensiones son indisociables: a toda penetración en el corazón de las cosas, a toda comprensión profunda, acompaña un ahondamiento en nosotros mismos que se traduce en una creciente plenitud, libertad interior y serenidad, y en una ampliación de nuestra conciencia. Lo segundo es el signo indiscutible de la presencia de lo primero, y viceversa.

De todo lo dicho cabe deducir que hay un criterio que nos indica cuándo la filosofía se está orientando de forma efectiva hacia la verdad, cuándo está logrando su objetivo. La señal es la siguiente: *la transformación ascendente y permanente de nuestro nivel de conciencia*; una transformación que tiene, más tarde o más temprano, claros signos y frutos: la profundidad de nuestra mirada interior, la paz, la alegría esencial y la libertad. Si la actividad filosófica no va acompañada de estos frutos, es que ahí no hubo filosofía esencial sino un ejercicio más o menos brillante de "ajedrez" intelectual.

Es importante comprender esto. Porque la filosofía, con frecuencia, ha identificado su carácter libre, su no estar subordinada a nada ni a nadie, con el hecho de carecer de toda medida valorativa o criterio correctivo. Si no hay ningún criterio de verdad, todo vale. ¿Por qué lo que una persona piensa y sostiene va a ser menos válido que lo que piensa otra? En estos tiempos estamos habituados a oír hasta la saciedad expresiones del tipo: «yo lo veo así», «para mí es así», etcétera. Todos sospechamos que esas voces no irradian la misma autoridad, pero no nos atrevemos a afirmarlo abiertamente; parece que no seríamos "tolerantes" si así lo hiciéramos. Algo análogo sucede en el mundo del arte. Los criterios, cuando los hay, son aleatorios. Se identifica el carácter libre del arte, equívocamente, con su carencia de todo criterio valorativo estable. Pero la filosofía tiene un criterio de autenticidad, y el arte también. No se trata de criterios externos –puesto que son actividades libres– sino internos.

Así, una obra de arte que no logre que el contemplador maduro, sensible y receptivo abandone, por un momento, sus actitudes utilitarias y se eleve a una esfera de atención pura y desinteresada; que no favorezca la ampliación de su conciencia; que no le conmueva en lo más profundo con un movimiento no estrictamente sentimental, sino con una emoción que va acompañada de conocimiento (de cierta iluminación o revelación de algún aspecto de la realidad); que no le haga salir de sí mismo, de la angostura de su ego, y le permita superar la vivencia ordinaria del tiempo, etcétera; una obra de arte que no suscite todo esto en el contemplador sensible –decimos– no es genuina. Las supuestas obras de arte que necesitan ir acompañadas de un discurso intelectual para ser valoradas, que nos sorprenden, pero no nos conmueven, que son apreciadas solo por una minoría ideológica... no son auténticas obras de arte.

A su vez, *una filosofía que no tenga un potencial transformador y liberador no es una buena filosofía.* Es solo apariencia de conocimiento, pero no conocimiento real. Una filosofía que sea una fábrica de mediocres ilustrados, y no de mejores seres humanos; de pedantes, y no de personas veraces; de intelectuales, y no de sabios; de malabaristas de las palabras y las ideas, pero no de personas capacitadas para el silencio interior y para la visión que solo este proporciona, no es filosofía esencial. Aquí se aplica la expresión evangélica: «por sus frutos los conoceréis».[9]

Como ejemplifica con agudeza Epicteto, si queremos ver los progresos de un gimnasta, no le preguntamos por sus pesas sino por el estado de sus músculos. Del mismo modo, si queremos saber si alguien es un verdadero filósofo, no nos vale que nos muestre lo que ha aprendido, su arsenal de erudición, su "tener" o "haber" intelectual, sino lo que ha visto por sí mismo y lo que irradia su propio ser:

«"¡Tú, ven aquí! ¡Muéstrame tus progresos!" Como si habláramos de un atleta y al decirle: "¡Muéstrame tus hombros!", me contestara: "¡Mira mis pesas!". ¡Allá os las compongáis las piedras y tú! Yo quiero ver los resultados de las pesas. "¡Coge el tratado sobre el impulso y mira cómo me lo he leído!" ¡Esclavo! No busco eso, sino cuáles son tus impulsos y tus repulsiones, tus deseos y tus rechazos, cómo te aplicas a los asuntos y cómo te los propones y cómo te preparas, si de acuerdo o en desacuerdo con la naturaleza. Y si es de acuerdo con la naturaleza, muéstramelo y te diré que progresas; pero si es en desacuerdo, vete y no te limites a explicar los libros: escribe tú otros similares».

EPICTETO[10]

La filosofía como sabiduría

Lo que solemos denominar "filosofía" en nuestra cultura se ha apartado tanto de aquel saber transformador y liberador, máximamente útil, que originariamente llevó ese nombre que, de cara a apuntar a este último, quizá convenga –como señalamos en la introducción– acudir a nuevas expresiones. Una de estas bien puede ser la de "sabiduría", pues todo el mundo asocia este término tanto al conocimiento profundo de la realidad como a la evolución hacia una vida más auténtica. En lo que entendemos de modo habitual por "sabiduría" estas dos dimensiones se encuentran íntimamente unidas.

La disociación entre filosofía y transformación ha llegado a ser tan aguda en nuestra cultura, que en lo que entendemos en general por filosofía poco queda de *sabiduría, de filosofía esencial.* La crisis actual de la filosofía está causada en gran medida por la pérdida de su virtualidad transformadora; porque ha pretendido seguir teniendo validez como camino hacia la verdad tras desligarse de lo que constituye su sello de autenticidad y la raíz de su utilidad superior: su capacidad para posibilitar nuestro crecimiento esencial y nuestra liberación interior.

«Lo honesto [lo íntegro o veraz] es útil, y no hay nada útil que no sea honesto [...] Mas lo que propia y verdaderamente se llama honesto se encuentra solamente en los sabios.»

CICERÓN[11]

2. La filosofía como terapia

«La filosofía no promete al hombre conseguirle algo de lo exterior;
si no, estaría aceptando algo extraño a su propia materia. Al igual
que la materia del arquitecto es la madera y la del escultor el
bronce, así la propia vida de cada uno es la materia del arte de la vida.»

EPICTETO[1]

La filosofía se concibió a sí misma originariamente –señalábamos
en la introducción–, no como un mero saber abstracto y especulativo en torno a la realidad, sino, ante todo, como un saber terapéutico.
La filosofía era *terapia* en la misma medida en que en ella eran indisociables el *conocimiento* y la *transformación* propia.

Explicaremos con más detenimiento qué entendemos en este
contexto por *conocimiento* y por *transformación*. Antes introduci-
remos y dilucidaremos otras dos nociones: *explicación* y *descripción*.[2]

Explicación: la filosofía explica

Denominaremos *explicación* al intento de responder, de forma argu-
mentada o razonada, a la pregunta "*¿por qué?*", siempre que esta

pregunta se oriente hacia los últimos "porqués", los que tienen cierta radicalidad. También al intento de responder a la pregunta *"¿qué es (esto)?"*, siempre que esta pregunta no se contente con respuestas funcionales, descriptivas, etcétera, sino que busque acceder al conocimiento de la naturaleza intrínseca de algo.

En otras palabras, la *explicación* pretende dar respuesta a las preguntas *últimas*, las concernientes al *sentido* de la existencia. Nos desenvolvemos en el dominio de la *explicación* cuando planteamos o intentamos responder preguntas del tipo: ¿Por qué hay seres y no más bien nada? ¿Por qué vivimos? ¿Por qué morimos? ¿Cuál es el sentido del sufrimiento? ¿Es esta existencia una historia absurda contada por un idiota, o hay algún orden implícito en todo acontecer? ¿Cuál es la naturaleza intrínseca de lo que existe? ¿Qué significa que todo *es*? ¿Qué significa "ser"? ¿Qué es el tiempo? ¿Qué es conocer?...

Podemos adivinar que la *explicación* tiene una íntima relación con la filosofía. La búsqueda de explicaciones es connatural al ser humano, y la filosofía es la actividad que, sustentada en dicho impulso, busca acceder a un saber profundo y último acerca de la realidad.

> «... la filosofía es una ciencia de los fundamentos. Donde las otras ciencias se paran, donde ellas no preguntan y dan mil cosas por supuestas, allí empieza a preguntar el filósofo. Las ciencias conocen; él pregunta qué es conocer. Los otros sientan leyes; él se pregunta qué es la ley. El hombre ordinario habla de sentido y finalidad. El filósofo estudia qué hay que entender por sentido y finalidad.»
>
> J.M. Bocheński[3]

Ahora bien, como veremos, mientras que la filosofía especulativa se contenta con buscar y ofrecer explicaciones, la filosofía esencial intenta ser mucho más que una actividad meramente explicativa.

Descripción: la ciencia describe

De cara a comprender la naturaleza de lo que hemos denominado *explicación*, la distinguiremos de lo que denominaremos *descripción*. *Lo propio de la descripción es traducir a un lenguaje técnico específico la estructura de un determinado objeto o proceso.* Si la explicación es específicamente filosófica, la *descripción* es la actividad característica de lo que ordinariamente denominamos ciencias. Todas las ciencias empíricas son descriptivas.

La ciencia física, por ejemplo, describe el funcionamiento de los procesos energético-materiales del mundo físico; para ello, traduce la estructura de dichos procesos a un determinado lenguaje: un cierto lenguaje matemático. La ciencia médica, a su vez, describe el funcionamiento de los procesos orgánicos y bioquímicos traduciendo la estructura de dichos procesos a una jerga técnica específica.

Es importante advertir que la descripción científica está siempre condicionada. En primer lugar, *cada ciencia está condicionada por su modo específico de aproximación a la realidad, por su particular perspectiva.* Siguiendo con los ejemplos anteriores, la ciencia física solo tiene en cuenta aquellas dimensiones de la realidad susceptibles de ser medidas y cuantificadas con sus instrumentos; solo considera los aspectos del mundo físico que pueden ser sometidos a cierto tipo de medición. La medicina hace otro tanto. Allí donde el enamorado percibe una elocuente sonrisa que conmueve todo su ser, la perspectiva médica, y, más concretamente, la anatómica, nos hablaría de una contracción de los músculos maxilofaciales. Pretender que esta segunda perspectiva es más objetiva que la primera es una falacia, pues ello supondría absolutizar un modo de aproximación parcial a la realidad que solo alumbra una dimensión igualmente parcial de la misma y, en este caso –sobre todo desde la perspectiva del enamorado–, no particularmente significativa.

En segundo lugar, cada ciencia *está condicionada por los instru-mentos de observación de los que se disponga en cada caso*. La medicina del mundo antiguo, por ejemplo, no disponía del sofistica-do instrumental de observación con el que cuenta la medicina de hoy en día, y ello, de entrada, determina una interpretación de los proce-sos patológicos totalmente diferente.

En tercer lugar, cada ciencia *está condicionada por un determi-nado lenguaje, que, a su vez, presupone un modelo descriptivo o paradigma científico particular*. Siguiendo con el ejemplo de la ciencia médica: según el tipo de medicina que se practique –alopáti-ca u homeopática, hipocrática, taoísta, etcétera–, la aproximación al objeto de observación será diferente. El lenguaje médico del que se disponga y, en general, las creencias y los hábitos médicos en los que uno haya sido educado condicionarán el modo de visión. La medici-na china, por ejemplo, dispone de una categoría, *yin*, que alude a un tipo de pauta energética (contracción, frío, introversión, etcétera) asociada a determinados rasgos psicofísicos, que cuando se desequi-libra en el organismo (por exceso o por defecto) puede dar lugar a ciertas patologías. Para el médico occidental que desconoce dicha noción y todo el sistema de pensamiento que le otorga sentido, tal pauta energética no estará presente en su observación ni en su diag-nóstico; si tiene noticia de ella, probablemente la considere un delirio fruto del "acientificismo" de la mente oriental. Pero, en principio, ambos modelos descriptivos son válidos y complementarios, y cada uno de sus elementos tiene sentido y valor dentro de su correspon-diente modelo global, y nunca fuera de él.

Los distintos paradigmas científicos, precisamente porque descri-ben ciertos aspectos de la realidad desde perspectivas potencialmen-te ilimitadas, y no son ni *la* realidad ni *la descripción* única de la realidad, son complementarios y no excluyentes. La tendencia de los científicos a absolutizar su particular paradigma es tan miope como la actitud de un jugador de ajedrez que se permitiera decir a los que juegan a las damas (dado que el tablero es el mismo para ambos) que el modo en que mueven sus piezas es incorrecto y carece de sentido.

La descripción no es la explicación...

La ciencia describe, es decir, no explica. Siguiendo con nuestro ejemplo: la descripción de una determinada enfermedad, así como del proceso que nos permite deducir que un cierto remedio terapéutico puede neutralizarla, no son explicaciones del *sentido* de la enfermedad y la salud. La descripción médica deja siempre intacto el misterio del cuerpo, del dolor, del ser humano, de la muerte, del proceso curativo como reflejo de la dinámica intrínseca a la vida –que siempre quiere más vida–, etcétera.

Es importante tener presente esta distinción, pues graves confusiones se han derivado de no tenerla en cuenta. Así, las ciencias experimentales, sobre todo desde el inicio de la Edad Moderna, fascinadas por los sorprendentes resultados prácticos que sus nuevos métodos descriptivos estaban posibilitando, olvidaron que estaban describiendo –no explicando–, y que en su descripción estaban viendo solo lo que sus modos respectivos de aproximación les permitían ver, y creyeron estar poniendo fin a todos los grandes misterios de la realidad; creyeron estar resolviendo las cuestiones que habían sido la razón de ser y el cometido de la filosofía y la religión. Las ciencias llegaron a considerarse, incluso, garantes de la felicidad de la humanidad. Pero la felicidad está íntimamente unida a la cuestión del *sentido*, y esta no puede ni siquiera ser rozada por la descripción científica.

Hubo quienes, a lo largo de la modernidad, no veían con buenos ojos este proceso de entronización de las ciencias y se lamentaban ante lo que calificaban como "desencantamiento del mundo": todo estaba siendo "explicado"; el misterio que resguardaban las cosas, y que había hecho al hombre antiguo contemplar el mundo con reverencial fascinación, estaba siendo violado. Pero lo cierto es que lo esencial no había sido tocado por la ciencia. El misterio del mundo seguía ahí; sencillamente, el hombre se incapacitaba poco a poco para verlo porque había confundido y nivelado, de manera equivocada, la *descripción* con la *explicación*.

En efecto, ha habido científicos que han admitido que los métodos de la ciencia no pueden revelar el sentido de la realidad; pero también son muchos los que han concluido falazmente de ello que, por lo tanto, dicho sentido no existe. Un reputado científico al que se le preguntó acerca de Dios supuestamente afirmó: «No lo he visto nunca a través de mi microscopio». Más allá de lo discutible o ingenuo que sea determinado concepto de Dios, pretender que el método cuantitativo y experimental de las ciencias físico-naturales sea el único válido en todas las esferas del saber, que los métodos e instrumentos de las ciencias empíricas sean criterios últimos de verdad, es, ciertamente, una manifestación de ingenuidad alarmante. La arrogancia científica puede alcanzar cotas muy altas de puerilidad; pues ¿es posible dudar de la realidad del amor, del bien, de la confianza, de la belleza..., en general, de aquello que proporciona sentido a nuestra vida, una sensación íntima de ajuste con la realidad, por más que todo ello esté fuera del alcance de la descripción científica y sea inaprensible por sus instrumentos?

... pero toda descripción supone una explicación

La explicación no es la descripción. Ahora bien, una suele acompañar a la otra. Así, cada modelo descriptivo suele presuponer —consciente o inconscientemente— toda una explicación o sistema explica-

tivo. En otras palabras, toda descripción científica se sustenta en una determinada concepción del hombre y el cosmos, lo sepa o no lo sepa, lo reconozca o no. Y es la filosofía de cada tiempo, de cada cultura, la que suele proporcionar los contextos explicativos que condicionan los diversos modelos descriptivos. Por ejemplo, las diferencias a las que aludíamos anteriormente existentes entre la medicina occidental y la medicina tradicional china encuentran su razón última de ser en las diferentes cosmologías o visiones del mundo que presuponen dichas ciencias, y que son las más definitorias de ambas culturas (una cosmología básicamente mecánico-causalista, en el caso del Occidente moderno; una cosmología organicista, en el caso del Oriente tradicional).

Que la descripción no es ajena a la explicación se advierte también en que, cuando las descripciones de una determinada ciencia alcanzan un cierto grado de complejidad, exigen una modificación del sistema explicativo que las sustentaba. Pensemos, por ejemplo, en cómo, en las primeras décadas del siglo XX, la ciencia física, en virtud de que su modelo descriptivo había llegado a ser altamente complejo, alcanzó un umbral que hizo que la visión del mundo que había sustentado la física clásica quedara obsoleta. Esta cosmovisión –que consideraba la realidad física como un sistema básicamente mecánico respecto al cual el científico era un observador imparcial, capaz de pronosticar los sucesos físicos según leyes deterministas– ya no podía dar cuenta de los descubrimientos de la física relativista o de la física cuántica.

En general, cuando las descripciones acumuladas por una ciencia alcanzan cierto nivel de sofisticación, puede ocurrir que la visión del mundo en la que se enmarcaban esas descripciones precise ser modificada o ampliada. De hecho, los propios científicos, llegados a este punto, suelen ser tanto científicos como filósofos, pues han de reconstruir nuevas teorías explicativas que otorguen sentido a sus

descubrimientos. Los grandes físicos del siglo xx –Einstein, Heisen-
berg, Schrödinger, Planck, etcétera– han sido, de hecho, profundos
pensadores.

Conocimiento y *transformación:* la sabiduría nos transforma

> «¿Qué beneficio sacará ése [de la lectura de las obras de los filósofos]?
> Será más charlatán y más impertinente de lo que es ahora. [...]
> Mostradme un estoico, si tenéis alguno. ¿Dónde o cómo? Pero que
> digan frasecitas estoicas, millares. [...] Entonces, ¿quién es estoico?
> Igual que llamamos estatua fidíaca a la modelada según el arte de
> Fidias, así también mostradme uno modelado según la doctrina
> de la que habla. Mostradme uno enfermo y contento, en peligro
> y contento, exiliado y contento, desprestigiado y contento. Mos-
> trádmelo.»
>
> Epicteto[4]

El filósofo que especula y el científico que investiga con instrumentos cada vez más perfeccionados buscan penetrar en los secretos de
aquello que han erigido en objeto de su estudio, dejando su propio
ser de lado, al margen de su investigación. Ciertamente, uno de estos
objetos de estudio puede ser el ser humano, pero en la misma medida en que este se constituye como objeto, poco tiene ya que ver con
el ser humano-*sujeto* que conoce y busca comprender.

Frente a este tipo de saberes calificaremos a un conocimiento
de *transformador* cuando atañe tanto al objeto conocido como al
sujeto conocedor, *cuando lo que se conoce y el ser de aquel que
conoce están, en dicho conocimiento, concernidos e implicados por
igual.*

La *explicación* y la *descripción* cifran su atención en ciertos *objetos* de conocimiento. Al explicar y al describir adquirimos conocimientos objetivos. Solo cuando el conocimiento no se *tiene*, sino que se *es*, es decir, se incorpora en el *ser* del sujeto que conoce modificándolo y enriqueciéndolo decimos que un *conocimiento* es intrínsecamente *transformador*.

Que este tipo de conocimiento se incorpore en el ser del sujeto significa que no produce en este solo cambios superficiales, sino que conlleva una modificación permanente de la vivencia básica que tiene de sí. En otras palabras, se trata de un conocimiento que atañe a nuestra *identidad*, que posibilita que esta se experimente desde niveles cada vez más profundos y radicales, y, paralelamente, que eso que somos íntimamente se exprese cada vez más y mejor.

El *conocimiento transformador* tiene siempre carácter "*experiencial*".[5] Este término alude a aquellas experiencias en las que no entran en juego solamente una o varias de mis dimensiones (sensorial, mental, emocional...), sino en las que entro en juego *yo mismo*; dicho de otro modo, alude a las experiencias tras las que no soy el mismo o, más bien, tras las que soy más hondamente yo.

Decíamos al comienzo de este capítulo que, originariamente, cuando la filosofía era aún sabiduría, filosofía, conocimiento y *transformación* iban de la mano. En otras palabras, los primeros filósofos consideraban que solo se podía acceder al conocimiento profundo de la realidad, a la dimensión que revelaba su sentido, a través de la modificación radical de uno mismo. La filosofía no era, en aquel tiempo, la actividad de quien, sin ningún compromiso activo por su propia transformación, se dedicaba a elucubrar teorías o hipótesis más o menos plausibles en torno a las cuestiones últimas. El filósofo era, de hecho, el prototipo de ser humano virtuoso. El término "virtud" tenía, a su vez, un sentido diverso del que solemos atribuirle de ordinario: virtuoso no era el que actuaba de una determinada manera sino, más radicalmente, el que estaba en contacto con su propia *virtus* (= potencia o esencia), con su potencial de ser plenamente humano, con su verdad íntima. La persona sabia era en Grecia la persona virtuosa de un modo análogo a como en Oriente el sabio ha sido, por excelencia, el ser humano libre o liberado. Se consideraba que solo podía alcanzar una mirada objetiva sobre la realidad el hombre máximamente "objetivo", es decir, el que había trascendido su ego, superado los condicionamientos de su personalidad. Solo el ser humano virtuoso era dúctil y transparente a su verdad profunda, llegando así a ser una encarnación elocuente de su filosofía. Solo él había purificado su mirada y aguzado sus oídos, hasta el punto en que las cosas le revelaban sus secretos. Filósofo era el que escuchaba y daba voz a la realidad, no el que hablaba meramente desde sí y se limitaba a decir lo que permitían sus exiguas luces individuales. El filósofo era el espejo limpio de la Realidad, el que la reflejaba.

Que el conocimiento de la realidad última no es accesible sin que haya un compromiso firme con la propia integridad, es algo nítido en el pensamiento de los primeros filósofos de Occidente. Heráclito, Parménides, Pitágoras, Sócrates... no eran profesores de filosofía ni profesionales del pensamiento. No especulaban; no estaban proponiendo sistemas teóricos o explicativos. Encarnaban en ellos mismos todo un modelo de vida. Invitaban a los aspirantes a filósofos, a los amantes de la sabiduría, a adentrarse en un camino de purificación, en una iniciación vital, tras la cual no serían los mismos ni verían el mundo del mismo modo. Consideraban que solo esta transformación podía alumbrar y sostener el conocimiento real: la *visión interior*.

Otro rumbo siguió la filosofía desde el momento en que abandonó esta dimensión transformadora y terapéutica, es decir, en que la *explicación* se convirtió en una función autónoma; un camino que ha llevado al punto muerto de un academicismo estéril e inoperativo y de una historia de la filosofía que –como ya señalamos– ha adoptado en gran medida la forma de un amontonamiento de opiniones de dudosa coherencia o interna unidad.

En cierto modo, esta filosofía disociada de la transformación es lo que a menudo, y en nuestro contexto cultural, se suele entender por filosofía: una "filosofía de salón", juegos mentales en los que basta conocer cierto lenguaje y ciertas reglas y en los que pocas veces el que filosofa se ha puesto a sí mismo –valga la redundancia– en juego; una especulación carente de sabiduría, que no ha brotado de ninguna transformación real y que, por lo mismo, no produce transformación alguna. No es difícil reconocer cuándo nos hallamos ante una u otra filosofía. Este podría ser uno de los criterios para distinguirlas:

Hay quien conoce movido por la curiosidad, y quien lo hace movido por una intensa sed. Se reconocen así: los conocimientos que transmite el primero satisfacen la curiosidad; los que transmite el segundo sacian la sed.

¿Qué significa, en profundidad, comprender?

La filosofía explica. La ciencia describe. La sabiduría nos transforma.

La filosofía especulativa y la ciencia nos permiten adquirir o tener conocimientos. La sabiduría nos dice que conocer profundamente algo es *serlo*; que tener información acerca de algo no equivale a conocer directamente ese algo –de lo primero se ocupa la mente, de lo segundo, nuestro ser.

Se entendería mal la naturaleza de esta unidad entre saber y ser si se interpretara que aludimos a la necesidad de una suerte de purificación moral a la que habría de seguir, en una etapa posterior, la consagración al conocimiento. No es esto lo que estamos sosteniendo. De hecho, un planteamiento así, lejos de aunar saber y ser, los divorcia. Hablamos de una unidad entre transformación y conocimiento mucho más radical. Lo que queremos decir es que ambas dimensiones –como apuntábamos en el capítulo anterior– son dos rostros de lo mismo, acontecen en un único movimiento: *toda transformación permanente de nuestro ser se origina en una toma de conciencia o comprensión de algún aspecto de la realidad, y, paralelamente, toda comprensión profunda nos transforma.*

Ilustraremos esto último a través de un ejemplo sencillo:

Un niño descubre que los Reyes Magos (más allá de nuestras fronteras, Santa Claus) no existen. La Noche de Reyes, cuando espera a escondidas, en estado de máxima excitación, ver a los camellos venidos de Oriente, sorprende a sus padres colocando regalos a los pies del abeto sintético mientras comentan que han de tener más cuidado pues el ruido que están haciendo puede despertar al niño. Este mira y escucha... y, en ese momento, todo un mundo se clausura para él. Ya no verá a sus padres del mismo modo y él ya no será el mismo. Si esta experiencia es bien asimilada, supondrá un paso en su proceso de maduración; será una especie de "iniciación" que le adentrará en el mundo de los adultos. Ha comprendido y ha crecido. Lo que ha comprendido no es, sin más, que los Reyes Magos son los padres. Esto es accidental. Ha intuido muchas más cosas a través de esa visión: qué significa ser niño, qué significa ser adulto, cómo viven en orbes diferentes y cuál es la relación entre ambos... Ha entendido tantas cosas, y de un modo tan unitario y global, que su comprensión difícilmente resulta verbalizable. No puede serlo, pues afecta a su mundo como un todo. Ya no vivirá en el mismo mundo. Y en lo que a él respecta, su conocimiento no equivale al de quien adquiere cierta información mientras se mantiene "inmune", siendo el mismo de antes. De hecho, quizá ya algunos de sus compañeros le habían "informado" de que los Reyes son los padres; esa hipótesis no le era desconocida; pero él no estaba convencido de que fuera así porque

aún no lo había "visto". Solo cuando lo "ve" (y no aludimos únicamente a la obviedad de la visión física), este hecho es para él una
realidad íntimamente cierta, y ese conocimiento, algo operativo y
transformador, que le modifica y le hace crecer.

En Oriente, al verdadero conocimiento se lo califica de "despertar",
pues, al igual que el que despierta, el que accede a una comprensión
profunda (la que se realiza no solo con la mente sino con todo el ser)
de algún aspecto de la realidad, transita a un mundo distinto, se
convierte en una persona diferente y advierte el carácter ilusorio
de su anterior estado de "sueño" con relación al estado de vigilia en el
que ahora se desenvuelve. Este estado de "vigilia" no es sinónimo
de la adquisición de unos cuantos conocimientos; equivale a un
nuevo *nivel de conciencia*: se accede a un *mundo nuevo* porque se
adquiere un *nuevo modo de ser y de mirar*. Toda verdadera comprensión opera de un modo análogo. La transformación/comprensión
puede ser espectacular o sencilla, pero en todos los casos tiene la
cualidad de un "despertar".

Tras lo dicho cabe concluir que hay dos tipos de conocimiento
cualitativamente diferentes:

- El conocimiento *per se*, el más radical, es el que incluye esta
dimensión transformadora. El acceso a este conocimiento conlleva
un "salto", un "despertar" tras el cual, como acabamos de señalar, ni
el que conoce ni el mundo percibido son los mismos. A este tipo
de conocimiento lo denominaremos *comprensión*, *visión* o *toma de
conciencia*. Este es el conocimiento que otorga *sabiduría*.

La tradición sufí asocia metafóricamente esta comprensión al
"saborear". Así, al saborear una sustancia tenemos una vívida experiencia interior de esta, una experiencia que es cualitativamente diferente del supuesto conocimiento que cree tener quien ha oído y
puede repetir la descripción verbal que otros han hecho de su sabor.

> «Sabe más acerca del sabor del grano de mostaza aquel que ha proba-
> do un grano, que el que ha estado toda la vida viendo pasar por delante
> de su casa caravanas de camellos cargados de sacos de granos mostaza.»
>
> Proverbio árabe

• Frente al conocimiento que confiere sabiduría, hay otro tipo de
conocimiento que no implica ninguna transformación esencial en el
que conoce ni en su "mundo", sino que es solo información añadida
a la que ya se posee. Si el verdadero conocimiento es un salto cuali-
tativo, un movimiento multidireccional de ampliación, expansión y
ahondamiento de la propia conciencia, este último equivale solo a un
incremento cuantitativo, epidérmico y lineal de los contenidos de
nuestra mente. Lo que hemos denominado explicación y descripción
pertenecen, en principio, a esta categoría.

Todas las tradiciones de sabiduría han coincidido en afirmar que
nuestra transformación real es una función del conocimiento (pues la
modificación de nuestro modo de ser y de actuar que no se sustenta
en un incremento de nuestra comprensión es solo hábito, condicionamiento o compulsión) y que el verdadero conocimiento es sinónimo
de transformación (es decir, no es el conocimiento que aportan la mera
información, la mera explicación o la mera descripción).

La filosofía, en sus inicios, buscaba acceder al verdadero conocimiento, a la "comprensión", a la "visión". Por este motivo, la filosofía constituía, para quien la practicaba, un riesgo. Requería estar
dispuesto a dejarse transformar por lo conocido; una transformación
que nunca se sabe de antemano adónde nos va a conducir ni qué
modalidad va a adoptar. Exigía abandonar todas las seguridades, muy
en particular las que, bajo la forma de ideas y creencias, protegen al
yo y le ofrecen consuelo al precio de su estancamiento. Era una invitación a vivir a la intemperie con la sola protección –la única
real– de la verdad. Lo que motivaba a la filosofía era el amor a la

verdad, entendido no como la aprehensión de algo diverso del yo, sino como la disposición a ser uno mismo "verdadero".

Es habitual que en los manuales de filosofía se califique de "intelectualistas" a aquellas corrientes de pensamiento que postulan, como venimos diciendo, que no hay verdadera virtud sin conocimiento –Sócrates y los estoicos, entre otros, así lo sostuvieron–. Pues bien, esto es un síntoma del reduccionismo que ha sufrido en nuestra cultura la noción de "conocimiento", y que ha conducido a que se la identifique, sin más, con "conocimiento intelectual". En efecto, la información registrada solo intelectualmente y las explicaciones o descripciones teóricas no proporcionan por sí mismas virtud. Pero el conocimiento entendido como "comprensión", como "toma de conciencia", es la raíz misma de la virtud. Así, por ejemplo, no es el "auto-rebajamiento" lo que hace al humilde, sino la profunda toma de conciencia de sus propios límites ontológicos –que son los de la condición humana–. El que ha accedido a esta comprensión (que no es el que tiene, sin más, la "información" correspondiente) no ha de "cultivar" la virtud de la humildad. No le hace falta. Su comprensión le hace necesariamente humilde. El "cultivo" de una virtud, sin comprensión, es hipocresía. La comprensión, a su vez, hace dicho cultivo innecesario.

> «El que comprende es sabio, y el sabio es bueno.»
> SÓCRATES[6]

> «Todas las virtudes consisten en comprender.»
> ARISTÓTELES[7]

Toda explicación es tan solo una señal indicadora

Decíamos que la actividad filosófica está íntimamente relacionada con lo que hemos denominado "explicación". Ahora bien, hemos afirmado asimismo que la filosofía esencial busca acceder a un tipo de "comprensión" que es cualitativamente diversa de la explicación. ¿Cómo se pueden armonizar ambas afirmaciones?

Quien ha comprendido puede "traducir" su comprensión en una explicación. Y esta traducción –en la que consiste gran parte de la actividad filosófica– es perfectamente legítima siempre que se sepa que la comprensión y la explicación pertenecen a niveles cualitativamente diferentes.

La explicación equivale siempre a una concepción o "imagen" del mundo. Esta suele proporcionar al yo una sensación provisional de seguridad, de significado. La explicación es lo más definitorio de las "filosofías del estar" (las que, recordemos, se orientan exclusivamente a satisfacer nuestras necesidades existenciales), pues la necesitamos para *estar* en el mundo. Difícilmente el hombre puede desenvolverse en él sin una cosmovisión que proporcione orientación a sus acciones, así como significado y orden a su vida, que le permita saber cuál es su lugar en el mundo y qué debe hacer o no hacer, esperar o no esperar. Ahora bien, esta explicación o concepción del mundo no implica de suyo un ahondamiento de nuestra visión interior, un crecimiento de nuestra capacidad de comprensión, ni nos desvela los más íntimos secretos de la realidad. Como ha observado Alfred Korzybski: «un mapa no es el territorio que representa». El mapa teórico con el que nos representamos la realidad no es la realidad, del mismo modo en que la palabra fuego no quema. El mapa puede sernos útil, sin duda, pero solo en la medida en que sepamos que es un mapa y que su valor es exclusivamente instrumental y orientativo. Por eso, los verdaderos sabios suelen traducir su comprensión en explicaciones paradójicas, flexibles, que otorgan luz a modo de relámpagos intuitivos, pero que no conceden un sosiego burgués a la mente, ni le permiten –como sí lo hacen las sistematizaciones cerradas y lógicamente estructuradas– quedar prematuramente satisfecha.

La explicación no se sostiene por sí misma; sin "visión", no proporciona conocimiento real. *La explicación filosófica es legítima cuando se relativiza y se considera solo una "indicación" o "señal indicadora", una invitación a la comprensión/transformación; no lo es cuando busca sustituir a esta última, es decir, cuando se le otorga un valor absoluto o autónomo.*

El que comprende no accede, sin más, a una nueva información, a un nuevo tipo de ideas o creencias sobre la realidad; sencillamente ha ahondado en su propio ser, y su visión se ha ahondado con él; no ve el mundo del mismo modo ni él es el mismo. Esa comprensión la encarna, es parte de él, la lleva consigo. Y no como una idea o serie de ideas en su mente –pues ha soltado todos los "mapas"–, sino como calidad y hondura en su propio ser y como capacidad de penetración en su visión. Solo el que comprende es libre: no tiene nada que defender ni nada a lo que aferrarse; no necesita convencer a otros para de este modo exorcizar en sí mismo la inseguridad o la duda. El sabio, el verdadero filósofo, no vive de ideas, no busca en ellas la luz; él es una luz para sí mismo.

Las explicaciones, sistemas o ideas a los que se otorga un valor absoluto son, por el contrario, algo externo al yo que este precisa aferrar. Buscamos acceder así a la seguridad que proporciona la "posesión" de significados, eludiendo pagar el precio que conlleva la verdadera experiencia del *sentido* profundo de la existencia: el de la desnudez y el adentramiento en lo desconocido.

Las pseudoexplicaciones (las que olvidan su carácter meramente indicativo) confunden "sentido" con "fijeza". En un mundo en permanente cambio proporcionan un agarradero mental fijo, estable e internamente ordenado, que permite ahuyentar la experiencia del caos, la inseguridad y el temor. Pero el que comprende ha encontrado la seguridad precisamente a través de la aceptación del cambio.

Sabe que la Vida no *tiene* sentido, como pretenden los "explicadores", puesto que Ella, en sí misma, *es* el sentido; que este no es algo que quepa explicar o poseer, sino solo encarnar o experienciar; que solo sabe realmente de él quien se sumerge en la Vida, quien conscientemente fluye, crece, eclosiona, muere, renace y se transforma con Ella.

La explicación nos otorga un sucedáneo del sentido de la vida. Solo la comprensión (la unión íntima de conocimiento y transformación) nos hace uno con él.

3. El eclipse de la sabiduría en Occidente

«Hoy en día hemos llegado a identificar filosofía con "pensamiento" (es decir, con una vasta confusión de opiniones verbales) hasta el extremo de confundir las filosofías tradicionales de otras culturas con el mismo tipo de especulaciones. De este modo, apenas somos conscientes de la extrema peculiaridad de nuestra posición, y nos cuesta reconocer el simple hecho de que ha existido un consenso filosófico único de alcance universal.»

ALAN WATTS

¿Dónde están los sabios en nuestra cultura?

El término "filosofía" ha dejado de sugerirnos las ideas de utilidad y transformación. De aquí que decidiéramos acudir a la palabra "sabiduría", o a la expresión "filosofía sapiencial", para apuntar a lo que la filosofía quiso ser originariamente, pues todo el mundo asocia el término "sabiduría" tanto a conocimiento profundo de la realidad como a compromiso con una vida auténtica.

La filosofía –apuntábamos en el capítulo primero– ha llegado a tener un lugar marginal en nuestra cultura porque ha dejado de ser un camino de transformación, en otras palabras, *porque ya no es sabiduría, ni invitación a la sabiduría.*

La filosofía, señalábamos también (y ahora matizamos: la filosofía sapiencial), ha formado parte de la raíz de toda civilización. Una sociedad sin sabios es una sociedad que se dirige hacia ninguna parte. Ahora bien, ¿dónde ha quedado en Occidente la figura del sabio? ¿Dónde están los sabios en nuestra cultura? Sin duda los hay, sin duda serán muchos los sabios anónimos; pero ¿cuál es su lugar dentro del tejido social? ¿Qué espacio visible ocupan desde el que su conocimiento pueda irradiarse? No hablamos de espacios institucionales u oficiales, en los que el verdadero sabio nunca buscaría su legitimidad. La verdad es libre y forma personas libres, dotadas de autoridad intrínseca, que no necesitan cómplices ni homologaciones. Hablamos de un espacio arquetípico, de un espacio simbólico reconocible por todos. En lo que ha sido el Oriente tradicional, por ejemplo, o en nuestra cultura occidental antigua, ese espacio existía. Los sabios tenían voz. Su autoridad era reconocida por muchos; y era su propia autoridad –no ningún tipo de título o de privilegio– la que, difundida de boca en boca, los convertía en meta de los que buscaban el conocimiento. Los sabios eran buscados y hallados. Se sabía dónde escucharlos. Existía la demanda, la necesidad reconocida y explícita de sabiduría, así como la forma de cubrirla. Nuestra cultura no permite reconocer esa necesidad ni ofrece espacios en los que satisfacerla porque la figura arquetípica del sabio no existe en ella. Alguien dirá: «tenemos al filósofo»; pero muy poco queda en este último de lo que era aquel. Compararlos es conducir a equívocos. Nadie acude en busca de sabios a una Facultad de Filosofía. Sin duda los habrá, pero en la misma proporción que en cualquier otro ámbito humano –es decir, serán escasos–; y serán sabios no por ser profesionales de la filosofía, sino en cuanto seres humanos comprometidos con la verdad.

La pregunta relativa a dónde están los sabios en nuestra cultura puede complementarse con esta otra: ¿cuál es el lugar de la "locura sagrada" en nuestra cultura? Nos referimos, obviamente, no a los locos que han perdido la razón, sino a quienes han superado la "razón demasiado razonable"; a quienes rompen ascendentemente –por eso su "locura" es sagrada– las reglas utilitarias y pragmáticas que rigen la vida de la mayoría; aquellas personas que son recordatorios de la dimensión libre e insobornable del ser humano, una dimensión que el apremio y la lucha por la supervivencia en un mundo ávido y competitivo nos hacen olvidar. Hoy en día no conocemos otra locura que la que conduce al manicomio. Y la locura en la que vivimos, aunque esta no suele ser calificada como tal. También en nuestra cultura antigua y en las culturas orientales ha existido la figura del "loco sagrado" (pensemos, por ejemplo, en Empédocles, en Diógenes, en el legendario Nasruddin, en Ramakrishna...), irradiando y contagiando la libertad que tiene su origen en la supremacía del *ser* sobre el *tener*, del *ser* sobre el *lograr*, del *ser* –sin más– sobre el ser *esto* o *lo otro*.

¿Por qué se produjo el divorcio entre filosofía y religión?

¿Cuál es la causa del eclipse histórico de la sabiduría en Occidente? Responder a esta pregunta nos sacaría de los márgenes del objetivo de este libro. Solo apuntaremos lo siguiente:

Desde fines de la antigüedad, se inició en Occidente un proceso que condujo al divorcio radical entre la filosofía y la religión. Estamos tan habituados a esta escisión que nos cuesta advertir lo que hay de artificial en ella. Hay que buscar su raíz en la reducción y en la alteración del significado de las nociones de "filosofía" y de "religión" que, poco a poco, se fueron produciendo en el ámbito de la cultura occidental. Estos significados así alterados y reducidos, y que aún perduran en la actualidad, podrían describirse del siguiente modo:

• *La filosofía* se empieza a concebir –en un proceso que culmina con el inicio de la Edad Moderna– como aquella actividad por la que el hombre intenta comprender la realidad y orientarse en ella contando fundamentalmente con el instrumento de su *razón individual*. El filósofo no reconoce ninguna autoridad exterior a la que haya de otorgar un asentimiento ciego, y ello permite el libre ejercicio del pensamiento. La filosofía es una actividad teórica, es decir, considera la realidad de forma especulativa, con independencia de toda aplicación. El que filosofa no busca, en principio, transformar la realidad ni transformarse a sí mismo; esta acción transformadora se considera específica de las ciencias prácticas.

• *La religión*, con el asentamiento del cristianismo oficial, elaboró todo un cuerpo de doctrina sustentado en ciertas premisas de naturaleza dogmática. Se considera que estas premisas han de ser aceptadas por "fe", y se interpreta esta fe como confianza en la autoridad de la fuente de la revelación y, más en concreto, en quienes históricamente dicen encarnar esa autoridad: las autoridades eclesiásticas. Desde que se concibe así la religión, la duda, la indagación crítica y la libertad de pensamiento ya no tienen en ella un campo libre de expresión; solo se permiten dentro de ciertos límites. A su vez, es la religión la que se atribuye, frente a la filosofía, una función transformadora, salvadora y liberadora. Esta liberación no es la que el hombre puede lograr íntegramente aquí y ahora, la que va ganando para sí mediante el incremento de su comprensión; la obtiene en virtud de su pertenencia al seno de la institución eclesiástica y solo será plena y efectiva en el "más allá".

Efectivamente, si damos por supuestas estas acepciones de "filosofía" y de "religión", tendremos que admitir que ambas empresas pertenecen a esferas distintas. Ahora bien, conviene advertir que, para la mayoría de las civilizaciones orientales, para la cultura occidental antigua y para ciertas tradiciones occidentales heterodoxas de conocimiento –algunas de las cuales han pervivido hasta nuestros días al margen de la filosofía y la religión oficiales–, esta escisión carece de sentido.

Muchos de quienes han sostenido que este divorcio se basa en un equívoco no han hecho más que ser fieles al sentido originario de las nociones de "filosofía" y "religión". En su sentido originario, ambos términos equivalían a lo que aquí hemos denominado "sabiduría" y poco tenían que ver con lo que dichos vocablos han llegado a significar para nosotros. En otras palabras, inicialmente filosofía y religión no ofrecían el antagonismo radical que han llegado a tener en nuestra cultura:

- La filosofía era amor a la sabiduría y arte de vivir que se fundaba en la contemplación, en la visión directa del "ojo del alma", y no solo en la razón discursiva. Era un impulso de libertad del espíritu humano frente a las inercias coaccionantes y acríticas de la tradición, un afianzarse en el propio juicio, un llegar a ser luz para uno mismo, pero no en virtud de las exiguas luces individuales, sino de la participación del ser humano en la misma Luz de lo real. La filosofía era aquella actividad del espíritu humano (no solo de su mente lógica y conceptual, sino también de su corazón y de su intuición superior) que se orientaba a la comprensión de la realidad mediante la comunión con ella. Se consideraba que solo una profunda transformación interna del aspirante a la sabiduría podía despertar esta comprensión, que solo podía ser receptivo a la verdad el "ser hu-

mano verdadero". Teoría y práctica no eran, por lo tanto, disociables.

- Por otra parte, «el fundador de toda religión nueva no poseía, en
principio, mayor autoridad que el fundador de una escuela de
filosofía» (M. Müller)[1]. No remitía a autoridades externas, sino
a la voz que toda persona tiene en su interior. Invitaba a cada
ser humano a ser una luz y un refugio para sí mismo, una invitación necesariamente incómoda y subversiva para los apegados
a la letra y a los aspectos epidérmicos de la tradición. ¿Qué
autoridad, por ejemplo, tuvieron el Buda o Jesús, sino aquella
que les otorgaron quienes, al escuchar sus palabras, sentían que
estas resonaban en lo más profundo de sí mismos? El propio
corazón y la propia intuición profunda, que reconocían ahí la
voz de la verdad, eran el criterio último. En toda persona habita
la Luz que iluminó al Buda y el Amor que encarnaba y predi-
caba Jesús. Esta Luz y este Amor son la fuente de toda autoridad
y cualquier ser humano puede hallarlas dentro de sí.[2]

En resumen, la filosofía era inicialmente un camino de liberación y
de transformación. La religión, a su vez, no eludía la crítica, la duda,
el cuestionamiento, la libertad de espíritu, pues no remitía a ninguna
autoridad que no radicara en lo más íntimo del espíritu humano. Lo
que entendemos hoy en día por "filosofía" y por "religión", ni exis-
tieron en nuestra cultura antigua, ni han existido en el seno de las
más genuinas tradiciones orientales. No es que los antiguos las con-
fundieran, o que los orientales las confundan –como sostienen algunos–; sencillamente, estas tradiciones no han seguido la trayectoria
reduccionista y artificial que ha conducido a que estos ámbitos hayan
llegado a no reconocerse; se han mantenido en el vértice original,
previo a esa escisión, en el que filosofía y religión se hermanaban en
un único impulso, el del amor a la verdad. Este vértice –que corres-

ponde a lo que hemos denominado *sabiduría*– aúna sin conflicto conocimiento y amor, razón e intuición superior, comprensión y transformación, ciencia y liberación, verdad objetiva y veracidad subjetiva. Pensemos en el pitagorismo antiguo, en el pensamiento estoico, en el budismo, en las *Upanishad*, en el Vedanta índico, en el taoísmo... ¿Son filosofías? ¿Son religiones? Son, sencillamente, sabiduría.

En nuestra cultura occidental, la filosofía ha favorecido el pensamiento crítico e independiente, pero se ha apartado de su función liberadora. Ha llegado a ser, básicamente, un saber abstracto, desconectado de la existencia concreta y de nuestro propio desarrollo. Es verdad que a veces reflexiona sobre la vida, pero con frecuencia esta se convierte en un objeto de análisis o estudio respecto al cual el filósofo se mantiene a distancia –la intuición profunda y el amor no siempre están ahí para salvar esa distancia–. En este tipo de reflexión, el filósofo no crece, no se libera, no se purifica, su mirada no se hace más penetrante. Al contrario: las personas muy intelectualizadas suelen ser las más alejadas de la sencillez interior que posibilita una percepción lúcida y directa de los hechos, de "lo que es". La vida, por otra parte, puesto que se convierte en simple *objeto* de reflexión, se cosifica, pasa a ser un tema o un asunto. Como le sucedía al rey Midas, todo lo que toca este tipo de filosofía parece perder su virtualidad vitalizadora, "nutritiva". En un curioso malabarismo que la caracteriza, se ocupa de lo más vital, y consigue que parezca lo más frío, distante, aburrido e inerte.

El interés que tantas personas manifiestan actualmente por las distintas tradiciones de sabiduría –muy en particular por las grandes sabidurías de Oriente– responde en gran medida a la profunda necesidad de filosofía que tiene nuestra cultura, pero de una filosofía esencial, de un conocimiento vivo y vivificador.

La sabiduría es la filosofía imperecedera

La civilización occidental moderna y contemporánea quizá sea la única en la que la sabiduría no ha tenido ni tiene un lugar central. El *ser* ha sido sustituido por el *tener* (la filosofía y la religión, en sus acepciones restringidas, son formas de *tener* –agarraderos para nuestra búsqueda psicológica de seguridad–, más que de *ser*).

Hemos aludido a cómo, paulatinamente, la filosofía teórica fue ocupando en Occidente el lugar de la sabiduría. Este eclipse de la sabiduría no se percibió como tal porque aquello que se ocultaba y aquello que lo ocultaba tenían el mismo nombre: el de "filosofía". La sabiduría pervivió –siempre pervive–, pero lo hizo solapadamente y a duras penas. Esta sustitución equívoca hizo que el espacio arquetípico de la sabiduría desapareciera de la conciencia de muchos occidentales. Ya ni siquiera la echaban de menos. Se contentaban con sustitutos; unos sustitutos tan incapaces de saciar su necesidad profunda de ser que daban paso necesariamente a otros, y estos a otros... Aquí, en gran medida, tiene su origen el vértigo o la movilidad compulsiva que caracteriza a nuestra civilización. La misma filosofía se presenta como la continua sustitución de unos sistemas de pensamiento, ideas y modas intelectuales por otros.

Es significativo a este respecto el hecho de que todas las tradiciones de sabiduría –aquellas en las que la comprensión de los problemas últimos de la realidad no se ha disociado del compromiso con el propio desarrollo– hayan sido asombrosamente coherentes a lo largo del espacio y el tiempo. Todas ellas comparten algo así como un fondo de sabiduría inmemorial constituido por intuiciones análogas relativas a la naturaleza del ser humano y de la realidad, así como al modo en que el ser humano puede realizar sus más altas posibilidades. Dentro de este panorama, buena parte de lo que solemos llamar "historia de la filosofía" (y que es específicamente occidental) no deja de ser una rareza, casi una anomalía, en la medida en que aquello que la caracteriza es precisamente la interna discontinuidad y la constante ruptura. Como afirma Alan Watts:

> «Hoy en día hemos llegado a identificar filosofía con "pensamiento" (es decir, con una vasta confusión de opiniones verbales) hasta el extremo de confundir las filosofías tradicionales de otras culturas con el mismo tipo de especulaciones. De este modo, apenas somos conscientes de la extrema peculiaridad de nuestra posición, y nos cuesta reconocer el simple hecho de que ha existido un consenso filosófico único de alcance universal. Ha sido compartido por seres humanos que han sido testigos de las mismas intuiciones profundas y han enseñado la misma doctrina esencial, ya vivan en nuestros días o hace seis mil años, en Nuevo México, en el lejano Occidente, o en Japón, en el lejano Oriente».[3]

Diversos pensadores[4] han hablado, en este sentido, de una *filosofía o sabiduría perenne*. De una filosofía que

> «... no era filosofía en el sentido habitual de "teoría especulativa"; era el amor a la sabiduría que consistía, no en pensamientos y palabras, sino en un estado de saber y de ser. En tales culturas, esta *philosophia perennis* ocupaba una posición central y respetada, aun cuando cualquier profundo interés en ella estaba limitado a una minoría.»
>
> A. COOMARASWAMY[5]

Esta filosofía perenne viene a ser un legado de las experiencias universales más radicales de la humanidad, así como de las indicaciones operativas que nos permiten volver a actualizarlas aquí y ahora. En otras palabras, la universalidad de la filosofía perenne no es la propia de una doctrina o de unas ideas –no hay, de hecho, teorías universales–, sino la de una *experiencia*, en concreto, la de una mutación en el núcleo mismo de nuestra personalidad que nos permite "despertar" a la realidad. Allí donde se considera que conocimiento y transformación son indisociables, lo decisivo no son las ideas, sino la *experiencia directa* y la comprensión que esta alumbra.

La filosofía especulativa parece estar actualmente en crisis. La filosofía perenne, por su propia naturaleza, no puede estarlo, aunque pueda ser temporalmente olvidada y desplazada, pues atañe a nuestras experiencias y anhelos más profundos, los sustentados en la estructura inalterable de la conciencia humana.

* * *

La universalidad de las experiencias que constituyen el corazón de la filosofía imperecedera permite que los sabios se reconozcan siempre. Se entienden sin necesidad de hablarse.

Los filósofos carentes de sabiduría, por el contrario, se malinterpretan entre sí; no se escuchan cuando parecen escucharse. Con las religiones ocurre otro tanto. La historia ha sido el campo de batalla en el que se ha escenificado y se sigue escenificando la intolerancia de quienes se apegan a una doctrina. Los místicos –los genuinamente religiosos– son la excepción, pues en ellos el lugar de la doctrina lo ha ocupado la experiencia. Por eso también son partícipes de la sabiduría perenne.

El sabio desnuda la verdad. El filósofo sin sabiduría la recubre, la empapela con palabras. Solo le entienden los que juegan a su juego y los que conocen su jerga.

El sabio dice lo más profundo del modo más sencillo. El filósofo sin sabiduría dice lo más simple del modo más complejo posible.

El sabio nos deja con los pies y el corazón calientes y con la cabeza fresca, serena. El filósofo sin sabiduría nos deja con los pies y el corazón fríos y con la cabeza caliente.

El sabio *es* aquello que conoce. El filósofo sin sabiduría *se aferra* a aquello que dice conocer; como no es ni encarna lo que dice, lo puede perder; ha de estar, por ello, a la defensiva. En realidad, no piensa cuando cree pensar libremente; solo se autojustifica.

La filosofía sin sabiduría pone toda su confianza en la *razón discursiva*. El sabio la pone en la *visión* (en la intuición, que es un "conocer viendo"). El sabio acude a la razón como medio para articular y expresar lo que "ve". Sabe que la razón es un instrumento que puede perfeccionarse a sí mismo, depurando el lenguaje y el pensamiento lógico-conceptual, y que, por ello, puede ayudar a limpiar de escombros el camino del conocimiento; pero sabe, también, que solo la visión mira a través del camino limpio y lo penetra.

La razón capta la coherencia interna, lógica, de un enunciado; en otras palabras, la razón mira hacia el "mapa". La visión (la percepción lúcida y directa de "lo que es") contempla el "territorio".

Parece que la razón no es arbitraria ni caprichosa y que la visión o la intuición sí lo es. Pero es la razón la que puede ser arbitraria. Todo, absolutamente todo, puede ser justificado y defendido "razonablemente". Solo la visión nos previene de las astucias de la razón.

La visión parece caprichosa porque estamos acostumbrados a tropezarnos con su caricatura: esas personas que se refugian en el "yo lo veo" o "yo lo siento así" sin poder dar cuenta razonada de su supuesta visión y desquiciando a los que argumentan y razonan ponderadamente. Pero allí donde hay visión real, no impresiones subjetivas, el razonamiento se torna más poderoso y efectivo que nunca. La comprensión, cuando es genuina, crea su propio lenguaje. A la visión, cuando es penetrante, no le faltan las palabras o cualquier otro medio elocuente de expresión. La verdadera visión no es la arbitrariedad de la intuición sin lenguaje, ni la sequedad del lenguaje sin visión.

La visión admite la razón como correctivo. Y siempre pasa la prueba. Porque no es irracional, sino suprarracional. La pseudovisión en ningún caso pasa esta prueba.

Cuando se tiene la visión, las palabras surgen. El sabio no busca directamente las palabras; por ello, estas afloran en él con inusitada fuerza, de modo fresco y renovado, conduciendo más allá de sí mismas. El filósofo sin sabiduría se ocupa fundamentalmente de las palabras y, por eso, su discurso resulta opaco y estéril. Las palabras que se buscan y calculan pierden su capacidad de revelación.

Las ideas inertes y las personalidades incoloras –las de quienes propugnan ciertas ideas o creencias, pero no irradian ni encarnan eso que sostienen o enseñan– no pueden satisfacer, a largo plazo, nuestro anhelo profundo de *ser*. De aquí proviene, en gran parte, el escepticismo de nuestra época. Estamos saturados de ideas y palabras, pero vacíos de ser, de realidad, y carentes de referencias de integridad. Este vacío de nuestra civilización solo se solventará cuando en ella la *sabiduría* se constituya de nuevo en referencia del conocimiento *per se*, del único que merece realmente ese nombre; cuando el *sabio* vuelva a ser en ella una figura central, quien dé la medida del ser humano verdadero.

> «Estoy absolutamente convencido de que no hay riqueza en el mundo que pueda ayudar a la humanidad a progresar, ni siquiera en manos del más devoto partidario de tal causa. Sólo el ejemplo de los individuos grandes y puros puede llevarnos a pensamientos y acciones nobles.»
>
> A. Einstein[6]

La historia de la sabiduría no coincide con la historia de la filosofía

Como hemos venido diciendo, la *filosofía* –lo que esta ha llegado a ser en nuestra cultura– no ha de confundirse con la *sabiduría*, si bien, como matizamos en la introducción, sus límites no son del todo nítidos. Del mismo modo, la historia de la filosofía perenne no coincide con lo que en los ámbitos especializados se denomina "historia de la filosofía", aunque tampoco son del todo ajenas. Ambas se asemejan a dos ríos que fluyen habitualmente por distinto cauce –siendo el primero, el de la sabiduría, mucho más amplio, largo y caudaloso–, pero que, en ocasiones, se entrecruzan y comparten uno solo. La filosofía occidental nació, de hecho, como un afluente de ese gran río, de él se nutrieron originariamente sus aguas.

En otras palabras, en lo que ordinariamente se entiende en Occidente por historia de la filosofía cabe encontrar filósofos-sabios, filósofos con atisbos de sabiduría y filósofos sin sabiduría. Ahora bien, cuando dentro de los márgenes de la historia de la filosofía ha habido manifestaciones claras de filosofía sapiencial, con frecuencia estas han sido malinterpretadas y agostadas por los propios filósofos. En la medida en que la filosofía se comprende a sí misma como un saber estrictamente especulativo, ha interpretado esas expresiones de la sabiduría perenne como si se tratara de unos sistemas de pensamiento más entre otros, unos ejercicios teóricos fruto exclusivo del talento de sus respectivos autores. Cuando así eran interpretados, esos brotes de sabiduría se desvirtuaban, se ocultaban como tales y perdían su eficacia.

Ahora bien, *la filosofía, en su acepción restringida, y la sabiduría* –como hemos venido viendo– *son actividades y saberes cualitativamente diferentes. El filósofo sin sabiduría y el filósofo esencial no están haciendo lo mismo*, aunque pueda parecerlo. Lao Tsé y Aristóteles, por ejemplo, aunque aparentemente hacían lo mismo –pensar, filosofar–, en realidad estaban llevando a cabo empresas distintas. No se puede leer el *Tao Te King* del mismo modo en que se lee la *Metafísica* de Aristóteles. No se puede leer a Heráclito, poniendo otro ejemplo, del mismo modo en que se lee a Hegel, porque ambos se están desenvolviendo en niveles y contextos diversos y tienen metas diferentes. Aunque en las obras de Aristóteles y Hegel cabe encontrar, sin duda, valiosa filosofía sapiencial, el grueso de estas refleja su confianza en la capacidad de la especulación dejada a sí misma para penetrar en los secretos últimos de la realidad; por eso han sido dos de los más espléndidos elaboradores de "mapas" teóricos de la historia del pensamiento. Lao Tsé y Heráclito no elaboraron mapas tan complejos. Esto podría hacerlos parecer filósofos de menor categoría. Pero es que ninguno de los dos estaba interesado en la elaboración de mapas. No estaban ocupados en esa actividad. *Invitaban a una transformación interna, al abandono de todos los mapas, al nacimiento de una nueva visión.* Situar el pensamiento de todos estos autores bajo una misma categoría ha sido una gran fuente de injusticias y equívocos.

La filosofía teórica, a lo largo de su historia, ha llevado los atisbos de sabiduría que ha habido en nuestra cultura a su propio terreno; al hacerlo, los ha malinterpretado y los ha ocultado como lo que son: sabiduría; al meterlos en el "saco" de la filosofía han parecido solo una especulación más; incluso como especulación, como "mapa", podían parecer deficientes.

Pero podemos hacer exactamente lo contrario: llevar lo que convencionalmente se entiende por filosofía al terreno de la sabiduría y observar qué sucede. Quizá nos sorprenderá encontrar una sabiduría de vida espléndida allí donde los manuales de filosofía dan a entender que nos hallamos tan solo ante un sistema teórico más. Quizá nos sorprenderá descubrir grandes sabios en quienes nos suelen presentar como filósofos de segunda categoría. O quizá encontremos mucha especulación y muy poco de filosofía esencial allí donde se supone que hay filosofía de primer orden.

Podemos volver a repasar la historia del pensamiento intentando verla a través de los ojos de la sabiduría, discerniendo lo que en ella es filosofía perenne de lo que no lo es, advirtiendo que la filosofía teórica y la filosofía sapiencial son actividades distintas, y recobrando y reinterpretando, de este modo, aquello que, siendo sabiduría, se ocultó como tal.

En efecto, la filosofía especulativa está en crisis. Pero quizá esto no sea algo a lamentar, sino, por el contrario, el preámbulo de un renacer de la filosofía sapiencial en Occidente.

Parte II

La filosofía perenne:
claves para la transformación

En esta segunda parte nos adentraremos en la sabiduría imperecedera. Como señalamos en la introducción, no lo haremos con espíritu arqueológico ni erudito, pues no nos ocupan las doctrinas tal y como han sido expuestas por determinados pensadores o tradiciones, sino el modo en que ciertas intuiciones presentes en todas las culturas y tiempos pueden ser relevantes para nosotros –sin que tengamos que ser técnicos de la filosofía– aquí y ahora. Por eso, si bien acudiremos en nuestra exposición a algunos términos propios de enseñanzas y culturas particulares, estos nos interesarán exclusivamente en la medida en que son símbolos de experiencias e intuiciones universales. Recurriremos a ellos porque carecen de las ambigüedades o insuficiencias que tendrían los vocablos castellanos más o menos equivalentes. Uno de esos términos a los que acudiremos frecuentemente es la palabra china "Tao". Es esta una noción intraducible, aunque habitualmente se haga equivaler a Naturaleza, Camino, Vía o Sentido. El *Tao* es el Camino o Vía por el que procede el universo, la Naturaleza íntima de todo lo que es, el Sentido, la Fuente y el Curso de la Vida.

El primer capítulo de esta parte –que versará sobre el *Tao*– será más genérico y, aparentemente, más teórico. Los siguientes irán explicitando el alcance y la relevancia práctica de las ideas inicialmente planteadas.

* * *

Hemos visto cómo la filosofía perenne no pretende proporcionar meras explicaciones teóricas, sino, ante todo, indicaciones prácticas orientadas a que saboreemos el sentido profundo de la vida a través de nuestra propia experiencia. En esta segunda parte repasaremos algunas de las indicaciones que nos dan los más grandes sabios y filósofos esenciales; acudiremos, para ello, a sus máximas e imágenes más reveladoras. Las siguientes páginas buscan mostrar el potencial transformador e inspirador de la filosofía perenne. Si alguien que creía inaccesible o inoperante gran parte del pensamiento esencial de todos los tiempos llega, a través de estas reflexiones, a verla con nuevos ojos, este libro habrá cumplido sobradamente su función.

4. El *Tao:* la fuente y el curso de la Vida

> «Antes que el cielo y la tierra,
> existía ya algo completo en sí mismo, quieto y profundo.
> Solitario, inmutable,
> autosuficiente e inagotable.
> Se le podría llamar la Madre misteriosa.
> No se conoce su nombre.
> Yo lo describo como el *Tao*.»
> LAO TSÉ, *Tao Te King*, XXV

> «El *Tao* es aquello de lo que uno no puede desviarse;
> aquello de lo que uno puede desviarse no es el *Tao*.»
> CHUNG JUNG

Incluso los científicos más reacios a admitir la realidad de aquello que no puede ser verificado por sus métodos experimentales acuden constantemente en sus argumentos y explicaciones a nociones tan poco "empíricas" como, por ejemplo, la de "energía" o la de "tiempo". Cabría reprocharles, utilizando sus mismos argumentos, que den por supuestas dichas realidades cuando son indemostrables por el procedimiento científico e inaprensibles con sus instrumentos: ninguno de ellos se ha topado directamente con *la* energía –como una entidad separada y directamente perceptible–, ni ha visto *el* tiempo a través de sus microscopios o sus telescopios. Pero lo cierto es que los científicos nunca cuestionan dichas nociones... y con razón. Pues, si bien no han percibido *la* energía, sí han medido y percibido las formas y expresiones de la energía (la luz, el calor, el movimiento...); no han percibido *el* tiempo, pero están continuamente atestiguando sus efectos.

Análogamente, todas las grandes tradiciones sapienciales han hablado de un Principio único, esencia y sustento último de cuanto es, e Inteligencia rectora del cosmos. No lo veían. Era invisible, inefable. Pero a la vez, sí lo veían: el cosmos entero, el mundo en toda su gradación –desde las realidades más groseras hasta las más sutiles– era la *evidencia* de ese Principio único, su manifestación. Dicho Principio no ha sido para la sabiduría, por ello, un postulado o una hipótesis teórica, el resultado de un silogismo, una deducción intelectual. Pues el mundo mismo es su rostro, su evidencia, de un modo análogo a como, por ejemplo, el declinar de los organismos físicos es la evidencia y la manifestación de lo que llamamos tiempo, por más que el tiempo como tal sea en sí mismo inaprensible.

Este Principio único fue denominado por el pensamiento griego antiguo *Logos*. El pensamiento índico lo denominó *Brahman*. El pensamiento extremo-oriental, *Tao*.[1] (En el presente trabajo acudiremos a este último término para unificar las distintas intuiciones que la filosofía perenne ha tenido de este Principio. Daremos a esta noción, por lo tanto, un alcance intercultural.) La sabiduría hermética, a su vez, lo ha designado frecuentemente como *el Todo*. Esta última tradición nos dice:

«Bajo y tras el universo de tiempo, espacio y cambio, ha de encontrarse siempre la realidad sustancial, la verdad fundamental.»

El Kybalion [2]

Las realidades materiales, los organismos vivos, nuestros estados mentales..., todo aquello que constituye lo que denominamos "mundo" está en permanente cambio. Nuestra vida anímica es un perpetuo flujo de pensamientos, emociones, impulsos y estados. Nuestro cuerpo es un proceso de mutación constante, en continua interacción con el entorno. Todo nace y muere, asciende y declina, se organiza y se desintegra. Unas cosas surgen de otras y en otras se resuelven. Cuando las cosas parecen durar y permanecer, dicha permanencia es solo el equilibrio logrado en virtud de una constante y aceleradísima mutación. La piedra aparentemente más compacta e inmóvil es, observada a cierta escala, un espacio vacío dentro del cual danzan partículas en perpetuo movimiento, partículas que se forman y diluyen dentro de ese estado fundamental de vacuidad.

En el cosmos nada es, todo deviene, todo está siempre dejando de ser o llegando a ser. La única constante de este grandioso espectáculo que llamamos universo es la impermanencia, el cambio, la fugacidad.

«No es posible ingresar dos veces en el mismo río, ni tocar dos veces una sustancia mortal en el mismo estado.»

Heráclito, fragmento 91

De ello se deriva –así lo han sostenido invariablemente las tradiciones de sabiduría de todos los lugares y tiempos– que las manifestaciones que constituyen este mundo mudable han de ser la expresión externa o la *apariencia* de algo que no deviene, sino que *es*, de una *realidad sustancial y permanente*, es decir, que es en sí y por sí, autosuficiente y completa en sí misma.

El mundo no es, *deviene*. El *Tao* es. Lo que *deviene* tiene su razón de ser en lo que *es* y, a su vez, el *Tao* tiene en sí mismo la razón de su existencia.

El *Tao* visible o el *rostro* del *Tao*

Conviene matizar en este punto que la sabiduría perenne no sostiene que el *Tao* sea algo que está oculto "detrás" del mundo del devenir, como si el *Tao* y el mundo fueran dos realidades diferentes. Afirma, por el contrario, que el cosmos es solo la manifestación exterior y cambiante del *Tao*, su *rostro* visible, su *apariencia*. En otras palabras, el mundo no es una realidad sustancial. *Hay una única realidad: el Tao.*

> «[...] todo lo que no es Él, no tiene ninguna existencia.»
> «[...] tanto en el mundo invisible como en el visible no hay nada más que Él.»
>
> IBN 'ARABÎ[3]

Un ejemplo puede sernos útil en este punto, a pesar de la inadecuación que todo ejemplo o imagen particular suele tener a la hora de iluminar estas cuestiones:

Conocemos a una persona siempre en y a través de su apariencia. Al conocerla, de hecho, no percibimos directamente a la persona *en sí*; percibimos un cierto color de piel, ciertos rasgos, ciertos gestos, cierto tono de voz... Todo esto no equivale a *la* persona, no la agota ni la compendia. Ahora bien, sería ridículo decir que, a partir de esta apariencia que percibimos, "deducimos" (por una suerte de silogismo) la realidad de la persona; como sería ridículo decir que aquello con lo que nos relacionamos y charlamos es un conjunto de rasgos y gestos.

Obviamente, nos relacionamos con la persona en cuestión, pues la apariencia es siempre el aparecer *de* algo; en este caso, es la *evidencia* de la persona. La persona es más originaria que su apariencia, si bien no existe como algo separado de ella.

Análogamente, el mundo no es una realidad de la que se deduzca otra distinta a la que denominamos "Tao". El mundo es el rostro o la apariencia del *Tao*. Y por ello –decíamos– el *Tao* es evidente: no es un principio teórico, una hipótesis especulativa, ni el resultado de ninguna deducción. *La evidencia del* Tao *es su expresión: el mundo.*

> «La evidencia de *Brahman* es *maya*.»[4]
>
> NISARGADATTA[5]

Conviene igualmente señalar que, cuando la sabiduría afirma que el *Tao* es permanente, no está sugiriendo que sea estático o extraño al devenir.

Siguiendo con nuestro ejemplo, la persona permanece a través de los cambios que experimenta su apariencia, pero no es ajena a esas modificaciones; sencillamente, no se agota, se desparrama o se diluye con ellas. Es algo así como la fuente y el sentido de dichos movimientos, el horizonte desde el que estos adquieren sentido, expresividad y unidad.

Análogamente, el *Tao* no es algo separado del movimiento de la existencia. Es el horizonte invisible que otorga coherencia y sentido al devenir y que, no apareciendo, posibilita que lo que aparece, el mundo manifiesto, tenga unidad, hondura y expresividad.

El *Tao*, lejos de ser extraño al devenir, es su fuente y su curso, el ritmo y el proceso mismo de la vida. Es la melodía que hilvana la sinfonía cósmica y que apreciamos cuando no estorbamos el libre fluir de este mundo cambiante (cuando asumimos la impermanencia y movilidad de toda cosa, condición y situación; que todo lo que asciende, desciende, y que todo lo que tiene un comienzo, tarde o temprano, se desvanece y alcanza su fin). Cuando, por el contrario, pretendemos detener o retener las notas que articulan esa melodía, fascinados, quizá, por su poder evocador, nos hacemos sordos a ella; la armonía desaparece; las cosas –las notas– ya no evocan, pierden su sentido, el que tenían precisamente cuando se renovaban y no buscaban permanecer.

Comprende la naturaleza del *Tao* –nos enseña la sabiduría– el que respeta su ritmo y participa de su danza, no el que se aferra a sí mismo, a ciertos seres, cosas, estados o instantes, y los cristaliza, impidiendo su libre desenvolvimiento.

* * *

Esta ha sido la intuición del Principio único que han compartido las distintas tradiciones de sabiduría. Pero cierta filosofía especulativa –la que ha definido en buena medida las líneas básicas del pensamiento occidental– desvirtuó esta intuición. Así, esta filosofía afirmó: «El Ser es aquello que "*es*". Es permanente y es "en sí" y "por sí"...». Hasta aquí, no hacía más que repetir lo que ha sostenido la sabiduría de todos los tiempos. Pero continuó: «por lo tanto, este mundo fenoménico y cambiante ha de ser distinto del Ser». Y es en este momento cuando dicha filosofía tomó un camino radicalmente divergente al de la sabiduría. Pues esta no nos dice que el devenir y la apariencia sean algo contrapuesto al Ser; nos dice, por el contrario, que son su manifestación y evidencia, *su rostro*.

«Si deseas ir por el Camino único no rechaces el mundo de los sentidos. Cuando no los desprecies más, alcanzarás la iluminación.»

Sin-sin-ming 19 y 20

Si la guía de la sabiduría es siempre la mirada directa y simple a la realidad, la filosofía especulativa tiene el mal hábito de abandonar demasiado pronto esta mirada para prestar oídos al "sentido común" (al "demasiado" común) y al razonamiento lógico. Pero el "sentido demasiado común" y el razonamiento lógico siempre operan con categorías contrarias y mutuamente excluyentes, con dualidades: o esto o lo otro. Así, el concepto de "ser" (el de un ser permanente) excluye el concepto de "devenir", y el concepto de "devenir" excluye el concepto de "ser". La filosofía ha confundido esta dualidad lógica, relativa a los conceptos, con una dualidad real; ha confundido lo que es verdad en el plano abstracto de la lógica con lo que es evidente para la mirada directa, previa a toda conceptualización y abstracción. Por eso, ha olvidado, con demasiada frecuencia, lo más evidente y directo: la íntima unida de ser y devenir, de forma visible y esencia invisible, de apariencia y realidad.

La sabiduría no especula, solo mira con detenimiento y con profundidad.

Cuando el mundo ya no es el *rostro* del *Tao* sino su *velo*

La palabra "apariencia" tiene dos significados para nosotros. Uno de ellos es neutro: la apariencia entendida como lo directamente perceptible en algo. El otro es negativo: la apariencia entendida como "aparentar", como lo ilusorio o lo que incita al engaño. Hemos señalado que, para la sabiduría, el mundo es la *apariencia* del *Tao*, y hemos utilizado el término "apariencia" en su acepción neutra, es decir, despojado de todo contenido valorativo.

Ahora bien, esta acepción neutra, la que hemos utilizado hasta el momento, no es ajena a la segunda acepción señalada. También la filosofía perenne ha aludido a la capacidad que tiene la realidad fenoménica –cuando no es percibida adecuadamente– para ser fuente de ilusión, para cautivar y absorber nuestra mente y nuestros sentidos haciéndonos olvidar que la "apariencia" es únicamente eso, apariencia: la *expresión* de algo que está más allá de ella misma. Cuando así sucede, cuando el mundo pierde ante nuestros ojos su transparencia y su profundidad y otorgamos carácter autónomo y absoluto a lo que solo son "gestos y rasgos" del Principio único, las cosas dejan de ser la *evidencia* del *Tao* y pasan a ser su *velo*, la sede de la ilusión.[6]

La realidad fenoménica es apariencia ilusoria siempre que se olvida que el mundo es real solo en virtud de la Realidad única que lo constituye, sostiene y posibilita.

> «Regresa a la Raíz: obtendrás el sentido; corre tras las apariencias y te alejarás del Principio.»
>
> *Sin-sin-ming*, 9

Según la filosofía perenne, es nuestro deseo de aferramiento a las cosas y a nosotros mismos lo que nos hace víctimas de este olvido. Un deseo de aferramiento que, a su vez, se origina en nuestra *ignorancia*. Pues no es posible asir lo que solo es apariencia cambiante, lo que en sí mismo carece de sustancia propia y de permanencia. En nuestra ignorancia, creemos que sí es posible; para ello, fijamos y cosificamos esa apariencia en nuestra mente revistiéndola de aparente autonomía y consistencia. Puesto que el *Tao* es evasivo para nuestros modos ordinarios de percepción, lo confundimos con lo que sí podemos ver y percibir, y buscamos equívocamente "corriendo tras las apariencias" la plenitud que solo su Principio y Raíz nos podría proporcionar. Pero, paradójicamente, al querer aferrar las cosas de este modo las perdemos, pues era el *Tao* invisible el que les otorgaba realidad y expresividad, y era a través del cambio como encauzaban su sentido y su belleza.

* * *

«El hombre que ha comprendido esto: que las "cosas" no son más que colorido y aspecto exterior y que su Origen está en lo que no percibimos y su reposo y esencia en lo que no es afectado por el cambio [en el *Tao*], ¿cómo podrá aferrarse a cosa alguna?»

Chuang Tzu[7]

Para que el mundo sea ante nuestros ojos la *evidencia* de la Realidad, y no su *velo*, es preciso advertir –nos dice Chuang Tzu– que las "cosas" que componen el mundo manifiesto son solo "colorido y aspecto exterior", y no realidad interior; son la manifestación de "algo", y no el "algo" que ahí se manifiesta; son rostro, y no quien en dicho rostro se revela; son superficie o apariencia, y no sustancia o esencia.

Una reflexión quizá nos pueda ayudar a comprender mejor lo que nos quiere decir el sabio taoísta. Pensemos en cómo lo que ordinariamente denominamos "mundo", lejos de ser una realidad incuestionable e independiente de nosotros, es algo que *construimos* e *interpretamos* a partir de un número ingente de impactos informativos que recibimos a través de los sentidos. Solo somos capaces de percibir un número muy limitado de estas impresiones sensibles, y, además, captamos aquellas que nuestro cerebro puede registrar y en el modo en que puede hacerlo. Todo esto supone ya un cierto nivel de *interpretación*, de *construcción*. A su vez, estas impresiones son en sí mismas ininteligibles; adquieren orden, inteligibilidad y coherencia al ser *filtradas e interpretadas por el lenguaje y el pensamien-*

to conceptual. Es en este momento cuando hablamos de un "mundo" y de las "cosas" del mundo.

Decimos o pensamos "mesa" y, al hacerlo, lo que era un caos de impresiones sensoriales adquiere para nosotros sentido y unidad. En este momento, en virtud de las líneas divisorias abstractas que nuestras palabras y conceptos sobreimponen a la realidad, lo que llamamos "mesa" *parece* ser algo delimitado y separado tanto de las demás cosas del mundo como de su Fuente. Lo que era algo *diferenciado, pero no* por ello *separado* del entretejido del cosmos, nos *parece* dotado de existencia autónoma y sustancial. Son nuestros conceptos, en definitiva, los que hacen que percibamos lo que era solo "colorido y aspecto exterior" como "cosas" independientes, y cada una de ellas, a su vez, como algo *aparentemente* proteico, compacto, poseedor no solo de exterior sino de interior, perfectamente clausurado y delimitado. También nos pensamos a nosotros mismos, y hacemos de nuestra persona una "cosa" autónoma, clausurada y escindida de las otras personas y de las cosas del mundo; una cosa entre las cosas a la que denominamos "yo".

El lenguaje y el pensamiento, de este modo, *parecen* ser el correlato de un mundo sustancial compuesto de cosas igualmente sustanciales y autónomas; pero no son el correlato de dicho mundo, sino su *condición de posibilidad*. Es el lenguaje el que otorga aparente independencia a ese mundo de cosas compactas y separadas, pues confundimos los límites propios de los conceptos y palabras con los que nombramos y pensamos las cosas, con lo que supuestamente son divisiones y límites intrínsecos a la realidad misma.

> «El *Tao* nunca ha tenido límites o fronteras. La palabra, en cambio, [...] tiene sus parcelas.»
>
> CHUANG TZU[8]

«Las cosas cambiantes no son sino simples nombres que dependen del lenguaje.»

Chandogya Upanishad VI, 1, 4

Cuando decimos o pensamos "mesa", "yo"... creemos conocer la naturaleza de aquello que así denominamos y, por lo mismo, sentimos tener cierto control sobre ello. Pero ¿es realmente así? La sabiduría nos da una respuesta unánime a esta pregunta: no. El lenguaje y el pensamiento conceptual no nos proporcionan un conocimiento de las cosas en su intimidad. Nos proporcionan, eso sí, un control funcional sobre nuestro mundo interno y externo: nos permiten describirlo, catalogarlo, dividirlo, organizarlo, dominarlo y manejarlo. Nos ayudan a desenvolvernos en el ámbito de la apariencia –que, en un nivel pragmático, no deja de ser "nuestra realidad"–. Pero no nos dan a conocer la naturaleza esencial del mundo ni de ninguna de las cosas del mundo.

La filosofía sapiencial no dice que haya que desdeñar el mundo fenoménico para acceder a la Realidad que supuestamente se oculta "detrás" de él. Afirma, por el contrario, que *la apariencia es la evidencia de la Realidad* cuando cesa la actividad divisora y separadora del pensamiento conceptual; *cuando no dotamos a los conceptos y a las palabras, a las convenciones abstractas del pensamiento, de sustancia propia.*

«Cuando miras algo, ves la esencia de las cosas, pero te *imaginas* que ves una nube o un árbol.»

NISARGADATTA[9]

Conocemos a una persona –decíamos en nuestro ejemplo anterior– a través de su apariencia. Pero una persona no es un tono de piel, cierta fisonomía, cierto tono de voz... ni la suma de todo ello. El secreto, el sentido y la verdad de unos gestos y rasgos no podemos encontrarlos en los mismos gestos y rasgos, sino en la persona que los anima y a través de ellos se expresa. Del mismo modo, el secreto o la realidad íntima del mundo visible o manifiesto no radica en el mundo mismo sino en el *Tao*.

La esencia, la *verdad* y el *sentido* del mundo es el *Tao*.

El *Tao* oculto

El mundo es la *evidencia* del *Tao*. Cuando veo una mesa, cuando percibo un sonido, cuando siento alegría o dolor, lo que veo, percibo y siento es, en último término, el *Tao*. Pues no hay nada más que Él. Ahora bien, lo veo, lo siento y lo percibo como veo, siento y percibo a una persona determinada a través de su apariencia. Cuando oigo su voz, oigo a esa persona. Cuando rozo su piel, rozo a esa persona. Pero, a su vez, dicha persona es lo que queda siempre oculto detrás de ese roce, de ese sonido. Es lo que en ellos se expresa y, simultáneamente, más allá de ellos se retiene.

Esta es la gran paradoja del *Tao*: todo lo que conozco es el *Tao*, pero el *Tao*, considerado en sí mismo, es inaprensible, *inefable*.

> «Se le llama invisible porque los ojos no le pueden ver. Imperceptible porque los oídos no le pueden oír. Impalpable porque no se le puede atrapar...»
>
> LAO TSE[10]

Las olas son expresión del océano; cuando veo una ola, lo que estoy viendo es océano. Pero, a su vez, el océano no equivale a esa ola, ni es afectado por el aparecer o el desaparecer de la misma.

El mundo es el Tao, pero el Tao es independiente del mundo.[11]
Del mismo modo en que la Vida se manifiesta en cada vida particular, pero la Vida no es idéntica a ninguna de ellas, ni ninguna de ellas la agota.

* * *

Quizá lo dicho hasta ahora nos ayude a comprender por qué ciertas tradiciones de sabiduría han denominado a la Realidad última *Nada* o *Vacío*:

> «Todo es *Vacío*, radiante y luminoso por sí mismo.»
> *Sin-sin-ming*, 29[12]

Estas expresiones –*Nada, Vacío*– no suponen algo así como una negación de la realidad y la efectividad del *Tao*. Por el contrario, buscan indicar que todo lo que podemos conocer como un objeto, todo lo que los sentidos asociados a las palabras y a los conceptos pueden apresar, nunca es el *Tao*; que para la mente, que solo conoce objetos, el *Tao* es necesariamente una nada o un vacío.

El *Tao* se manifiesta como "mundo", pero se oculta y permanece en sí mismo como *Tao*. En este retenerse o ausentarse del *Tao* radica su Nada o su Vacío. Un vacío que es *Plenitud*, pues precisamente porque el *Tao* no es un objeto o una "cosa", puede serlo todo; solo porque no es una entidad particular, puede ser la fuente de todas ellas, es decir, puede albergar posibilidades ilimitadas y ser el Origen y la realidad de la diversidad de los fenómenos.

> «Él no es ninguno de los seres y es todos los seres.»
> Plotino[13]

> «El *Tao* hace las cosas, sin hacerse cosa con las cosas.»
>
> CHUANG TZU[14]

La Vida

¿El *Tao* del que nos habla la sabiduría es el Dios del que nos hablan las religiones? *¿Es el Tao lo mismo que Dios?* Sí y no. Si por Dios entendemos la esencia o realidad última de todo lo que existe, el *Tao* es asimilable a Dios. Si por Dios entendemos un Ente supremo, una realidad particular distinta del mundo y de las cosas del mundo, al *Tao* no le conviene el nombre de Dios.

> «El Uno, lo único sabio, no quiere [y, sin embargo, quiere] ser llamado con el nombre de *Zeus* (Dios).»
>
> HERÁCLITO, fragmento 32

El *Tao* no es una "cosa" ni un ente particular; ni siquiera un Superente, un Ser supremo distinto de los seres y cosas que componen el mundo. En Occidente, la religión se ha apartado de la intuición del *Logos* que tuvo la sabiduría de la antigua Grecia, cuando lo ha concebido como un Ente particular, aunque excelso, un Ente-supremo separado del mundo, al que la mente y el deseo del hombre han revestido con rasgos y atributos humanos –eso sí, presentes en Él en grado eminente–, un Otro cuya aprobación es preciso merecer e implorar.

¿Es el *Tao* el Ser del que nos hablan los filósofos? Sí y no. No lo es allí donde la filosofía, apartándose también del sentido originario que los filósofos griegos atribuyeron al término "Logos", ha hecho de Este un Ser abstracto, un concepto de la razón, algo que esta puede apresar y penetrar, un objeto del pensamiento especulativo.

El *Tao* o el *Logos* de los sabios no es el Dios separado del mundo que postulan ciertas religiones, ni el frígido Ser de la filosofía. Estos últimos, nos dirá Nietzsche, son la negación de la vida, mientras que el *Tao* –y quizás sea este el nombre que con menos equívocos lo designa– es la misma Vida.

El Dios de ciertas religiones no ha favorecido la afirmación directa de la vida porque ha sido ubicado en el "más allá", no en el aquí y en el ahora, en el corazón del presente. El Ser de buena parte de la filosofía ha sido negador de la vida porque ha sido proscrito a un reino abstracto y estéril, accesible solo a unos pocos –de vidas, en ocasiones, también abstractas y estériles–. En ambos casos, se ha relegado la Plenitud precisamente a los únicos lugares –fuera del presente y en el ámbito de nuestras especulaciones– donde no es posible encontrarla.

El *Tao* no es un Ente supremo distinto de los seres, del ser humano y del mundo. No es tampoco el Ser abstracto que puede concebir nuestra razón. Es lo más real de lo real, lo más cercano, concreto y efectivo, el corazón de todas y cada una de las cosas, visibles o invisibles, la realidad más íntima de cada ser humano.

Es lo que vive en nosotros, lo que respira en nuestra respiración y pulsa en el rítmico fluir de nuestra sangre; aquello que ríe cuando reímos y danza cuando danzamos; lo que arde en nuestra ira y en nuestro deseo. Es lo que mira por nuestros ojos, piensa en nuestro pensamiento y nos inspira palabras cuando hablamos.

Es el vigor que late en la semilla, que asciende como savia y se celebra en el fruto y en la flor. Es la matemática armonía del cielo nocturno, de la estructura del cristal, de los arabescos de los mundos subatómicos, réplica análoga de las galaxias celestes. Es aquello que nos fascina en el andar alerta y grácil del tigre, en la creatividad y elegancia insuperables del color de los peces y del plumaje de las aves. Lo que une a estos peces y aves en bandadas. La voluntad única que los hace moverse y danzar al unísono, formando un solo cuerpo...

Es la hermandad invisible que nos permite adivinar lo que sintió algún hombre del pasado y compartir el dolor que adivinamos en la mirada de otro ser humano o en la mirada afligida de un perro. Es la insólita belleza de la música y lo que se conmueve en aquel que la escucha. La misteriosa armonía que, enlazando lo más sutil y lo más grosero, permite que nuestro espíritu necesite de la materialidad del oído para sentir esa mística familiaridad. Lo que hace acordar el alma con lo que solo son ondas sonoras...

Es la inteligencia ilimitada e insondable que todo lo rige y en todo se manifiesta. ¿Qué hay de abstracto o de "otro" en todo ello?

> «Ocho son las formas visibles de mi naturaleza: tierra, agua, fuego, aire, éter, mente, razón y conciencia del "yo". / Pero aún mucho más allá de mi naturaleza visible está mi Naturaleza superior, el fundamento de la vida, gracias al cual este universo tiene existencia. / Todas las cosas dotadas de vida obtienen su vida de esta Vida. Yo soy el principio y el final de todas las cosas que existen. / En todo este inmenso universo no hay nada que sea superior a Mí. Soy el soporte de todos los mundos del mismo modo que el hilo mantiene juntas todas las perlas del collar. / Soy el sabor de las Aguas Vivas, soy la luz de la Luna y del Sol [...] Soy el sonido del silencio; la fortaleza de los hombres. / Soy la fragancia pura que desprende la tierra. Soy el resplandor del fuego. Soy la vida de todas las criaturas vivas, y la austeridad en aquellos que fortalecen su alma. / Soy, y desde siempre he sido, la semilla eterna de todos los seres. Soy la inteligencia del inteligente. Soy lo bello de la belleza. / Soy la fuerza de los vigorosos [...]. Soy el deseo [...]»
>
> *Bhagavad Gita* VII, 4-11

Las palabras "Dios" y "Ser" han sido tan desvirtuadas en nuestra cultura por una religión y una filosofía alejadas de la sabiduría, que es preciso, de cara a comprender la naturaleza del *Tao*, acudir a términos o metáforas menos contaminadas y más vinculadas a nuestra experiencia directa. A ello nos puede ayudar la palabra "Vida".

No es posible escapar de la Vida. Nadie puede concebirla como algo "Otro", distinto del mundo y de sí mismo. Somos la Vida. O, más propiamente, Ella nos es. No hay que demostrarla; su realidad no precisa ser objeto de sesudas discusiones filosóficas ni de disputas teológicas. Nadie puede negarla, porque es la misma esencia y realidad de quien la niega. Si no puede ser conocida como un objeto, no es por su lejanía o extrañeza, sino por su absoluta cercanía. ¿Cómo puede el pensamiento comprender Aquello que piensa en él? ¿Cómo el ojo puede ver Aquello que ve a través de todos los ojos y que posibilita y sostiene la visión?... No es un Ideal supremo que alcanzar, porque todo está permeado por Ella; y Ella, a su vez, no tiene más fin que Sí misma. No puede ser objeto de un credo, porque lo más evidente y directo no precisa ser objeto de fe. No requiere de ritos que mendiguen su atención, porque nuestro rito y nuestra petición son ya de hecho una manifestación de la Vida. El único ritual que le es acorde es aquel que la celebra y que, al hacerlo, permite comprender Su íntimo sentido, porque la Vida es una constante celebración de Sí misma. La Vida no es lo sagrado frente a lo mundano o lo profano, porque la Vida es todo y es indisociable de sus manifestaciones. El vuelo de un ave es sagrado si se sabe ver en él una expresión de la Vida. Una brizna de hierba también lo es, porque su esencia, el *Tao*, es inmortal. Y no es más sagrado un templo que la intimidad de nuestro dormitorio, la calle por la que diariamente transitamos o un valle sesteando al Sol, siempre que se comprenda que todos esos espacios son símbolos del único Espacio en el que todo acontece: la Vida.

La corriente única de la Vida

Lo que llamamos "mundo" son las olas del océano del *Tao*. Nuestra mente ordinaria, en complicidad con los sentidos, solo puede conocer esas olas fugaces y volubles. Pero más allá de ese vaivén, posibilitándolo y sosteniéndolo, la Vida, insondable, ilimitada, inagotable, permanece.

Solo *es* el *Tao*, la Vida. Este mundo cambiante propiamente no *es*: *sucede*, *acontece* en el seno de lo único que *es*, como la onda que surge, espontánea y fugaz, en la quietud de un estanque.

> «Todo ser corporal es un acontecer, no una sustancia.»
> PLOTINO[15]

Cuando contemplamos las ondas que se forman en la superficie del océano del *Tao*, nos es dado conocer el mundo de las diferencias. Cuando advertimos que esas ondas son la expresión mudable de un único océano, sabemos de la unidad. De nuevo, no hay dilema o conflicto —como nos ha hecho creer tantas veces la filosofía teórica— entre unidad y diferencia, como veíamos que no lo hay entre ser y devenir, apariencia y realidad.

Explícitamente, en el nivel de realidad accesible a nuestra mente ordinaria, somos diferentes. *Implícitamente*, en nuestra esencia, estamos unidos, somos uno. La Unidad se manifiesta y se celebra como diferencia. La realidad íntima de la diferencia es la Unidad.

En el reconocimiento de esta Unidad que late en las diferencias y que es la realidad íntima de las diferencias, radica, según la sabiduría, la culminación del conocimiento y la llave de la liberación. Descubrir esa Totalidad esencial que nos sostiene, superar la ilusión óptica que nos hace creer que nuestra vida es sustancialmente otra que de la de los demás, que el "yo" es esencialmente diferente del "tú", que nuestra inteligencia particular es distinta de la inteligencia que advertimos en la naturaleza, es el comienzo de la verdadera vida y la puerta de la plenitud. Pues descubrir que somos uno con la totalidad de la Vida es sabernos básicamente plenos, "totales".

> «Sólo hay Vida. No hay nadie que viva una vida [...] pero en el seno de la Vida misma surge en la mente un pequeño torbellino que se complace en fantasías y se imagina a sí mismo dominando y controlando la Vida.»
>
> NISARGADATTA[16]

No hay vidas. Hay una única Vida. La totalidad del universo es un gesto único de la Vida. Cada realidad particular es parte de ese gesto; comparte con las demás un mismo *sentido*, una misma intención gestual. Por eso, el universo en su integridad y cada una de las cosas y de los hechos que lo componen, en una oculta connivencia, están apoyando y sosteniendo nuestra existencia.

No somos nosotros los que vivimos. La única Vida vive en nosotros. El sabio no siente que "viva *su* vida", pues se sabe vivido por la corriente única de la Vida. No se siente en último término responsable de lo que él es —¿quién ha elegido ser quien es?–. Y descansa en esta certeza, sorprendido y maravillado ante la obra que la Vida realiza a través de él y a través de todo lo existente.

En la medida en que permanecemos absorbidos en la apariencia de la realidad e identificados con nuestra propia apariencia, esa totalidad o plenitud esencial nos parecerá ajena a nuestra experiencia cotidiana; será, efectivamente, algo "Otro" que situaremos en un "más allá". Cuando despertamos a la realidad de esa única Vida, y comprendemos que es Ella nuestro verdadero Yo —lo que es, piensa, quiere y actúa en nosotros–, ese supuesto "Otro" se nos revela como lo más propio, y como la verdad y la realidad íntima de todo "aquí" y de todo "ahora".

No estamos arrojados a la vida, a la existencia; esta imagen es muy desacertada y el origen de una ilusoria enajenación. Somos expresiones de la Vida, estamos siendo sostenidos por Ella. Y, por eso, no hay nada distinto de nuestro propio Ser que nos pueda dañar.

Solo cuando nos sabemos moradores del *Tao*, estamos en casa. Solo cuando estamos en el mundo sin ser de él, siendo habitantes del *Tao*, podemos descansar.

> «A los peces les basta que se les cave un pozo para que encuentren allí todo lo necesario para su vida. A los hombres les basta también vivir en el *Tao* para no experimentar necesidad alguna.»
>
> CHUANG TZU[17]

Un océano único de Inteligencia

> «... lo que es racional no es el hombre, sino que sólo el Ser que lo abarca todo es inteligente.»
>
> HERÁCLITO, A 16[18]

Decimos habitualmente: «Yo, Fulano, respiro». Pero ¿es realmente así? ¿Cada inspiración o cada espiración que realizamos es un acto consciente, fruto de nuestra capacidad de autodeterminación? Evidentemente, no. Entonces, ¿quién es ese yo que respira en nosotros?

Decimos: «Yo (agréguese un nombre propio) pienso y hablo». Pero ¿estamos seguros? ¿Elegimos cada pensamiento que tenemos? Cuando hablamos, ¿elegimos conscientemente cada palabra que sale de nuestra boca?... Parece que no. Entonces, ¿de dónde surge ese pensamiento? ¿Quién es ese yo que piensa cuando decimos «yo pienso»? ¿Cuál es el origen de nuestras palabras?

Ese Yo es la Vida que anima todo lo que vive, desde la brizna de hierba más insignificante hasta la estrella más conspicua. Es la Inteligencia que hace que todo sea lo que es y llegue a ser lo que está destinado a ser. Ese Yo es mucho más amplio que lo que ordinariamente entendemos por yo: un yo particular que tiene nombre propio; aunque esto no es óbice para que este último crea habitualmente ser sujeto exclusivo de lo que él denomina "su" pensamiento y "su" acción. Pero este yo superficial no equivale al misterioso Yo que respira en nosotros, que piensa en nosotros, que vive en nosotros, que actúa en nosotros, sin necesidad de que nuestro yo particular tenga plena autoría sobre ello.

El yo que tiene nombre propio, ¿qué control consciente puede tener sobre la actividad de sus órganos y las células de su cuerpo?

«¿Quién de vosotros, a fuerza de preocuparse, puede añadir a su estatura un solo codo?»

Evangelio de Lucas, 12, 25

Ahora bien, ante esto tendemos a pensar que, efectivamente, nuestro yo con nombre propio no es el responsable de los latidos de nuestro corazón y el bombear de nuestra sangre, pero que sí es el responsable de nuestro pensar, hablar, sentir o actuar. Pero ¿es esto así? Volvamos a la reflexión anterior: ¿Elegimos conscientemente cada pensamiento que tenemos y cada palabra que pronunciamos? ¿Elegimos querer lo que queremos o anhelar lo que anhelamos?...

Una observación detenida y libre de prejuicios nos puede ayudar a vislumbrar que todo nuestro obrar, externo e interno, es, en su más íntima génesis, una actividad *espontánea* que sucede *a través* de nosotros, pero no en virtud de nosotros; que podemos *dirigir u orientar*, pero no originar; una actividad, en definitiva, que tiene un origen *impersonal*, si bien, el filtro que es nuestro organismo, nuestra estructura psicofísica particular, dota a ese pensamiento, a esa acción, etcétera, de rasgos idiosincrásicos y personales.

> «La frase de Schopenhauer "Un hombre puede hacer lo que quiera, pero no querer lo que quiera" ha sido para mí, desde mi juventud, una auténtica inspiración.»
>
> ALBERT EINSTEIN[19]

* * *

Todo lo que sucede es expresión de una única acción, la de la Vida. El mundo natural expresa ineludiblemente ese único obrar. Es el *Tao* el que hace que el capullo se abra en flor, que el polluelo quiebre el cascarón en el momento justo, que el Sol complete su ciclo cada día; ellos no han de hacer nada por sí mismos para lograr tal cosa. Ahora bien, el ser humano, puesto que es *autoconsciente*, no se limita a ser cauce de la acción del *Tao*, sino que puede *saber* de Este y puede saberse *partícipe* de esa actividad espontánea de la Vida –que sucede a través del individuo, pero no en virtud de él–. Puede encauzarla, respetarla, apoyarla, o bien resistirse a ella y distorsionarla, pero no crearla ni originarla.

El surfista se mueve gracias al impulso del mar y a su favor; la energía que lo moviliza no es suya, sino de la ola que él "cabalga". Pero no por ello es pasivo; todo lo contrario, "se deja llevar" en la misma medida en que se mantiene máximamente lúcido, en un estado de vigilancia o *atención* plena. Solo el respeto activo –consciente, atento– al flujo "inteligente" de la ola le posibilita cabalgarla. Un respeto pasivo no sería tal respeto, sino una resistencia. El surfista pasivo no es el más dócil, pues se resiste a dejarse llevar. Análogamente, el yo particular es un *colaborador*, por ser autoconsciente, pero no un hacedor. Es un cauce, pero no un origen. Es un *cocreador*, pero no un creador. En la medida en que el individuo no crea, es pasivo; en la medida en que esa creación solo puede expresarse plenamente a través de él si se mantiene *vigilante*, es máximamente activo.

Pero ¿por qué la sensación de ser el hacedor último, no un cocreador, sino un creador, es algo tan arraigado en el yo superficial? El ser humano, como acabamos de señalar, frente a las demás realidades naturales, tiene la peculiaridad de ser autoconsciente, de poder saber de sí y reflexionar sobre sí. Por eso, cuando surge un pensamiento (emoción, impulso, etcétera) en el ámbito de su conciencia, *sabe* que ese pensamiento ha surgido. Este movimiento circular de la reflexión es la "grieta" por la que se cuela el yo superficial para apropiarse de lo que ha sucedido espontáneamente. El yo superficial, *a posteriori*, dice: «yo pienso», «yo siento», «yo quiero»...; se apropia de cada acción, pensamiento, sentimiento, deseo... Pero no es él el agente, autor o responsable *último* de todo ello, aunque así lo crea.

Estamos tocando una cuestión esquiva en la que profundizaremos en capítulos posteriores. Basta, de momento, con que comencemos a vislumbrar qué quiere expresar la sabiduría cuando afirma que hay una única Vida, una única Inteligencia, una única Voluntad, un único Yo, que se manifiesta en todo y a través de todo, también en lo que tendemos a concebir como nuestro pensamiento particular y nuestra voluntad independiente y autónoma.

Todo es la expresión inequívoca de esa Inteligencia. El ser humano, a diferencia de otras manifestaciones de la vida –mineral, animal, vegetal...–, no se limita a ser una expresión de la Razón única. Tiene la capacidad, además, de ser *conscientemente* uno con Ella. Puede *saberse* partícipe en la danza de la Vida. Pero no puede disociarse de Esta, aunque así lo crea.

«Común a todos es la inteligencia.»
HERÁCLITO, fragmento 113

«Hay una inteligencia común a todos los individuos humanos. Cada hombre es una entrada a esa inteligencia y a cuanto en ella existe.»
R.W. EMERSON[20]

Pero, como lamenta Heráclito:

«... aun siendo el *Logos* general a todos, la mayoría vive como si tuviera una inteligencia propia particular.»
Fragmento 2

Todo está vivo. Todo es Mente

Hay una única Inteligencia –nos enseña la sabiduría–, de la cual nuestra inteligencia particular es expresión. El *Tao*, el *Logos*, no es una energía o fuerza ciega, es Vida y es Inteligencia. En otras palabras, no hay nada inconsciente o muerto. Todo está vivo; todo es inteligente.

La Inteligencia o Conciencia única se manifiesta en las realidades no humanas –en el mundo animal, vegetal, mineral, etcétera– de una forma inferior, jerárquicamente, al modo en que se manifiesta en el ser humano, pues, como acabamos de señalar, solo el hombre es auto-consciente.[21] Es esta diferencia jerárquica la que nos lleva a calificar el mundo natural –muy en particular, el mundo vegetal y mineral– de no inteligente o de inconsciente. Pero, en realidad, la Inteligencia y la Conciencia no son una manifestación particular dentro del cosmos cuya "sede" sea el hombre, sino el entramado y la sustancia misma del universo. No son un producto tardío de la evolución del cosmos –aunque sí lo sean la inteligencia y autoconciencia específicas del *homo sapiens*–, sino su mismo origen, naturaleza y sustrato, pues...

> «Nada puede elevarse más alto que su origen; nada se desenvuelve a no ser que esté envuelto; nada se manifiesta en el efecto a no ser que esté en la causa.»
>
> *El Kybalion*

El *Tao* es Inteligencia y Vida. Es *Logos* o Razón, afirmaba la Grecia antigua. Es Mente viviente, sostiene la enseñanza hermética. Es Conciencia, nos dice el pensamiento de la India.

> «[...] el cosmos no es engendrado según el tiempo, sino según el Pensamiento.»
>
> HERÁCLITO, A 10[22]

> «*Brahman* es Conciencia.»
>
> *Aitareya Upanishad* III, 5, 3

De aquí la metáfora unánimemente presente en todas estas tradiciones: lo que llamamos mundo es algo así como un pensamiento del Todo, un sueño de *Brahman*, una ideación de la Mente universal. Sin esa Mente, sin la Conciencia única, ese "pensamiento –el mundo– no sería. La sustancia de ese "pensamiento" que llamamos "mundo" es la Mente única que lo piensa.

> «El universo es mental, sostenido en la Mente del Todo.»
>
> *El Kybalion*

> «El universo, por ser una serie ininterrumpida de percepciones de *Brahman*, no es otra cosa que *Brahman*.»
>
> SHAMKARA[23]

Qué significa "vivir conforme a la Naturaleza"[24]

El término "naturaleza" ha tenido en la historia del pensamiento un doble significado. Uno de ellos es el designado tradicionalmente con la expresión *Natura naturans*: la Naturaleza entendida como el Principio que sostiene el mundo y como la Ley única de la que todas las leyes naturales particulares son expresión. El otro significado del término "naturaleza" es el de *natura naturata*: la naturaleza visible, o lo que ordinariamente denominamos naturaleza. [Para distinguir ambas acepciones, las denominaremos, respectivamente, "Naturaleza" y "naturaleza".] El *Tao* es Naturaleza fundamentalmente en el primer sentido, pues, si bien se manifiesta como naturaleza visible, esta última es expresión del carácter de *Natura naturans* del *Tao*. Esta distinción nos puede ayudar a comprender el sinsentido de las interpretaciones que han querido ver en ciertas filosofías sapienciales que propugnan "vivir en armonía con la Naturaleza" –como el taoísmo o el estoicismo– una suerte de naturalismo bucólico o un materialismo burdo.

Ser sabio es vivir en conformidad con el *Tao*, con el *Logos*, con la Naturaleza. No decimos que ser sabio es ser uno con el *Tao*, porque esto siempre es así y no puede dejar de ser así; sabio es aquel que es *conscientemente* uno con Él.

Cuando olvidamos que todo es expresión del *Tao*, de la Inteligencia una, tendemos a pensar que la única realidad inteligente es el ser humano; dicho de otro modo, creemos que el medio natural es una realidad ciega, que el único foco de luz en medio de esa naturaleza opaca es la mente humana, y que es esta última la que ha de someter, dotar de sentido e imponer cauces racionales al mundo natural. Quizá admitamos la realidad de un Ser divino inteligente, concebido a nuestra medida, que confiere una dirección racional al mundo, desde más allá de él, al subordinarlo a sus fines y a sus planes; un Ser supremo disociado del cosmos, y en el que nosotros –seres racionales– somos sus "delegados" o "representantes". En ambos casos, pasamos por alto que la Inteligencia única es el entramado mismo de las cosas, que no hay que dar ningún sentido a lo que *ya* es en sí mismo sentido, y el único sentido. Cuando así lo hacemos, el respeto sagrado por la Tierra, por nuestro cuerpo, por las plantas y los animales, por sus ritmos y sus ciclos se convierte en un falso paternalismo que nos lleva a creer que son nuestra mente y voluntad particulares las que han de someter el mundo natural a sus "sabios" dictados.

La civilización occidental moderna y contemporánea es un triste ejemplo de este olvido. Solemos percibir el medio físico como un campo neutro e inerte, carente de significado intrínseco, que podemos explotar y manipular sin límite para lograr nuestros fines. Creemos, con frecuencia, que el universo es una suerte de gran máquina regida por fuerzas ciegas; que nuestra interioridad es un reducto de inteligencia, de emociones y pensamientos elevados, en medio de un mundo insensible y lerdo. Olvidamos, de este modo, que la Vida, el Amor y la Inteligencia únicas son la íntima realidad de toda cosa.

Pocas veces escuchamos al *Logos* que nos habla en la naturaleza; más bien tendemos a imponer sobre ella nuestro *logos* o razón particular. No acostumbramos a observar la sabiduría que se refleja en sus leyes y en sus ritmos, para, de este modo, aprender de ella y adaptarnos conscientemente a ella. No solemos actuar en el medio fluyendo y colaborando a favor de su propia inteligencia intrínseca, bailando su misma danza. Somos a menudo tan tontamente arrogantes como una luciérnaga que creyera iluminar el cosmos. O como expresa con ironía Chuang Tzu, somos tan ridículos como Confucio, que pretendía pintar el plumaje de las aves para corregir a la naturaleza,[25] como si hubiera algo que corregir u objetar a la Inteligencia única.

«¡Desde las tres dinastías, qué revuelto y alborotado ha estado
siempre el mundo! Querer regularlo todo con cartabón, cuerda,
compás y escuadra es vulnerar la naturaleza. Valerse de cuerdas,
engrudos y colas para fijar y asegurar las cosas es lesionarlas... En
la naturaleza existen ya curvas trazadas sin cartabón, líneas tiradas
sin cuerda, círculos sin compás, cuadrados delineados sin escuadra,
soldaduras sin cola ni engrudo y ligaduras sin cuerdas. Así nacen las
cosas solicitadas por el vigor vital sin que sepan ellas mismas de
dónde les viene.»

CHUANG TZU[26]

Por desgracia, hoy en día están nítidamente a la vista cuáles pueden
ser las consecuencias de una intervención humana en el mundo natural, de una ciencia y una técnica que no respetan ni consideran la
naturaleza íntima, las leyes y los ritmos propios de cada cosa. La
esterilidad de la tierra y la contaminación de los suelos, del aire y el
agua, la aniquilación de tantas especies naturales y de sus hábitats,
la destrucción sistemática de los bosques –el pulmón del planeta–, el
cambio climático y el inmenso agujero de ozono en nuestra atmósfera, las nuevas enfermedades físicas y psíquicas... son solo algunos
de los efectos secundarios del empeño, característico de nuestra
cultura, de «querer regularlo todo con cartabón, cuerda, compás y
escuadra»; unos efectos secundarios alarmantes, pues atañen a la
misma supervivencia de nuestra especie sobre la Tierra. Aunque lo
más alarmante quizá sea la *inconsciencia* de nuestra civilización
occidental respecto a la gravedad de la situación que su mentalidad
ha generado y está generando. Esta inconsciencia se sustenta, entre
otras cosas,[27] en su miope, interesado y pueril optimismo, y en su
característica confianza en la habilidad de la inteligencia humana, de
la ciencia y la tecnología, para hallar remedio a lo que se consideran
"los problemas que *inevitablemente* trae consigo el *progreso*". No se

advierte que es precisamente esa razón separada de la Razón única y de la totalidad de la vida, en la que tanto se confía, la causa de la gran capacidad de destrucción de nuestra civilización (una civilización, una mentalidad, que, además, estamos exportando e imponiendo a escala planetaria).

Los filósofos, ante este espectáculo, no decimos casi nada. Pocos son los profesionales de la filosofía que, como los sabios, saben que el respeto por el Ser comienza por el respeto por las plantas, los animales, el agua, el aire y la tierra; que sienten el daño inferido a la naturaleza como un daño infligido a sus propios cuerpos. A los filósofos, que deberían ser la voz de alarma del planeta, no siempre se les oye. La gran mayoría de ellos están apartados de estas cuestiones, demasiado concretas, absorbidos quizá en el reino abstracto que tanto les ocupa.

La sabiduría nos dice que todo es inteligente. Que es preciso comprender cómo opera la única Ley en la realidad externa e interna. Que ello solo es posible a través de la observación silenciosa y respetuosa. Que no necesitamos crear leyes para encauzar la vida, sino observarla para descubrir sus propias leyes –reflejo de la única Ley–; y no con el fin de ser más "listos" que la naturaleza, aprovechando dichas leyes para el logro de nuestros astutos fines, sino para respetarlas y adaptarnos a ellas, desde ellas mismas.

La sabiduría nos enseña que el ser humano no es algo aislado de la totalidad de la vida, sino el lugar donde el cosmos puede tomar plena conciencia de sí. Por eso es responsable del cuidado de la Tierra, de la naturaleza.

* * *

Esta ha de ser nuestra actitud ante el mundo natural. Y esta ha de ser también –afirma la filosofía sapiencial– nuestra actitud ante el mundo humano. Pues ambos son reflejo y manifestación por igual de la Inteligencia única del *Tao*.

Ahora bien, con respecto a nuestra propia vida y a la de los demás, adoptamos a menudo una actitud análoga a la que tenemos ante el mundo natural. Así, pensamos con demasiada frecuencia que nuestra vida particular es algo que tenemos que planear, controlar, ordenar y reglamentar nosotros solos, con nuestros medios individuales; que la vida de los demás –de aquellos sobre los que sentimos tener algún tipo de ascendiente– es algo que precisa ser constantemente encauzado, corregido y apuntalado. El individuo desgajado de la Inteligencia cósmica cree que necesita de un sinfín de planes, normas o convenciones con las que disciplinar y medir su ser y su obrar, y cree que, si no procediera así, el resultado sería el caos y el desorden. No advierte que la desconfianza básica que tiene en sí mismo, consecuencia directa de su creerse separado del *Tao*, es la causa última y exclusiva de todo desorden.

> «[Lao Tsé dice a Confucio:] No parece sino que su Merced pretende impedir que el mundo pierda su pastor y quede sin gobierno. Pues bien, no se preocupe. El Cielo y la Tierra tienen ya su natural regularidad. El sol y la luna tienen su luz natural. Las estrellas tienen sus posiciones estables. Los animales seguirán reuniéndose en rebaños y bandadas. Los árboles seguirán creciendo verticales. Su Merced deje obrar a la *Virtud*, siga al *Tao* y habrá llegado.»
>
> CHUANG TZU[28]

> «Es *hombre-verdad*[29] aquel que no estorba al *Tao* con los deseos de su corazón, ni se pone a ayudar y suplir la obra del cielo con humanas contribuciones.»
>
> CHUANG TZU[30]

Esta desconfianza en nuestra propia naturaleza es la que nos ha llevado, entre otras cosas, a identificar la "virtud", el modo armónico de ser y de obrar de la persona, con la acción regulada o disciplinada externamente. La filosofía perenne nunca ha denominado *virtud* a la acción regulada por ciertas reglas que codifican qué sea lo correcto o incorrecto; ha denominado así al fluir espontáneo del *Logos*, del *Tao*. Cada cosa tiene su propia virtud; esta es la fuerza y la inteligencia del *Tao* tal y como se manifiesta en dicha realidad particular, dirigiendo su desarrollo y permitiéndole alcanzar su forma específica de perfección. Como nos decía Chuang Tzu, virtud es el "vigor vital" de las cosas mismas: «nacen las cosas solicitadas por el vigor vital sin que sepan ellas mismas de dónde les viene».

El Tao es el manantial de la Vida. Su acción vivificante es la virtud. La virtud de cada cosa es el vigor de su propio ser.

En otras palabras, en el propio ser del hombre radica su virtud. Esta no es algo que él tenga que alcanzar, sino precisamente aquello que le permite ser lo que es. No ha de procurarla ni "adquirirla"; sencillamente, no ha de obstaculizar su libre expresión. La virtud del sabio es su integridad, la fidelidad a su propio ser, el respeto consciente y activo por lo que de hecho *ya* es.

Para las tradiciones de sabiduría, el hombre virtuoso no es el que busca alcanzar la "virtud", como si esta no le perteneciera ya por derecho propio, sino el que mora conscientemente en el *Tao*, en la fuente misma de la virtud.

> «El agua brota pura espontáneamente, sin que le sea necesario hacer nada para ello. La virtud de los *hombres-cumbre*[31] tampoco necesita ser cultivada [...]. El Cielo es por sí mismo alto, la Tierra es por sí misma espesa, el sol y la luna son por sí mismos luminosos; ¿qué necesidad tienen de ser perfeccionados?»
>
> CHUANG TZU[32]

El sabio no "pretende" ser virtuoso; no es consciente de su propia virtud, y por eso la posee. El pseudovirtuoso, el beato, sabe de su propia virtud y la pretende, y por eso carece de ella.

> «La Virtud superior no actúa su virtud porque tiene virtud. Las virtudes inferiores no dejan de actuar su virtud porque les falta virtud. La Virtud superior no hace nada y no le es menester hacer nada. Las virtudes inferiores están obrando y siempre tienen qué hacer.»
>
> LAO TSE[33]

Nos narra Chuang Tzu una curiosa historia:

> «Cuando la bella Hsi Shih en su barriada fruncía su ceño por alguna pena de su corazón, una mujer muy fea del mismo barrio, hallándola más hermosa, vuelta a su casa, oprimía también su corazón y fruncía el entrecejo. Al verla, los habitantes de la barriada, si eran ricos, cerraban bien sus puertas y no salían de casa; si eran pobres, cogían a su mujer e hijos y huían de la barriada. Esta veía que a la otra el fruncir el entrecejo la hacía más bella, pero ignoraba en qué radicaba la gracia de aquel entrecejo fruncido».[34]

La gracia no pretendida y no consciente de sí misma de la bella Hsi Shih es una metáfora de la de la Virtud superior. La imitación –grotesca, como toda imitación– de la "mujer fea" es una metáfora de la virtud inferior: la que se busca y es sabedora de sí. La virtud no es cultivable ni imitable; irradia espontáneamente de todo aquello que se limita a ser lo que es. El sabio no procura la virtud. El que lo hace desconfía de la Vida, del *Tao*, de su propio ser o naturaleza intrínseca. Y esta desconfianza –repetimos– es la fuente del único desorden. Desde ahí, ¿qué virtud puede florecer? Desde ahí no puede brotar genuina virtud, orden y armonía, solo coacción nacida del miedo.

«Cuando se pierde el *Tao*, se recurre a la virtud [a la virtud inferior]; cuando se pierde la virtud se recurre al amor; cuando se pierde el amor se recurre a la justicia; cuando se pierde la justicia se recurre a la moral.»

LAO TSE[35]

5. Conócete a ti mismo

«Hombre, conócete a ti mismo y conocerás el Universo
y a los dioses.»
ADAGIO HERMÉTICO DE APOLO

«Hombre, sé fiel a ti mismo y serás fiel al universo y a los dioses.»
ANÓNIMO

«A todos los hombres les está concedido conocerse a sí mismos
y ser sabios.»
HERÁCLITO, fragmento 116

Todas las grandes tradiciones que constituyen lo que hemos denominado filosofía perenne han coincidido en afirmar que en el "conocimiento de sí mismo" radica la virtud y la esencia de la sabiduría.

«Quien conoce a los demás, es inteligente.
Quien se conoce a sí mismo, es sabio.»
LAO TSÉ[1]

«La ignorancia no radica en la falta de conocimientos librescos [...].
La falta de conocimiento propio es la esencia de la ignorancia.»

KRISHNAMURTI[2]

Pero gran parte de la filosofía occidental se apartó de este lema y de esta meta de la filosofía perenne y dejó de concebirse como una vía de autoconocimiento.

Si preguntáramos a esta filosofía por qué, a diferencia de la sabiduría, no se define como un camino orientado hacia el conocimiento propio, una de sus respuestas podría ser la siguiente: lo que distingue a la filosofía de las otras ciencias y saberes es que, mientras estas últimas se ocupan de aspectos *particulares* de la realidad, analizando sus causas inmediatas, «la filosofía estudia *toda* la realidad intentando explicar su *ser* mismo».[3] La biología, por ejemplo, estudia los seres vivientes y los fenómenos vitales, y lo hace sin rebasar ese nivel: describe cómo los procesos vitales se despliegan e interactúan entre sí; la sociología estudia las sociedades humanas, etcétera. La filosofía, en cambio, no se ocupa de ningún aspecto concreto de la realidad, sino de *lo universal*, de aquello que es común a todo lo que es, de las causas últimas de todo lo existente. Ahora bien, el conocimiento de uno mismo es el conocimiento de una realidad particular; por lo tanto, este conocimiento no ha de ser competencia de la filosofía sino de una de las llamadas "ciencias particulares", en concreto, de la "psicología".

Si preguntáramos, a su vez, a la sabiduría por qué la filosofía teórica ha relegado la importancia del conocimiento de sí mismo, probablemente nos respondería así: en el ámbito de la filosofía occidental se ha producido una profunda modificación de lo que se entiende por "yo" o "sí mismo", en relación con lo que se ha entendido por "yo" en buena parte del Occidente antiguo y de las culturas orientales. Por eso, cuando el sabio y el filósofo dicen "yo", no están diciendo ni pensando lo mismo; cuando el sabio y el filósofo hablan de "conocimiento propio", no están hablando de lo mismo.

Como veíamos en el capítulo anterior, las tradiciones de sabiduría sostienen que, en último término, hay una única Vida, una única Conciencia, un único "Sí mismo". El individuo es el "lugar" en el que este único "Yo" toma conciencia de sí como tal "yo", pero ese "Yo" no equivale al individuo: es más originario que este y es siempre el mismo; de hecho, todas las personas dicen "yo" y sienten "yo soy", es decir, comparten un único y universal sentido de *ser*, de *identidad*. Buena parte de la filosofía –y, en general, la mentalidad occidental predominante– considera, en cambio, que el término "yo" designa invariablemente una *realidad particular*, en concreto, a un individuo con nombre propio. Es la expresión con la que cada persona alude a sí misma en su estricta singularidad. El "yo" es concebido, básicamente, como una mente-voluntad particular que es centro de pensamiento, de decisión y de acción, y que está encerrada en los límites de un organismo, que está separada, por lo tanto, de los otros "yoes" y de la totalidad de la vida. Quizá la definición más célebre que se haya dado de la "persona" a lo largo de la historia de la filosofía es la de Boecio, quien la caracteriza como una «sustancia individual de naturaleza racional». Algunas doctrinas filosóficas sostienen que el "yo" es el alma inmortal personal que sobrevive a la muerte del organismo. En pocas palabras, lo común a la mayoría de las interpretaciones filosóficas sobre la naturaleza del "yo" es que este se concibe y se vivencia, básicamente, como una realidad *individual*.

Es verdad que ciertas corrientes dentro de la historia de la filosofía –buena parte del pensamiento idealista alemán, por ejemplo– han hablado de un "Yo universal o absoluto", de un "Yo trascendental". Estas corrientes parecen haberse aproximado, en este punto, a la sabiduría; pero no siempre ha sido así. Con frecuencia, el "Yo abso-

luto" de la filosofía ha sido más un principio teórico que una evidencia que transformara radicalmente la vida de quienes lo postulaban.
La afirmación del carácter universal del yo no siempre ha conducido
a estos filósofos a modificar su interpretación de la labor filosófica; a
dejar, por ejemplo, de sentirse "propietarios" de su pensamiento.
Dicho postulado ha sido, en estos casos, una pieza dentro de sus
particulares sistemas teóricos o explicativos; unos sistemas que supuestamente podían ser comprendidos de manera racional –cuando
la evidencia de que la Vida es nuestro más radical Sí mismo es el
fruto de una mutación en el centro de gravedad de nuestra personalidad, y no una mera conclusión especulativa–.

Si el "yo" es una realidad particular, el conocimiento de uno mismo, efectivamente, poco nos dirá sobre la Realidad última y sobre
la naturaleza íntima del cosmos, y poco interés tendrá para la filosofía. Si el "yo" es una cosa entre las cosas, poco sentido puede
tener la máxima inspirada en la inscripción del templo de Apolo en
Delfos:

> «Hombre, conócete a ti mismo y conocerás el Universo y a los
> dioses.»

Pero, para la sabiduría, esta máxima está llena de sentido. Todas las
tradiciones sapienciales han reconocido que, ahondando en nuestro
propio ser, encontramos el *Logos*, el *Tao*. La filosofía teórica nos dice
que, como ciencia de lo universal que es, no ha de ocuparse del "sí
mismo" sino del Ser –aquello común a todo lo que es–. La filosofía
sapiencial, en cambio, sostiene que el "Sí mismo" último de todo lo
que es es el Ser, y que el Ser es el único "Sí mismo"; que el Ser es el
"Yo" y que no hay más "Yo" que el Ser.

«Los límites del alma, por más que procedas, no lograrías encontrarlos aun cuando recorrieras todos los caminos: tan hondo tiene su *Logos*.»

HERÁCLITO, fragmento 45

¿Quiénes somos? ¿Quién soy yo?

«Encuentra tu ser real. ¿Quién soy yo? es la pregunta fundamental de toda filosofía [...]. Profundiza en ella.»

NISARGADATTA[4]

La filosofía perenne ha distinguido, básicamente, tres niveles en la consideración del "yo" o "sí mismo":

a) El primer nivel corresponde a lo que denominaremos *Yo universal*. Este *Yo universal* es el único y más radical Sí mismo, la base y la realidad íntima de todos los *yoes* individualizados. Es idéntico al *Tao*, al Ser,[5] a la esencia de toda cosa.

«Quien se conoce a Sí, conoce todas las criaturas.»

Maestro ECKHART[6]

El pensamiento de la India denomina a este Yo universal y único (al que aludiremos con las expresiones "Yo" o "Sí mismo") *Atman*.

b) El segundo nivel que distingue la filosofía perenne en la consideración del "yo" corresponde al *yo particular* o *sí mismo individual*. Este es el sentido del "yo" con el que aludimos a nuestra individualidad psicofísica, a este organismo concreto, a nuestra persona particular.

La filosofía sapiencial nos enseña que el *yo particular* no es esencialmente diverso del *Yo universal*, de un modo análogo a como una ola no es distinta del océano, a como un color no es distinto de la luz, sino solo una modificación de esta última, o a como la imagen del Sol que se refleja en el agua no es disociable del auténtico Sol. En otras palabras, si cada individuo puede sentir y decir "yo", es en virtud del único Sí mismo.

Nuestra idiosincrasia individual viene dada por las particularidades de nuestro organismo psicofísico. Es este el que hace que tengamos unos rasgos y un temperamento específicos, un modo único de ser; no hay dos individuos iguales. Pero nuestra estructura psicosomática –nos enseña la sabiduría– es una faceta de la expresión del *Tao*, y lo que la vivifica, piensa y actúa en ella es el *Tao*. Nuestra mente es un centro focal de la Inteligencia única. Nuestro cuerpo es una célula del cuerpo total del cosmos. Aquello que dice "yo" cuando decimos "yo" es el único "Yo", pues el *sentido de ser, de presencia lúcida, de identidad*, que nos permite exclamarlo es el Ser, la Conciencia y la Identidad única del *Tao*.

El *Yo universal* es "Yo" en sentido propio. Cada individuo es "yo" en un sentido derivado cuya validez es estrictamente pragmática: la expresión "yo" es algo así como el nombre propio con el que cada cual designa a su cuerpo-mente particular; es como un dedo que señalara hacia nuestra persona. Ahora bien, nuestro "Sí mismo" es más originario que nuestro cuerpo y nuestra mente. De hecho, ¿no sentimos siempre que somos "Yo" y que somos idénticos a nosotros mismos (nuestro sentido de identidad esencial), a pesar de que nuestro cuerpo y los contenidos de nuestra vida psíquica no han dejado de cambiar? ¿Y no compartimos con todos los hombres ese *sentido de ser* y de ser *yo*, de *identidad*, de ser siempre autoidénticos? [7]

El yo superficial

c) La sabiduría distingue un tercer nivel en la consideración del yo: el *ego* o *yo superficial*. El *yo superficial* es el sentido del yo que resulta de la *identificación exclusiva* con aquello que hay de estrictamente particular en nosotros: nuestro cuerpo y nuestra mente.

El *ego* hace acto de presencia en el momento en que el Ser transpersonal e ilimitado se identifica con un organismo limitado. Nuestro cuerpo-mente, nuestro *yo particular*, es como una ola en el Océano único de la Vida. El *yo superficial* es la vivencia separada de nosotros mismos derivada de identificarnos de modo absoluto con esa ola cambiante, olvidando su raíz universal, el Océano del que es expresión.

La palabra que mejor define al *yo superficial* es la palabra *identificación*. El *yo superficial* se identifica con ciertos objetos, rasgos, atributos, etcétera, y cree ser "yo" en virtud de esas identificaciones. Se confunde con su vida física y psíquica, y se confunde e identifica también con aquellas cosas, personas, situaciones y circunstancias que siente que son una prolongación de su vida física y psíquica. El *yo superficial* afirma: «Yo soy este cuerpo, estos pensamientos, estas emociones, estas experiencias, esta biografía, estas sensaciones, estas creencias, estos logros, etcétera».

La identificación del *yo superficial* con todos esos atributos particulares es una identificación *mental*; adopta la forma de un pensamiento cuyo contenido es "yo soy *esto*, yo soy *aquello*", o bien "esto es *mío*" ("*mi* esposa, *mis* hijos, *mi* estatus, *mi* trabajo, *mis* conocimientos, *mi* carrera...").

El *Yo universal* es el sentido "Yo" en nosotros, el sentido puro de ser, de identidad, de lucidez, que nos permite exclamar "Yo" y sentir "Yo soy". El *yo superficial* es el acto de identificación en virtud del cual pensamos: "yo soy *esto*, yo soy *aquello*". El énfasis ya no se cifra en el sentido puro de *ser*, sino en el hecho de ser *esto* o de ser *aquello*.

El *yo superficial* existe en virtud de un acto mental de identificación. En otras palabras, su naturaleza es psicológica: es un *pensamiento* o conjunto de pensamientos, una *idea* o *imagen del yo*. Es la *autoimagen* que el individuo se forja y mediante la cual se afirma; la *idea* que tenemos de nosotros mismos al identificarnos con cierta apariencia externa, rol social, experiencias, creencias, logros, etcétera. El *ego* se alimenta de identificaciones y se sustenta en ellas, en concreto, con todo aquello que supuestamente le reafirma como tal "yo", proporcionándole la sensación de estar vivo como un ente separado.

De cara a comprender la naturaleza de esta "identificación", quizá sea conveniente advertir, en este punto, que no es lo mismo *ser uno con* algo que *identificarse con* ello. No es lo mismo, por ejemplo, asumir plenamente el propio cuerpo que identificarse con él, pues la identificación lo es siempre con una *imagen*, con una idea. Identificarse con el cuerpo no es estar plenamente presentes en él, completamente integrados en nuestra vivencia corporal, sino ubicar nuestra identidad en una "imagen" o "autoimagen" física. Así, nuestro organismo es algo mudable, está en permanente transformación. Pero la "imagen" del propio cuerpo es estática, fija; la identificación con ella no permite fluir con los cambios corporales, sino que los frena, los resiste, los fuerza o los distorsiona.

Tampoco debemos confundir el hecho de identificarse con una imagen propia con el de tener una autoimagen. Necesitamos para funcionar en el mundo tener ideas orientativas sobre nuestro *yo particular*, sobre cómo somos en tanto que individuos. Pero ello no ha de conllevar que compendiemos en dichas ideas nuestra identidad esencial, ni que interpretemos el cuestionamiento de estas como un cuestionamiento de nuestro yo real, como un ataque dirigido contra él.

El *yo particular* es lo que somos en el mundo, nuestra apariencia. El *Yo universal* es lo que somos en esencia. El *yo superficial* no es lo que somos ni en apariencia ni en esencia, sino "lo que creemos ser".

El *yo particular* está en conexión con la totalidad de la Vida, como la ola lo está con el océano y el reflejo con lo reflejado. El *yo superficial*, en cambio, puesto que resulta de la identificación mental con ciertos objetos, rasgos y atributos, se desgaja de esa totalidad y se cree algo limitado y separado, una realidad clausurada que se erige a sí misma como un absoluto.

El *yo superficial* genera división y dualidad, separación radical entre "lo que es yo" y "lo que no es yo" y, con ello, conflicto. Se vivencia necesariamente como algo que ha de ser defendido y afirmado sin tregua, pues las ideas que lo definen son continuamente cuestionadas, fortalecidas o debilitadas por el exterior, y en cada cuestionamiento siente peligrar su identidad. La actitud del *yo superficial* es siempre defensiva u ofensiva, pues experimenta como una amenaza todo lo que cuestiona su autoimagen, y como positivo todo lo que la confirma o afianza; cree que su identidad, seguridad y afirmación personal dependen del mantenimiento y engrandecimiento en el tiempo de sus imágenes sobre sí.

El *yo superficial* cifra su identidad en algo tan nimio como una "idea". Una idea tan voluble que a lo largo de nuestra vida no ha dejado de cambiar –¿qué tienen en común los "contenidos" que supuestamente definían nuestro *yo* en la infancia, en la adolescencia, en la primera madurez...?–. Una idea tan vacua que depende de algo tan débil, frágil, evanescente y engañoso como nuestra memoria, pues es la memoria la que ha de sostener dicha idea en el tiempo.

Ahora bien, el *yo superficial* no consiste solo en una idea de "lo que creo ser", también es una idea de "lo que creo que he de llegar a ser". La autoimagen del *yo superficial* incluye también una imagen "ideal" del yo. Como ha descrito con justeza Antonio Blay,[8] desde el momento en que el yo se identifica con una idea, la vivencia que tiene de sí es necesariamente limitada: «soy esto, pero no soy a*quello*; esto es mío, pero eso otro no lo es; tengo ciertas cualidades, pero también ciertos defectos...». Puesto que esta idea, que confunde con su identidad, es limitada, no responde a la intuición de Plenitud que todo ser humano, más o menos veladamente, reconoce como su naturaleza profunda y su destino. La insatisfacción que genera este contraste hace que el *yo superficial* necesite, imperiosamente, aferrarse a otra idea: a una imagen "ideal" de sí mismo que confía en hacer realidad en el futuro; la imagen de la plenitud que ansía y que se compone de aquellos rasgos que neutralizan lo que ahora percibe como una limitación (por ejemplo: la fortaleza o el poder, para el que se ha sentido o se siente débil; la inteligencia y el conocimiento, para el que se siente mentalmente inferior; o sencillamente, un ideal de mejoramiento y engrandecimiento del yo que habrá de lograrse a través de una disciplina moral, espiritual, etcétera). El *ego* siente, de este modo, que es esencialmente ese yo que va mejorando, logrando más cosas, siendo cada vez superior, más "alguien". El movimiento o la tensión entre esas dos ideas –entre "lo que cree ser" y "lo que cree que ha de llegar a ser"– definirán el argumento de su existencia. El yo sufrirá, se deprimirá, se alegrará o se motivará por meras imágenes, por algo que nada tiene que ver con lo que realmente es, con su verdadera Identidad.[9]

> «[...] en el fondo tú no eres tú [lo que crees ser], pero tú no lo sabes.»
> IBN ʿARABĪ[10]

Es a este *yo superficial* –por otra parte, a lo que casi siempre se alude cuando se exclama "yo"– al que se refiere Albert Einstein cuando afirma:

«El auténtico valor de un ser humano depende, en principio, de en qué medida y en qué sentido haya logrado liberarse del yo.»[11]

Retorno a la Fuente

Nuestro Yo profundo, el *Tao*, es plenitud de Ser. Esta plenitud sin forma se expresa y se celebra a sí misma a través de la creación de formas –las distintas realidades que componen el espectáculo de la vida–, de un modo análogo a como el artista celebra un estado interior de plenitud traduciendo dicho estado al plano material, al plano de las formas. Su plenitud íntima, en el momento de la inspiración, es completa. No busca completarla mediante su creación. Sencillamente, siente el impulso de re-crearla en un plano diverso al nivel interior en el que dicha plenitud es ya una realidad actual.

«El *Tao* es la Forma (que plasma todas las formas), pero en sí mismo no tiene forma.»

LAO TSÉ[12]

Este movimiento de expresión o manifestación del *Tao* –que tiene su origen en lo que, siguiendo con la metáfora de la creación artística, podríamos denominar su "Idea creadora"–[13] es el origen de la vida cósmica y lo que define su dinámica intrínseca: el crecimiento, el desarrollo creciente. Cada realidad particular, también el hombre en su individualidad psicofísica, es una faceta de esa Idea creadora en expresión.

Cuando alguien planta la semilla de un árbol, no duda en ningún momento de que, en el caso de que dicha semilla tenga las condiciones adecuadas, llegará a ser un árbol espléndido. Esta confianza se basa en la intuición –fruto del conocimiento de la lógica propia de la vida– de que dicha semilla ya tiene, de algún modo, dicho árbol dentro de sí. El árbol está en ella *en potencia*. La idea creadora está ahí, de modo potencial, pugnando por su creciente actualización. Este movimiento de actualización, el paso de la potencia al acto, es, repetimos, la dinámica misma de la vida: el crecimiento.

La semilla tiene en sí la inteligencia que le dicta su desarrollo. Ahora bien, imaginemos a una semilla que fuera autoconsciente, es decir, partícipe de la inteligencia que rige su crecimiento, colaboradora con la idea que le permite ser lo que es y llegar a ser lo que está destinada a ser. Supongamos que esta semilla ha crecido hasta convertirse en un pequeño y gracioso árbol, y que este arbolito se queda fascinado, en un momento dado, con su propia imagen. Queda prendado de la gracia de esa ramita que le ha salido, y de esa pequeña hoja de un verde intenso que ha brotado en ella. Le gustan tanto que se *identifica* con esa imagen de sí mismo y cifra ahí su identidad. A partir de este momento, al arbolito ya no le basta *ser*, sino que se empeña en ser de una *manera* particular. En su empeño y obstinación por ser de ese modo particular, lo que era un momento de gracia, que daría paso a muchos otros momentos de gracia y perfección, se convierte, paradójicamente, en un freno que lo atrofia y que llega a hacer de él un árbol deforme y enano. Sus ramas no se expanden, se retuercen sobre sí mismas debido a que ya no quiere cambiar y crecer; sus hojas no pueden brotar; nunca dará fruto... ¡Será un árbol malogrado! Y todo por el equívoco que le llevó a pensar que él era aquella ramita, aquella hoja... cuando él era ese potencial que, latente, oculto, sin forma, se traducía en un sinfín de formas cambiantes. En cierto modo, él era también esa ramita y esa hoja, pero no como él creía serlo, es decir, de forma exclusiva ni esencial. Confundió lo que era la expresión cambiante de su Identidad con su Identidad real, con lo único que en él era realmente permanente y autoidéntico: ese potencial informe que es fuente de formas cambiantes. Buscó su sentido de ser en el nivel de sus modos, en ser *esto* o *aquello*, y no se limitó a lo más gozoso y fácil, a simplemente *ser*.

El *Tao* es nuestro más íntimo Sí mismo, la Fuente de nuestra Identidad. Cuando, como el arbolito de nuestro ejemplo, nos identificamos con algunas de las posibles expresiones de nuestra Identidad profunda –cierto aspecto o modo de ser, ciertas situaciones de nuestra vida, ciertos logros, experiencias, etcétera–, cristalizamos lo que es por naturaleza móvil, evanescente y cambiante, e impedimos que esa Fuente fluya con toda su belleza y gracia natural. Dejar a la Fuente ser lo que es, respetar su fluir espontáneo, equivale a limitarnos a *ser*, abandonando las identificaciones mentales en virtud de las cuales nos empeñamos obstinadamente en ser *así* o *asá*, en llegar a ser *esto* o lo *otro*.

El yo superficial olvida que él no es, esencialmente, ninguna forma particular, sino la Fuente de toda forma; que la identificación mental con estas últimas, en virtud de la cual se siente vicariamente *ser*, obstaculiza la expresión libre y renovada de su verdadera Identidad.

* * *

Más adelante continuaremos ahondando en estas ideas. De momento, y enlazando con las que planteábamos al inicio de este capítulo, lo que intentamos ilustrar es que, para la filosofía perenne, el *Tao* o *Logos* es el único Sí mismo, el único y verdadero Yo.

Cuando sabemos que Este es nuestro más radical Sí mismo, el autoconocimiento ya no consiste simplemente en un examen psicológico de las modalidades particulares de nuestro ser, sino, más profundamente, en el conocimiento de la Base de todo lo que es.

Ahondando en nosotros mismos encontramos Todo. En nuestro más profundo centro hayamos el centro único y el corazón de toda cosa y podemos acceder al íntimo secreto de todo lo que es.

«Conoce en ti aquello que, conociéndolo, todo se torna conocido.»
Mundaka Upanishad I, 1, 3

«Cuando vemos, oímos, percibimos y conocemos al Sí mismo, todo lo demás es verdaderamente conocido.»
Brihadaranyaka Upanishad II, 4, 5

Todos los sabios han tenido algo en común: se han conocido a sí mismos. Heráclito insistía en que él no hablaba de lo que había aprendido de otros, pues su conocimiento no era más que el resultado de su propia autoindagación:

«Me he investigado a mí mismo.»
Heráclito, fragmento 101

¿Solipsismo?[14] No, pues ese "sí mismo" es el Sí mismo de todo. Y la inteligencia que habla en lo más íntimo es la Razón única que todo lo gobierna:

«Común a todos es la inteligencia [...]»
«Una sola cosa es sabia: conocer la Razón por la cual todas las cosas son gobernadas.»
Heráclito, fragmentos 2 y 41

La elocuencia del *Tao*

«Ser sabio es virtud máxima, y sabiduría es decir la verdad y obrar de acuerdo con la Naturaleza, *escuchándola*.»
Heráclito, fragmento 112

El *Tao* –veíamos en el capítulo anterior– actúa infaliblemente en el cosmos. Las cosas que nos rodean no pueden dejar de ser lo que son, ni de obedecer esa única Ley.

El *Tao* actúa en la naturaleza. Ahora bien, en el ser humano opera de un modo especial: al individuo, le *habla*; no le impele, sino que le invita; no le fuerza, sino que, delicadamente, le inclina o le sugiere. Precisamente por esto el ser humano es *cocreador*.

> «El sublime Uno, cuyo oráculo está en Delfos, ni revela ni oculta, sino que sugiere, indica, da a entender.»
>
> HERÁCLITO, fragmento 93

El *Tao* habla suavemente, silenciosamente. Nos habla en los movimientos más íntimos de nuestra voluntad y en nuestros más profundos anhelos. Habla allí donde algo nos conmueve profundamente; cuando algo diluye nuestras defensas, el apego a nuestra autoimagen, y nos conecta con nuestro centro; cuando algo quiebra la linealidad mecánica y reiterativa de nuestros temores y deseos; cuando nuestros empeños y esfuerzos muestran su impotencia, y en esa rendición se alumbra un estado de receptividad lúcida que permite que fluya algo más sabio y fuerte que nosotros mismos, que nuestra mente-voluntad particular y separada. Habla allí donde intuitivamente reconocemos la verdad y la autoridad de unas palabras, incluso cuando no las terminemos de entender, y esa intuición nos orienta en una nueva y vivificadora dirección. Habla en nuestro pensamiento y en los movimientos de nuestra voluntad, siempre que no tenemos miedo. Cuando buscamos la verdad por encima de todo. Cuando no tenemos nada (una idea de nosotros mismos) que defender, ni nada que demostrar...

La acción del *Tao* se manifiesta en el mundo animal, mineral y vegetal como instinto y ley. En el ser humano, en virtud de su naturaleza autoconsciente, como inclinación de su voluntad y como conocimiento o comprensión. La persona no solo obra y actúa según los dictados del *Tao*, sino que participa de modo consciente de ese obrar. Es invitado a comprender y a querer esa Ley, que es la ley de su propio Ser; es invitado a elegirla y a aceptarla, es decir, a elegirse y a aceptarse a sí mismo. Puede ser conscientemente cocreador, colaborador con la Inteligencia que le permite ser lo que es. Esta Inteligencia es su más íntimo Yo y, por ello, no es una fuerza o una voz que lo enajene; es la voz de su verdad íntima, de su propia realidad.

El *Tao* habla delicadamente: sugiere, invita. Respondemos activamente a esta invitación cuando nos mantenemos *vigilantes* –recordemos el ejemplo del surfista del capítulo anterior–, *atentos*, a la *escucha*.

La Fuente de la confianza

La escuela filosófica conocida como *estoicismo* es uno de los ejemplos más notables, dentro de nuestra cultura occidental, de lo que hemos denominado filosofía perenne. Esta tradición de sabiduría nos enseña que el sabio no es aquel que conoce muchas cosas, que sabe acerca de "esto" y de "lo otro", sino el que se conoce a Sí mismo, es decir, el que conoce la Base de todo lo que es y vive en conformidad con la Razón única (*Logos*), con la Naturaleza.

Son muchos los comentaristas que recriminan a esta filosofía el que no aclare o explicite qué es o qué no es conforme a la Razón. Los que así lo hacen, poco han entendido. No advierten que si los estoicos (o tantas otras tradiciones de sabiduría) hubieran traducido esa obediencia a ciertas reglas, consignas o normas de acción, estarían favoreciendo que dejáramos de atender al *Logos,* a nuestro propio *Ser,* para estar atentos a dichas normas y medirnos con ellas.

Tales consignas serían reglas fijas y externas que tendríamos que retener en nuestra mente. Pero el *Logos* es dinámico; siendo la misma y única Ley, se expresa siempre de modo impredecible y cambiante, de forma ilimitadamente creativa. Es, además, lo más íntimo; no es un conjunto de ideas en nuestra mente, sino el dinamismo de nuestro propio ser. De la obediencia a ciertas reglas brota una acción coaccionada; de la obediencia al *Logos*, de la fidelidad al propio ser, una genuina espontaneidad: la Virtud superior.

El estoicismo –como el taoísmo y tantas otras filosofías sapienciales– nos indica cómo estar en contacto con esa Voz, pero no cuáles son los contenidos particulares en los que se ha de traducir dicha obediencia. La ausencia de estos contenidos no es un defecto de estas enseñanzas, sino algo totalmente coherente con su espíritu y con su mensaje.

La sabiduría nunca ofrece recetas que nos digan qué hemos de hacer o cómo tenemos que ser; no se ocupa directamente de los *contenidos* de nuestro obrar ni de nuestros *modos* concretos de ser, pues no cree que haya que ser de un modo particular, ni que se deba actuar de una determinada manera. Solo nos proporciona *indicaciones* que nos pueden ayudar a tener la actitud de *atención* y de *escucha* adecuada, la disposición que nos permitirá vivir en armonía con la Voz del *Tao*. Desde ahí, nuestra acción será necesariamente armónica, y nuestro ser, veraz.

> «Las personas no deberían pensar tanto en lo que tienen que hacer; tendrían que meditar más bien sobre lo que son [...]. Quienes no tienen grande el ser, cualquier obra que ejecuten no dará resultado. [...] no hay que insistir tanto en lo que uno hace o en la índole de las obras, sino en cómo es el fundamento de las obras.»
>
> Maestro ECKHART[15]

En las páginas siguientes haremos un repaso de algunas de esas indicaciones. Todas ellas, como veremos, son invitaciones a situarnos en el eje central de nuestra identidad. La primera de ellas es:

Confía en ti mismo

> «En la confianza en uno mismo están comprendidas todas las virtudes.»
> R.W. Emerson[16]

Escucha el *Tao* aquel que confía en sí mismo. Este "sí mismo" en el que se ha de confiar no equivale al yo superficial, y solo indirectamente alude al yo que tiene nombre propio. Se trata, en esencia, de nuestro más íntimo Sí mismo. Para la sabiduría, es en él donde ha de radicar la Fuente última de nuestra autoconfianza y de nuestra autoestima.

Ordinariamente, se entiende por autoestima o autoconfianza la posesión y el cultivo de una imagen positiva o engrandecida de nosotros mismos, el enaltecimiento de nuestro yo superficial. Ahora bien, la sabiduría nos enseña que es otro el camino que conduce a la genuina autoestima, hacia la verdadera e inexpugnable autoconfianza; este consiste, paradójicamente, en el abandono de la identificación con toda imagen propia, sea esta positiva o negativa. Este desapego es el acto de confianza por excelencia en nuestro propio Ser, pues permite que nuestras ideas cristalizadas sobre nosotros mismos no estorben su acción, de tal modo que pueda expresarse en nosotros nuestra verdadera imagen: la Idea sagrada que cada hombre representa.

¿Implica este desapego el abandono o el descuido de nuestra dimensión personal, dejar de cultivar nuestro cuerpo, nuestra mente y el despliegue de nuestras cualidades? Todo lo contrario. Una flor, para expresar toda su belleza y singularidad, no tiene más que ser lo que es, dejar a la Vida actuar en ella y a través de ella. El ser humano, para expresar plenamente su individualidad y ser realmente único, no ha de preocuparse al respecto ni empeñarse en ser diferente; basta con que esté arraigado en su Ser; pues es Este el origen y artífice de toda particularidad. Cuando es el yo superficial el que se preocupa y ocupa de hacerse a sí mismo, el que planea, controla y pretende su propia singularidad, el resultado es solo una triste caricatura, un monumento al narcisismo y a la vacuidad. Desde ahí no puede surgir nada originario ni profundo, pues las raíces que ponen en contacto con las fuerzas de la verdadera creación estarían en el aire, no en la única tierra fértil: en el *Tao*.

Escuchar nuestro Yo profundo, permitir su acción en nosotros renunciando al apego a toda imagen propia, no supone abandonar el cuidado de nuestra dimensión personal, sino ceder al *Tao* dicho cuidado. Su Voz nos hará saber qué hacer y cómo hacerlo. Nos impulsará a pasar por las experiencias que alentarán nuestro aprendizaje y nuestro crecimiento, el desarrollo de nuestra personalidad. Experimentaremos su Inteligencia como ideas que acudirán a nuestra mente. Nos inspirará las imágenes mentales que orientarán nuestra acción, incluidas las imágenes de nosotros mismos que precederán cada paso de nuestra vida, de nuestra evolución, y que lo posibilitarán. Sentiremos su Voluntad como el anhelo y el deseo ascendente que despertarán en nosotros algunas de esas imágenes e ideas. Su Energía, como la acción que llevaremos a cabo para materializarlas y como la fuerza que nos hará avanzar en la dirección anhelada...

Ahora bien, esta escucha dejaría de ser tal en el momento en que nuestra atención se apartara de la Voz que nos habla en lo profundo y quedara fijada en las ideas o imágenes que esta suscitó, y que estaban llamadas a nacer y a morir, a ser solo un fulgor de inspiración, un cauce y un motor puntual de nuestra acción y de nuestro deseo.

Esta actitud de atención y escucha desaparece cuando ya no nos basta con tan solo *ser*, pues queremos obstinadamente y ante todo ser *así* o *asá*, *esto* o *aquello*. En este momento dejamos de confiar en el cuidado de la Vida y creemos que es nuestro yo superficial el que ha de ser su propio y exclusivo artífice.

Nuestra época no invita precisamente a avanzar en la dirección que nos propone la sabiduría. De hecho, ha conducido la exaltación de la personalidad –una personalidad que se afirma desde sí misma y no queda referida a algo que la supera– a unas cotas asombrosas de necedad. Pareciera que a toda costa se tratase de llegar a ser "alguien". Se exalta la fama por encima de todo. Se nos pretende convencer de que estamos en una sociedad libre y democrática porque en ella todo el mundo puede llegar, si se lo propone, a ser "especial", a saborear las mieles del éxito y el reconocimiento social.

En efecto, es un logro indudable de las sociedades democráticas que se haya puesto fin al monopolio de privilegios por parte de ciertos individuos, que haya para todos igualdad de oportunidades y que se ofrezca un espacio de libre expresión de la propia perso-nalidad. Pero lo que se entiende habitualmente por "ser alguien" es una noción comparativa: equivale a destacar, a alcanzar cierto nivel en la escala social, a tener un cierto reconocimiento. Se es "alguien" siempre ante los otros (o ante nosotros mismos cuando nos miramos desde fuera, como si fuéramos una suerte de "otro"). El que busca ser "alguien" de este modo es solo el yo superficial, el que vive de imágenes, el que se mide y se compara –con ciertas ideas que le dicen cómo debe ser y obrar, con el modo de ser de los demás...–.

La sabiduría nos enseña, en cambio, que *la verdadera autoestima no es comparativa; que no es un "ser más, menos o igual que", sino un descansar incondicionalmente en el hecho de ser lo que somos íntimamente.*

Los mensajes lanzados diariamente por los medios de comunicación nos proponen como máximo ideal "llegar a ser *alguien*". Esta es la esencia del llamado "sueño americano": «tú también puedes realizar tu sueño»... Efectivamente: tu "sueño", tu "ilusión". Pues famosos y destacados, por definición, siempre serán muy pocos. Por la lógica que impone la ley del contraste, si todos destacasen, nadie destacaría. De aquí la frustración, la insatisfacción vital, la enajenación y la pobreza interior que esta falsa y tintineante promesa está provocando a escala planetaria. El logro del "sueño" de unos pocos se convierte en la pesadilla de la inmensa mayoría. Más aún, también los que logran esa meta encuentran que dicho sueño es el preámbulo de una pesadilla, pues la búsqueda y el logro de ese reconocimiento los ha encarcelado en una fachada –se es "alguien" siempre ante la mirada ajena– tras la que su verdad íntima ha quedado oculta y relegada. El yo superficial ha logrado su meta, pero el Yo profundo ha sido el gran olvidado en esa búsqueda. La excitación del logro da paso, irrevocablemente, al dolor esencial.

Quien está arraigado de manera consciente en su Fuente se siente plenamente ser. Quien no lo está, ha de huir de su vacío, de su dolor esencial, siendo "alguien" ante los demás y ante sí mismo. No es libre; necesita con desesperación el espejo de los otros, su confirmación.

La verdadera singularidad es la singularidad no consciente de sí misma, la que no se busca ni se pretende. Esta es la paradoja: la *originariedad* del *Tao* es la fuente de la auténtica originalidad. Solo es genuinamente original el que no pretende serlo. Lo impersonal (o transpersonal) es la fuente de la personalidad verdadera. Tiene una gran personalidad únicamente quien no se preocupa por tenerla. En claro contraste con lo que el yo superficial suele denominar "seguridad en uno mismo", la sabiduría nos enseña que solo en esta ausencia total de pretensión radica la verdadera autoconfianza.

Hacer aquello en lo que creamos íntimamente

> «Quien elige el camino del corazón, no se equivoca.»
>
> *Popol Vuh*

Otra propuesta de la sabiduría para acceder a la Fuente de la verdadera confianza es la siguiente: *hacer solo aquello en lo que creamos profundamente*.

Cuando decidamos convertir esta indicación en un lema vital, se nos patentizará cuántas cosas hacemos sin creer en ellas. Advertiremos hasta qué punto la presión social, las expectativas ajenas, nuestra necesidad de ser "alguien", de ser respetados y considerados, nuestro miedo a no hacer las cosas como "se hacen", a no decir lo que se espera que digamos..., nuestro yo superficial, en definitiva, condicionan nuestro comportamiento y nuestro modo de ser. Advertiremos, además, que dejar de hacer, ser o decir aquello que se espera de nosotros equivale a la pérdida de ciertas "ventajas" y "comodidades". Y así es. Pero este es el precio de nuestra verdad. Un precio insignificante cuando lo que está en juego es nada menos que nosotros mismos. El número de concesiones que hacemos habitualmente (internas o externas, pequeñas o grandes) nos dará la medida exacta del grado en que nos hemos apartado de nosotros mismos. Esta distancia, a su vez, nos dará la medida de nuestra infelicidad esencial.

Así, por ejemplo, quizá no creemos en el trabajo que hacemos, pero nos compensa el prestigio, la seguridad o el dinero que nos proporciona. No creemos en nuestra relación de pareja, pero la seguridad emocional, la comodidad o el aura social que nos aporta son ventajas que no estamos dispuestos a abandonar. Tememos actuar según nuestras propias convicciones o percepciones, porque ello quizá nos llevaría a desafiar lo que nos han enseñado, a cuestionar a quienes fueron para nosotros figuras de autoridad, y todo esto es demasiado doloroso; preferimos seguir preguntando a otros qué debemos hacer. No expresamos nuestras opiniones reales ante amigos, familiares, etcétera, porque tememos su hostilidad y la divergencia...

En relación con esto último conviene advertir que hay personas a las que sería inútil expresar nuestras opiniones reales, pues no las entenderían o, sencillamente, no quieren conocerlas. Ser íntegro no es ser inoportuno, indiscreto, agresivo, polémico, ni hacer daño innecesariamente. Pero todos sabemos donde está el límite entre la concesión oportuna y la que mina nuestra libertad interior y nos empobrece. Una concesión nos empobrece cuando no es fruto de un respeto real por el otro, sino del miedo, de la inseguridad o del cálculo. Estas últimas concesiones, incluso las que parecen más irrelevantes, no son inocentes. Nos despojan de nuestra autoconfianza, de nuestra autoestima, de nuestra virtud: del *vigor* de nuestro ser. Disipan nuestra fuerza y nuestro tiempo, y diluyen nuestro carácter. La inspiración poco a poco nos abandona. Cada vez nos resulta más difícil escuchar nuestra propia voz. Nos sentimos muertos y vacíos detrás de la fachada "adecuada". Enajenados, desconectados de la Fuente de la confianza real, somos cada vez más esclavos del "visto bueno" exterior, y ello, a su vez, nos enajena aún más y nos torna más inseguros.

La arrogancia, aunque pase por la actitud opuesta a la que estamos describiendo, es solo una de sus manifestaciones, pues es una "sobre-actuación" que solo necesita aquel que tiene que ocultar ante sí mismo y ante los demás un sentimiento básico y profundo de inseguridad.

La consigna no puede ser más sencilla y grata: se trata de hacer aquello en lo que creemos, aquello que nos agrada, no superficialmente sino en lo más íntimo (porque el agrado sereno es un síntoma de que algo está en armonía con nuestra verdad). Pero esto, aparentemente tan sencillo, nos resulta muy difícil.

Nos resulta difícil, en primer lugar, porque desconfiamos de la facilidad. Enajenados como solemos estar de la Fuente de la verdadera confianza, hemos habitado tanto tiempo en un clima de cálculo, de astucia, de esfuerzo crispado y de rivalidad con nosotros mismos, que no hemos experimentado la profunda inteligencia y el orden espontáneo que afloran en y a través de nosotros en un clima interior de libertad, de ausencia de lucha y división. Este orden espontáneo es el fluir natural del *Tao*, de nuestra naturaleza profunda.

Nos resulta difícil, en segundo lugar, porque con toda probabilidad eso que nos agrada y en lo que creemos no parece que vaya a proporcionarnos todo aquello –poder, prestigio, aceptación, reconocimiento...– que supuestamente nos permitiría ser "alguien" ante los demás.

Este último temor del yo superficial no suele estar fundado. Todo gran hombre ha hecho, invariablemente, aquello que amaba y en lo que creía en lo más profundo de su corazón. Ahora bien, es verdad que cuando apostó por aquello en lo que creía, aceptó la posibilidad de que ello le supusiera renunciar a ser "alguien" ante el "mundo". El reconocimiento social, si se dio, vino indirectamente y de sorpresa. Muchas veces –casi siempre– fue un reconocimiento *post mortem*.

Nuestra integridad no nos garantiza lo que el yo superficial denomina "éxito" o "reconocimiento". Pero nuestra integridad no responde a las leyes del mercado. O se quiere por sí misma o no se quiere; si no se quiere por sí misma, ya no es tal integridad. Lo que sí nos garantiza es el gozo de ser nosotros mismos en plenitud, una insobornable libertad interior y una vida profundamente creativa. Nos garantiza, además, que contaremos con el cuidado del *Tao*, pues entraremos en sintonía con el fluir providente de la Vida. Es una *ley*, verificada por aquellos que han confiado plenamente en su más íntima verdad, que nada estrictamente necesario suele faltar a quien pone toda su confianza en el Principio único que todo lo gobierna.

«Buscad el reino de Dios y su justicia, y lo demás se os dará por añadidura.»

Evangelio de Mateo VI, 33[17]

Una mentalidad muy generalizada y aprobada es aquella que da por supuesto que son unas las leyes que han de regir en el fuero íntimo, y otras las que han de regir en el ámbito profesional o social. Alguien puede considerarse una persona ética o profundamente religiosa, pero si, por ejemplo, es un comerciante, en lo que a su trabajo se refiere dará por supuesto que hasta cierto punto puede ser pícaro, astuto y algo embaucador. Si es publicista, se considerará un buen profesional si sabe mentir o distorsionar el lenguaje y la información de forma efectiva. Un opositor verá a su amigo de toda la vida, también opositor y aspirante al mismo puesto de trabajo, como un enemigo profesional al que es preciso ocultar ciertos datos y con el que no ha de compartir sus conocimientos. El que trabaja en una empresa en la que quiere ascender dará por supuesto que tiene que adular a sus superiores, aunque ello le suponga decir lo que no piensa, expresar lo que no siente y hacer lo que no quiere ni debe hacer en estricta justicia... Pocos ven en todo esto un problema. Todo lo contrario: quien así actúa se considera "prudente", pues tiene inteligencia mundana, y generalmente se piensa que sería estúpido e insensato obrar de otra manera.

Pero no es este el camino de la sabiduría. Esta nos enseña que "no es posible servir a dos señores". Que la verdad no admite componendas ni servicios parciales. Que exige una absoluta unidad de propósito y de voluntad: querer una sola cosa. La división interior mina de raíz la confianza. Mina la confianza en las relaciones humanas: el astuto da por supuesto que todos son como él; la sospecha se convierte, de este modo, en norma. Y, sobre todo, mina la conexión interior con la Fuente de la verdadera confianza: quien así se divide no puede actuar auténticamente *ni siquiera* en los momentos o espacios que decida relegar a su expresión auténtica, porque sus oídos se han hecho sordos a su íntima voz.

La autenticidad solo puede ser total; no admite concesiones. La veracidad, o conlleva el compromiso por intentar serlo siempre y por encima de todo, o no es tal veracidad. No se trata de ser cándidos. Se trata de decidir que, si bien la ley predominante en el mundo es la astucia –y aun sabiendo reconocerla y tenerla en cuenta en la dinámica de los asuntos humanos; no hablamos de ser evasivos o ingenuos–, no nos regiremos, no obstante, por ella. La verdadera confianza solo se adquiere a través de la disposición a no dividir nuestra vida y nuestra acción en sectores, a que en ella rija una única ley: la de nuestra verdad.

Ser autoidénticos

Todo lo dicho puede resumirse en la siguiente sugerencia:

> «Cuida ante todo de ser siempre igual a ti mismo.»
> SÉNECA[18]

Ser "iguales a nosotros mismos" es estar en conexión con lo que nos hacer ser nosotros mismos. Equivale, paralelamente, a despojarnos de toda simulación –no temer mostrar o expresar lo que somos– y de toda pretensión –no pretender ser lo que no somos, ni obstinarnos en ser algo en particular–. Es una coherencia y una honestidad radical respecto a nuestro propio ser, a nuestra situación y verdad, aquí y ahora.

No somos iguales a nosotros mismos, por ejemplo, cuando ocultamos nuestro amor si no tenemos garantías de ser correspondidos, o bien simulamos un amor que no sentimos. Cuando decimos admirar a ciertas personas, y secretamente envidiamos a otras. Al invertir nuestro tiempo con quienes no queremos estar. Cuando, si somos educadores, ocultamos ante nuestros alumnos nuestra ignorancia respecto a alguna cuestión; en general, cuando ocultamos nuestros límites y nuestra vulnerabilidad. Si fingimos ser más o menos de lo que somos. Cuando algo que hicimos ayer nos hace sentir mal y nos paraliza en el presente. Cuando creemos que un medio no del todo honesto está justificado porque nos permite lograr un bien futuro. Al ocultar nuestros gustos y aversiones reales. Si no hacemos ni decimos algo porque tememos decepcionar a quienes tienen una idea elevada de nosotros. Cuando nos expresamos solo a medias. Cuando buscamos en un título o en el hecho de ocupar un rango institucional o social la seguridad y la autoridad que no sentimos cuando nos presentamos ante los otros, sin más, como seres humanos.

«Sabiduría –nos decía Heráclito– es decir la verdad». La honestidad suscita sospechas en aquellos en los que la simulación ha llegado a ser una segunda naturaleza. Ante la persona sin doblez, estos piensan: «¿Qué pretende este? ¿Qué querrá?». Sencillamente, no pueden entender que no pretenda nada, que no tenga secretos ni estrategias. El comportamiento sencillo y directo es tan poco habitual, sobre todo entre adultos inteligentes, que, curiosamente, las personas honestas pueden parecer particularmente retorcidas a quienes –repetimos– han hecho del disimulo y el cálculo su segunda naturaleza. La honestidad es con frecuencia malinterpretada. Es además irritante para quienes, en el espejo que es siempre la persona pura y veraz, advierten necesariamente su propia doblez y deformidad. Ser autoidéntico implica aceptar ser mal interpretado e, incluso, ser molesto. La persona veraz poco tiene que ver con el psedovirtuoso que busca comprar con su complacencia y falsa bondad la aprobación y el amor de los demás.

Pero esto será la excepción. Para los más –los que nos debatimos entre la honestidad y la simulación–, la presencia de quienes se expresan en libertad, de quienes sencilla y relajadamente son lo que son, tiene un efecto extremadamente benéfico. En concreto, nos permite entrar en contacto con un espacio de libertad en el que también nosotros podemos ser por completo lo que somos. El libre hace libres a los demás. Ser libremente lo que se es, expresarse de forma espontánea y auténtica, es el mayor regalo que nos pueden hacer y que podemos hacer. Ello requiere un alto grado de aceptación propia. A su vez, es precisamente esta aceptación propia la que permite aceptar de verdad a los demás y que los demás se sientan aceptados. Sin lo primero, no puede darse lo segundo.

¿Por qué la presencia de los niños no nos intimida? ¿Por qué con los niños nos sentimos tan libres interiormente como cuando estamos en soledad, en compañía de animales o en la naturaleza?[19] La naturaleza, afirma Nietzsche, no tiene opiniones. Y los niños tampoco tienen opiniones sobre sí mismos ni sobre los demás. No se juzgan, no miden ni calculan su acción, no simulan, y por ello sabemos que no nos juzgan, que no miden nuestra acción, que tras su sonrisa no se oculta una recriminación silenciosa, que no se están comparando con nosotros, que no nos envidian, que no están pensando que no somos como deberíamos ser. El sabio, como el niño, como la naturaleza, "no tiene opiniones"; es en libertad –sin pretender ser nada en particular, sin reglas externas con respecto a las cuales juzgarse o valorarse– y permite a los demás ser y sentirse en libertad. Los sabios, como los niños, están donde tienen que estar: en lo suyo. Por eso son los únicos que permiten y fomentan que los demás estén donde deben estar: en lo suyo. ¡Qué diferentes de los pseudovirtuosos: aquellos que –tan generosos ellos– están constantemente preocupándose por nosotros, se sienten responsables de nuestra felicidad y creen saber mejor que nosotros mismos cuál es nuestro deber!

La trampa de la comparación

Una nueva recomendación de la filosofía perenne puede compendiar lo expuesto hasta ahora: la de advertir que

> «La envidia es ignorancia, y la imitación, un suicidio.»
>
> R.W. Emerson[20]

La envidia y la imitación se sustentan en la comparación. La comparación, la competencia, el mirar hacia fuera para saber quién debo ser, definen el camino exactamente opuesto al que conduce a la autoidentidad. Para quien quiera lograr esta última, él mismo ha de ser su única medida. Aquí radica la distinción entre la grandeza y la mediocridad. Grande es aquel que sabe que

> «Lo que tengo que hacer es lo que me concierne y no lo que la gente cree.»
>
> R.W. Emerson[21]

En otras palabras, es grande quien sabe que su único punto de apoyo es su voz interior, su realidad concreta, su experiencia directa, su propio nivel de comprensión; quien no da nada por supuesto; quien es, habla y actúa de primera mano. Cuando así se obra, ahí se da un crecimiento, una maduración, no hipotética sino real.

¿Qué queremos decir con las expresiones "crecimiento hipotético" y "crecimiento real"? Pongamos un ejemplo. Pensemos en aquellas personas que han estado consagradas a un camino de "automejoramiento" dentro de una religión, una secta, una institución religiosa, un grupo ideológico, etcétera, y que, acuciadas por su propia verdad, dejan en un momento dado ese camino. Retornan al "mundo", tras abandonar la protección del grupo y la sensación de identidad que este les otorgaba, y, de modo inesperado, la virtud que supuestamente habían adquirido tras años de dedicación a ella se diluye como por arte de magia. Tienen que aprender las primeras lecciones. Se despiertan en ellos instintos y deseos elementales, pueriles. Su anterior claridad pasa a ser confusión. Se sienten ante la vida como niños despistados y asustados. Lo que más les asusta es comprobar que no ha quedado casi nada de su supuesta virtud y claridad. ¿Por qué? Porque el crecimiento de estas personas, el que habían logrado al amparo del grupo, no fue real sino hipotético, prestado; no fue un crecimiento basado en su experiencia directa, en aquello que habían visto por sí mismos, sino en lo que habían oído y aceptado que debían hacer, pensar y ser. Vivían, además, al falso calor del "nosotros", participando vicariamente de unos logros y conocimientos que no eran realmente suyos.

La experiencia directa, la obediencia a la propia voz y a lo que es verdad para nosotros aquí y ahora, es el camino del progreso real. ¿Que así se cometerán muchos errores? Por supuesto. Efectivamente, quien así obre hará cosas que, una vez realizadas, concluirá que no es preciso ni adecuado volver a realizar. Pero dicho "error", si se lo quiere llamar así, era un paso imprescindible. El "error", cuando así se actúa, ya no es tal, sino una parte ineludible del camino.

> «El sabio jamás se arrepiente de su acción; nunca cambia lo que ha hecho; jamás se echa atrás de su resolución tomada.»
>
> SÉNECA[22]

Esta es, insistimos, la vía del crecimiento verdadero, la que nos permite tener la certeza de que todos los pasos que hemos dado han sido realmente nuestros. Esta certeza es fuente de paz y de profunda seguridad interior. Sin ella no puede abrirse paso la autoconfianza.

Vivir en lo desconocido

Otra sugerencia de la filosofía sapiencial, que nos puede ayudar a tener una actitud básica de *atención* y *escucha* a nuestra voz interior, es la de aceptar *vivir en el asombro, en lo desconocido*.

> «¡Siéntase perdido! Mientras se sienta competente y seguro, la realidad está más allá de su alcance. A menos que acepte la aventura interior como modo de vida, el descubrimiento no llegará a usted.»
>
> «Olvide sus experiencias y sus logros, quédese desnudo, expuesto a los vientos y lluvias de la vida, y tendrá una oportunidad.»
>
> NISARGADATTA[23]

Hemos hablado de autoidentidad: de ser lo que somos, de abandonar las referencias y medidas que nos son ajenas. Ahora bien, la expresión "ser lo que somos" no significa, en este contexto, que ya sepamos de antemano en qué consiste eso que somos. La semilla no sabe lo que late en la Idea creadora que rige su desarrollo, ni cómo va a ser, ni cómo los elementos y los vientos van a configurar y a esculpir su perfil. Ser lo que somos no es tener una idea clara y articulada de los contenidos que supuestamente nos definen, medirnos con ella y pretender realizarla. Recordemos que es siempre el yo superficial el que se vivencia desde sus ideas sobre sí.

Ser nosotros mismos no es adecuarnos a una idea previamente determinada de lo que somos. Porque nuestro Sí mismo es el *Tao oculto*. No podemos saber qué es lo que la Vida está expresando y expresará en y a través de nosotros.

Todo esto puede parecer paradójico: ¿cómo ser veraces, cómo ser nosotros mismos si ni siquiera sabemos con claridad qué es eso que somos?[24]

Pues bien, reconocer que esto es así, y que, por consiguiente, no sabemos *de antemano* cómo debemos ser ni qué debemos hacer, es precisamente ser veraces. Admitir que en último término no podemos saber qué es lo que más nos conviene, y que, por ende, no tenemos *de antemano* pautas de acción seguras ni criterios para valorar adecuadamente lo que nos sucede, equivale a ser veraces. Esta convicción nos hará abandonar nuestras ideas preconcebidas sobre nosotros mismos, o bien nos llevará a otorgarles solo un valor relativo y provisional. El reconocimiento de nuestra ignorancia a este nivel es precisamente lo que nos permitirá salir del ámbito de nuestras ideas y creencias (en el que se desenvuelve el yo superficial) para dirigir nuestra atención hacia el *Tao*, para adoptar una actitud interior de escucha y apertura. Y esta actitud de atención y disponibilidad es *ya* ser lo que somos; es permitir, sin interferencias, la acción del *Tao*. No hace falta nada más, ni nada menos.

Que no tengamos una idea clara sobre nosotros mismos y que no sepamos *de antemano* cómo debemos ser o qué debemos hacer no es un inconveniente para nuestra veracidad, pues nuestra verdad en ningún caso es una idea o imagen mental; es la voz silenciosa de nuestro propio ser que nos habla siempre en *presente*, que nos inspira cómo actuar o comportarnos *ahora*, y no después. Por eso, nuestra veracidad se sustenta en una escucha u obediencia que solo se da *en el momento actual*. No nos compete tener una idea clara de lo que somos y vamos a ser, sino ser consecuentes con nuestro propio ser, con esa voz, *ahora*.

Las consignas fijas, sostenidas en el tiempo, que quizá enuncian lo que nos fue válido ayer, no nos sirven en el momento presente, no son la voz de nuestra verdad. Por eso, la obediencia al *Tao* implica adentrarse en lo desconocido y vivir en lo desconocido. Nuestra Identidad es esa Fuente que, desde lo desconocido, nos adentra en lo ignoto e inédito. El gozo de vivir radica en gran medida en el permanente asombro que acompaña a ese surgimiento, a la expresión de esa obra de arte que es nuestra vida y que no sabemos de antemano, como sucede en toda verdadera creación, cuál va a ser su forma acabada. Ser veraz supone vivir en una constante aventura. El yo superficial no se aventura; no se maravilla ni se sorprende, solo planifica; no se renueva, se repite a sí mismo *ad nauseam*.

Vivir auténticamente –nos enseñan las tradiciones sapienciales– no es planificar lo que vamos a ser, sino descubrir, a cada instante, lo que somos. La referencia de lo que fuimos o hicimos ayer nos puede ser útil, pero no nos otorga orientación definitiva acerca de lo que tenemos que ser o hacer hoy. Porque esta obediencia –como acabamos de señalar– sucede siempre en presente. El *Tao* solo habla *ahora* y para el *ahora*.

> «Los bienes más preciados no deben ser buscados [planificados], sino esperados. Pues el hombre no puede encontrarlos por sus propias fuerzas y, si va en su búsqueda, sólo encontrará en su lugar falsos bienes, cuya falsedad no sabrá discernir.»
>
> SIMONE WEIL[25]

Todo esto conlleva –insistimos– una actitud interior de soltura, disponibilidad, apertura, receptividad y, a la vez, de máxima atención. Nuestros planes y proyectos han de tener el sello de la provisionalidad y de la flexibilidad. No han de hacer tanto ruido que oculten la voz que habla en el ahora. Lo interesante de nuestros planes no serán sus metas, sino el proceso, pues es este el que nos mantiene en contacto con el presente; es a través de él como expresamos y llegamos a ser eso que somos y que siempre desconocemos de antemano. De este modo, toda nuestra acción será "juego", en el sentido más profundo del término. Lo propio del juego es que en él el medio es ya el fin; lo que nos atrae del juego no son sus posibles resultados, sino el proceso del juego como tal. Nuestra actividad se impregnará, así, de creatividad y ligereza, pues sabremos que nuestra plenitud y verdad laten siempre en el corazón del ahora, que no están situadas en el futuro, que no dependen de la realización de nuestras metas, del logro de ciertos resultados. Estos últimos no condicionan nuestra autoestima y nuestra alegría esencial. Si se logran, bien; si no, también. Porque lo que íntimamente somos en ningún caso está ahí –valga la redundancia– en juego.

Somos una sorpresa constante para nosotros mismos. Lo que no nos sorprende, lo que hemos calculado, lo que hemos anticipado y provocado no nos devuelve a nosotros mismos, no es un fiel reflejo de nuestra verdad.

> «Lo inesperado y lo imprevisible es [el sello de lo] real.»
> Nisargadatta[26]

> «Si uno no espera lo inesperado, nunca lo encontrará [...].»
> Heráclito, fragmento 18

Ser activos, no reactivos

Otra indicación presente en todas las tradiciones de sabiduría es la que nos invita a *ser activos, no reactivos o pasivos*.

Ser pasivo es vivir a remolque del exterior, ser movido o arrastrado. Siempre que el motor y la meta de la acción no son intrínsecos al yo, se es pasivo. Es activo aquello que tiene dentro de sí la fuente y meta de su movimiento.

El yo superficial, aun en medio de la más vertiginosa actividad, es pasivo. Es pasivo porque no actúa desde su realidad íntima, sino desde su autoimagen, es decir, condicionado por las ideas que tiene sobre sí. Estas ideas son el motor de sus acciones, y, por ello, estas

últimas no son propiamente acciones, sino reacciones. El yo superficial nunca es dueño de sus respuestas, aunque así lo crea. De hecho,
su comportamiento es perfectamente predecible en su mecanicidad:
si alguien o algo confirma su autoimagen ideal, se alegrará; si alguien
o algo la cuestiona o contraría, se abatirá.

El yo superficial depende siempre de la confirmación ajena, pues
necesita ser "alguien" ante sí mismo y ante los demás. Una forma
práctica de comprobar si estamos en un momento dado siendo
reactivos consiste en observar si estamos, de alguna forma, buscando o esperando esa confirmación; observar, por ejemplo, si con
nuestro comportamiento pretendemos, *indirectamente*, impresionar,
justificarnos o demostrar algo a alguien.

El yo superficial siempre está intentando demostrar algo a los
demás o a sí mismo. Si es de naturaleza complaciente, intentará demostrar con su comportamiento que él es como quieren que sea. Si
más bien tiende a la rebeldía, lo que querrá demostrar es que no es
como quieren que sea, sino todo lo contrario. Si ha optado por ser
evasivo, buscará, con su ausencia física y mental, con su inatención,
que nadie requiera nada de él –si bien esta inatención también le
impedirá tomar contacto con los requerimientos de su verdad íntima–.
En todos estos casos no se actúa, se reacciona. El exterior (los otros
o un yo enajenado que se mira desde fuera adoptando la "óptica" de
algún otro) determina nuestro comportamiento, nuestro modo de ser
y obrar.

Pensemos, por ejemplo, en cómo, cuando nos sentimos culpables
ante alguien, con frecuencia perdemos ante él nuestra espontaneidad
y tendemos a actuar de una forma con la que buscamos expresarle:
"soy inocente". Si lo que nos sentimos es inseguros o inferiores, nos
sucede otro tanto, pues de modo más o menos consciente intentamos
demostrar a esa persona que no somos "tan poca cosa" a través de
nuestro modo de obrar. Lejos de estar relajadamente con ella, calcu-

lamos nuestras palabras y nuestro comportamiento para que modifiquen la opinión que tiene de nosotros... En ninguno de estos casos obramos desde nosotros, sino desde el otro; nuestras proyecciones, expectativas o temores respecto de este último nos arrastran.

Esto no quiere decir, obviamente, que en ocasiones no sea preciso dar a entender algo a alguien o justificarnos ante él. Ahora bien, cuando se hace de forma directa, es decir, cuando expresamos abiertamente lo que queremos expresar, ahí no hay reacción sino acción. Es cuando se hace de forma *indirecta* o semiconsciente cuando se olvida que:

> «Mi vida no es una apología sino una vida, existe por sí misma y no como un espectáculo.»
>
> R.W. EMERSON[27]

Muchos de nosotros hemos estado persiguiendo, a lo largo de gran parte de nuestra vida, metas que no se correspondían con un anhelo íntimo –aunque así lo creyéramos–, sino que eran el fruto de una reacción ante cierta ofensa recibida en la infancia, ante un sentimiento oculto de culpabilidad o de insuficiencia, etcétera. Una autoobservación honesta nos hará advertir el sorprendente número de acciones que realizamos con la motivación profunda de suplir un sentimiento de inferioridad, de canalizar un viejo resentimiento, de demostrar algo a alguien (alguien que quizá ya ha muerto, pero que sigue vivo en nuestro interior)... Cuando así obramos, no nos permitimos ser lo que somos. No actuamos, reaccionamos. Y donde no hay acción, sino reacción, no hay expresión auténtica, la fuerza del *Tao* se debilita, no hay vigor ni inspiración.

Una sencilla pregunta nos puede devolver a nuestro centro: ¿estoy tratando de demostrar algo a los otros o a mí mismo? Si la respuesta es que sí, es el momento de saber que lo que está operando es nuestro yo superficial; pues donde hay inseguridad o miedo, hay ideas sobre uno mismo que proteger; si no estamos apegados a una cierta autoimagen, no tenemos nada que demostrar, ni hay posibilidad de ser dañado.

Lo más íntimo es lo más universal

La filosofía sapiencial también nos recuerda que:

> «Creer en vuestro propio pensamiento, creer que lo que es verdadero para uno en la intimidad del corazón es verdadero para todos los hombres: eso es el genio».
>
> R.W. EMERSON[28]

Si permanecemos en la periferia de nosotros mismos, no traspasamos los límites del yo superficial. Ahondando en nosotros mismos descubrimos el *Tao*. En otras palabras: la confianza en nuestro ser lleva consigo la convicción de *que lo más íntimo es lo más universal*.

Aquello que nos es más íntimo, más profundo, que nos motiva, conmueve o alegra más hondamente...: esa es la guía; eso es lo que debemos obedecer y respetar por encima de todo. El camino a seguir –decíamos– es siempre el camino del corazón, el camino con corazón.

Así, por ejemplo, si queremos dedicarnos profesionalmente a una actividad creativa, lo decisivo no es que nos preocupemos por averiguar qué es lo que "se lleva" o por acudir a las estadísticas de éxito de ventas. Lo decisivo es que encontremos la voz que nos es más íntima, más originaria; las voces que en nosotros no son reactivas, que no buscan impresionar o seducir, que no tienen en cuenta el "qué dirán", que no imitan ni miran hacia fuera. Las que, cuando hemos tenido sed, nos han saciado, y no las que han satisfecho solo nuestra curiosidad. Las que brotan en soledad, cuando no nos medimos con nada ni con nadie, y expresan, no lo que hemos tomado del exterior, sino lo que hemos asimilado, sabemos o sentimos de primera mano, y es parte de nosotros.

Tomar contacto con esa voz no siempre es fácil. De hecho, probablemente nuestros primeros intentos sean fallidos. Pero ir en esa dirección es el camino certero. Y una vez que se encuentra esa voz, necesariamente hallará eco. Porque lo más íntimo –repetimos– es lo más universal. Cuando somos más personales, es entonces cuando somos más impersonales. Cuando más individuales somos, somos más universales. Cuando más ahondamos en nuestra subjetividad, es cuando somos más objetivos. Esta convicción es una base decisiva para la autoconfianza.

«Expresad vuestra convicción latente; será a su tiempo el sentir universal; ya que lo más íntimo llega a ser lo más externo y nuestro primer pensamiento nos es devuelto por las trompetas del Juicio Final.

»Por familiar que sea para cada uno la voz del espíritu, el mayor mérito que concedemos a Moisés, Platón y Milton es que reducen a nada libros y tradiciones, y no dicen lo que otros hombres pensaron, sino lo que han pensado ellos. El hombre debería observar, más que el esplendor del firmamento de bardos y sabios, ese rayo de luz que atraviesa su alma desde dentro. Sin embargo, rechaza su pensamiento precisamente porque es suyo.

»En cada obra de genio, reconocemos nuestros propios pensamientos rechazados: vuelven a nosotros con cierta majestad prestada [...]. Tal vez mañana dirá un desconocido, con seguro buen sentido, lo que ya habíamos pensado, y nos veremos obligados a recibir de otro, avergonzados, nuestra propia opinión.»

R.W. Emerson[29]

Silencio

Una última indicación: la filosofía imperecedera nos recuerda la importancia del silencio y la soledad.

«La vuelta al Origen es el silencio.»
LAO TSÉ[30]

El silencio del que nos habla la sabiduría no es sinónimo de mutismo. No es aquel que excluye las palabras (externas o internas –nuestros pensamientos e imágenes–), sino solo la *identificación* con ellas.

El Silencio es el Origen, la Fuente de todo, también de nuestras palabras y pensamientos. Por eso, buscar el silencio no significa rechazar las palabras, sino ir a su raíz. Supone otorgar atención no tanto a las palabras que pronunciamos o que pronuncian los demás, como al silencio del que surgen. Significa no identificarnos con nuestros pensamientos e imágenes, sino permitir que afloren, dejarlos fluir, y soltarlos para volver a escuchar, y para que esta escucha, este estado de atención sin identificación, nos inspire palabras y pensamientos nuevos. Nuestras palabras y pensamientos son "originarios" (proceden del Origen) cuando son siempre nuevos, cuando se retrotraen al silencio y surgen desde él, de instante en instante. Probablemente todos hayamos tenido experiencia de algo similar en aquellos momentos en que decimos haber estado "inspirados". El sabio es aquel que está de modo habitual en estado de inspiración.

La soledad es una forma de silencio. Y al igual que el silencio no excluye las palabras, la soledad no excluye la compañía.

«Es un hombre grande el que en medio de la muchedumbre conserva con perfecta dulzura la independencia de la soledad.»

R.W. EMERSON[31]

El yo superficial vive de comparaciones; necesita la confrontación con los otros y con ciertas imágenes mentales para sentirse ser, para conocer su lugar y su valor. La genuina soledad no consiste en no estar con otros, sino en no medirnos con ellos. Radica en que en nuestra mente no surja la comparación ni la confrontación. Ni siquiera la referencia a nuestra verdad ha de entenderse como una confrontación. Ser lo que somos no puede ser el fruto de habernos medido con relación a algo. Este abandono de la tensión dual, del cotejo, de la medida, es la esencia de la verdadera soledad.

El yo superficial no puede estar solo. Porque cuando está solo y en silencio, ya no existe. De aquí su pavor a la soledad, su incapacidad de abandonar el parloteo exterior o interior. Sin este estado interior de tensión, sin juzgar y juzgarse, sencillamente deja de ser. La soledad física del yo superficial nunca es genuina soledad. De hecho, el retiro exterior suele agudizar su estado de confrontación interior, y por eso, para tantos, el aislamiento es un infierno: un encuentro con el propio vacío y un desesperado intento de huir de él mediante el acrecentamiento del diálogo interno, de las medidas y los juicios.

El yo superficial necesita cómplices para su existencia. La debilidad siempre precisa de complicidad.

En medio del griterío externo e interno es preciso saber distinguir nuestra verdadera voz. Ello requiere escucha y atención, es decir, *silencio*, y un espacio interior de *soledad* que nos acompañe siempre, también en nuestro trato con los demás y en el ajetreo diario.

«El ser humano [...] debe aprender [a tener] un desierto interior
dondequiera y con quienquiera que esté.»

Maestro Eckhart[32]

«El desierto crece: ¡ay de aquel que
dentro de sí cobija desiertos.»

Nietzsche[33]

Capacitarnos para distinguir esa voz requiere, también, ciertos momentos consagrados a la soledad física. ¿Por qué afirmamos ahora esto, cuando hemos dicho que la verdadera soledad no excluye la compañía? Algunos lapsos de soledad exterior son necesarios, en primer lugar, para ejercitarnos más intensamente en ese estado interior de no confrontación. Son necesarios, en segundo lugar, porque la singularidad es siempre atacada. Los "esclavos" no soportan el espectáculo de la libertad en los otros, y suelen intentar –sin admitirlo, quizá inconscientemente– llevarlos a su "cárcel", a su terreno. Por todo ello, el aislamiento ocasional en ciertas etapas de nuestro crecimiento es sano y recomendable, siempre que no sea un acto de huida, sino un movimiento en dirección hacia las condiciones que nos permiten ser más plenamente lo que somos.

Cuando hay solidez interior, el aislamiento no es imprescindible. Pero inicialmente, el propósito de orientarnos hacia nuestra verdad exige, como la planta aún pequeña y frágil, de un cuidado especial. Es importante saber, por ejemplo, que no tenemos ninguna obligación de tratar con quienes no nos respetan ni aceptan, con quienes no apoyan incondicionalmente nuestro camino hacia nosotros mismos. A veces nos cuesta asumir esta idea, porque tendemos a sentirnos comprometidos con todos aquellos a los que hemos estado vinculados estrechamente en el pasado. Ahora bien, conviene advertir que muchas de estas obligaciones son solo ataduras del yo superficial (este piensa: «qué dirán»; «qué pensarán»; «ellos esperan eso de mí y no quiero defraudarles...»). Nuestro primer deber es el que tenemos ante nosotros mismos; nuestro deber para con los demás, cuando es sincero, pasa siempre por el primero.

* * *

Podríamos seguir enumerando indicaciones que nos conducen hacia la autoconfianza, pero no es necesario, pues el compromiso con cualquiera de las ya señaladas conlleva un compromiso implícito con todas las que podamos añadir.

Lo que hemos venido diciendo quizá nos ayude a comprender que la obediencia a nuestro Ser, a nuestra íntima voz, no es algo abstracto, ni meras palabras biensonantes; comporta, por el contrario, un compromiso muy concreto y exigente en nuestra vida cotidiana. Este compromiso solo es posible desde la confianza. No es fácil abandonar las "ventajas" que obtenemos por ser acomodaticios o poco veraces, pero tampoco es difícil cuando se confía. A su vez, solo al ir tomando activamente decisiones que nos conduzcan hacia nosotros mismos aumentará dicha confianza. Llegará un momento en que este compromiso no irá acompañado de la más mínima sensación de renuncia, porque el fruto es gozoso, y porque se ha aprendido que la Vida es infinitamente más sabia, imaginativa, creativa y satisfactoria que el mejor de nuestros planes. Se sabe entonces que...

> «Las cosas que son realmente hechas para ti, gravitan hacia ti. Corres en busca de tu amigo. Que tus pies corran, pero no es preciso que tu espíritu lo haga. Si no das con él, ¿no convendrás que era mejor no haberse encontrado? Hay un poder que lo mismo que está en ti está también en él, y que bastaría sobradamente para reuniros si así mejor conviniese. [...] ¡Oh!, cree, como es cierto que vives, que cada soni-

do proferido sobre esta esfera para que lo oigas, vibrará en tu oído; toda sentencia, todo libro, todo proverbio que te pertenezca, porque lo necesites como auxilio o como consuelo, llegará con seguridad a ti por caminos rectos o tortuosos. Todo amigo que ansía, no tu voluntad caprichosa, sino una grande y tierna afección, te estrechará en sus brazos, y esto porque tu corazón es el corazón de todos».

R. W. EMERSON[34]

Obstáculos para la autoconfianza

La sabiduría es una invitación a la autoconfianza. El principal obstáculo para lograrla es, como hemos venido viendo, la identificación que da origen al yo superficial. Pero hay también claros obstáculos sociales para su desarrollo. De hecho, gran parte de la educación que hemos recibido parece conducirnos en la dirección opuesta. Pondremos solo dos ejemplos a este respecto: la educación religiosa y la educación del pensamiento.

Una religiosidad mal entendida –pero demasiado generalizada– nos enseña que el espíritu propio es mal consejero y que la obediencia a una autoridad externa es garantía de andar en verdad. Que solo podemos conocer la voluntad divina a través de quienes se dicen sus intermediarios, y que es preciso aceptar a pies juntillas enseñanzas y doctrinas ya fijadas que no han sido contrastadas por nuestra experiencia directa; muchas de ellas ni siquiera podrán ser nunca contrastadas, y han de ser asentidas, sin más, en virtud de lo que equívocamente se denomina un acto de fe. La evidencia que proporcionan la propia experiencia y la propia visión es ahogada por la creencia. Puesto que esta pseudoreligiosidad ha disociado el "sí mismo" del "Sí mismo", al individuo de lo Supremo, califica de arrogante la referencia al propio criterio, la duda y la sana y honesta crítica. Un sinfín de mandatos religiosos y morales nos dicen cómo relacionarnos con lo Absoluto, cómo debemos ser y qué debemos hacer. Difícilmente esto permite ser, actuar y hablar de primera mano, lo que no puede menos que erradicar la confianza en uno mismo...

No es extraño que todo ello termine alimentando a personas dóciles, carentes de autoestima y perfectamente manipulables. Pues el que ha perdido la conexión consigo mismo se siente inadecuado, tiene miedo; necesita mendigar aprobación, que le proporcionen desde el exterior la seguridad psicológica que ha perdido; se convierte en un esclavo. A esta timidez, complacencia, puerilidad... se las ha denominado, en demasiadas ocasiones, bondad y virtud. Los débiles y pacatos han pasado por virtuosos. A la obediencia mal entendida –la que no arraiga en la obediencia a uno mismo– se la ha "mal llamado" humildad.[35] Todo ello, repetimos, ha sido un criadero de personalidades blandas y poco veraces, y ha sido castrante hasta la crueldad con las individualidades creadoras.

> «El hombre es tímido y tiende a disculparse; no obra rectamente; no se atreve a decir: "pienso", "soy", sino que cita a algún santo o sabio.
>
> »[...] ved cómo intelectos fuertes no se atreven siquiera a oír a Dios mismo, a menos que hable la fraseología de no sé qué David o Jeremías o Pablo.»
>
> «[...] si un hombre pretende conocer a Dios y hablar de Él y os hace retroceder a la fraseología de alguna vieja nación destruida, de otro país, de otro mundo, no le creáis.»
>
> R.W. Emerson[36]

El proceso educativo procede, en ocasiones, de una forma análoga. Con demasiada frecuencia, el alumno que mejor repite lo que sus profesores quieren que repita es premiado y reconocido. Se hace del carácter complaciente y acomodaticio, virtud...

En las facultades de Humanidades y de Filosofía, donde en principio se forjan los pensadores, se enseña, básicamente, historia de las ideas. Se enseña poco a pensar por uno mismo, a tener espíritu crítico, criterio propio, y a disentir inteligentemente cuando es preciso; es decir, se enseña poco a pensar. El empacho de erudición al que se somete al alumno termina intimidándolo y asfixia su capacidad para la visión directa, limpia, carente de prejuicios. Muchos de los profesionales del pensamiento que de este modo se forman acaban hablando en tercera persona. Si tienen un pensamiento propio, acuden al aval del criterio de autoridad porque no tienen valor para sostener dicho pensamiento por sí mismo, en virtud de su autoridad intrínseca. Un trabajo se define como riguroso, no por su profundidad, por lo originario de sus ideas, sino en razón de la presencia de cierta jerga –no siempre necesaria–, de la profusión de argumentos de autoridad, del número de citas y de los muchos términos en lenguas varias. La indagación basada en la experiencia directa, de la que han nacido todas las grandes obras del pensamiento, difícilmente se abre paso en esa atmósfera. Y, finalmente, nos encontramos también, en el peor de los casos, con personas inseguras, incoloras, expertas en el pensamiento ajeno, que tienen muy poco que decir, y que pagan de modo inconsciente su frustración impidiendo que alguien, dentro de su sistema, proceda de otra manera.

Lo dicho, obviamente, no es un problema de la religión o de la filosofía, sino de sus deformaciones demasiado abundantes. De hecho, la religiosidad bien entendida es precisamente el cultivo de la confianza incondicional en la Realidad; este es el sentido genuino de la fe: la confianza, no el asentimiento dogmático. A su vez, la filosofía, en su sentido profundo, consiste en el ejercicio libre del pensamiento que nos permite llegar a ser luz para nosotros mismos, en la afirmación de nuestra libertad interior frente a todo lo admitido de forma acrítica.

La confianza en Sí mismo era, originariamente, el lema común a la filosofía y a la religión. La desviación se produjo –como ya señalamos– cuando se divorció el "sí mismo" del "Sí mismo", cuando se olvidó la raíz universal del yo. Desde ese momento, el individuo ya no podía hallar dentro de sí la Fuente de la verdadera confianza.

* * *

La autoconfianza de quien conoce su Identidad real es sinónimo de humildad verdadera. La confianza del aspirante a la sabiduría no es por ello, en ningún caso, arrogante o agresiva. El fanático o el dogmático evaden la profunda inseguridad que los caracteriza aferrándose a unos contenidos, a unas ideas. El sabio no defiende a pies juntillas ninguna teoría. En primer lugar, porque no cree que la realidad sea traducible a fórmulas o ideas. Es consciente de que el corazón de toda cosa es inaprensible. Su confianza es de una naturaleza muy distinta. Proviene de saber que habla desde el único lugar desde el que sus palabras pueden tener valor: desde sí mismo y desde su nivel de comprensión aquí y ahora. No pretende poseer la verdad, ni cree que esta se pueda poseer; sencillamente, dice lo que dice con veracidad; y ahí radica su fuerza y la autoridad de sus palabras. Se expresa sin presunción, pero también sin timidez. Viene a decir: «... hoy, aquí y ahora, tras el curso de mi experiencia vital, veo honestamente esto, y solo en esto me he de apoyar para caminar sobre seguro. Incluso si supiera que mis palabras de mañana van a ser diferentes a las de hoy, eso no me haría callar ahora, pues solo me sustento en mi experiencia directa. La verdad no se puede tener de prestado; no reside en ciertos contenidos, sino en la propia veracidad. Esta veracidad me pone en contacto con el corazón del presente y con lo que me es más íntimo. Y esto último –lo que me es más íntimo– es el mejor don que puedo hacer, lo que más posibilidades tiene de alentar la veracidad de los demás».

La sabiduría nos enseña que nuestro principal deber es la fidelidad a nosotros mismos. Que no existe valor superior al del individuo que confía en sí mismo, reconociendo la hondura sagrada del Yo.

«Parece que el valor de un hombre para la comunidad depende, en principio, de la medida en que dirija sus sentimientos, pensamientos y acciones a promover el bien de sus semejantes. Podemos llamarle bueno o malo según su posición a este respecto. Parece, a primera vista, como si nuestra valoración de un hombre dependiese por completo de sus cualidades sociales.

»Y, sin embargo, tal actitud sería errónea. Es fácil ver que todos los logros valiosos, materiales, espirituales y morales que recibimos de la sociedad, han sido elaborados por innumerables generaciones de *individuos creadores*. Alguien descubrió en determinado momento el uso del fuego. Otros, el cultivo de plantas comestibles. Otros, la máquina de vapor.

»Sólo el individuo puede pensar (y crear así nuevos valores para la sociedad) e incluso establecer nuevas normas morales a las que se adapta la vida de la comunidad. Sin personalidades creadoras capaces de pensar y crear con independencia, el progreso de la sociedad es tan inconcebible como la evolución de la personalidad individual sin el suelo nutricio de la comunidad.»

A. EINSTEIN[37]

El *Tao*, desde su Silencio, habla. Escuchar esa Voz requiere una decisión, la de escucharla por encima de todo, por encima de las voces que nos gritan de continuo –nuestros deseos superficiales, el "sentido demasiado común", lo que "se supone" que tenemos que hacer y pensar, lo que nos han dicho quienes buscan erigirse ante nosotros en criterio de autoridad...–.

> «El hombre debe escucharse a sí mismo y no escuchar los acentos de la devoción de los otros. Hasta le son nocivas esas frases mientras no haya dado con las suyas.»
>
> EMERSON[38]

La Voz del *Tao* es la voz de la Realidad. El filósofo, el amante de la sabiduría, nos decía Heráclito, es aquel que obra de acuerdo con el *Logos*, escuchándolo. Una filosofía que no se sustente en esta escucha no es amor a la sabiduría, no es amor a la Realidad; solo un ejercicio mental, más o menos brillante, del yo superficial.

6. Filosofía para durmientes. Filosofía para el despertar

«Los despiertos tienen un mundo único en común; cada uno de los que duermen, en cambio, se vuelve hacia su mundo particular.»
HERÁCLITO, fragmento 89

¿Habitamos un mismo mundo, o hay un mundo para cada cual?

Una buena parte del pensamiento filosófico ha considerado indiscutible el siguiente supuesto:

Hay un mundo único, objetivo, que todos compartimos y habitamos, es decir, que es el mismo para todos aquellos que buscan conocerlo. La filosofía es la actividad que pretende acceder al conocimiento de las causas últimas, de los más radicales "porqués", de ese supuesto mundo único y objetivo, al que se identifica con *la* realidad. Este conocimiento es, en principio, posible para todo ser humano; el que alguien lo alcance o no –el que sea filósofo o no lo sea– depende exclusivamente de si realiza o no adecuadamente cierto ejercicio de reflexión intelectual. Las diversas filosofías y visiones del mundo no son sino las diferentes perspectivas o "mapas" posibles, más o menos acertados, de dicho mundo único.

Este ha sido el punto de partida que ha prevalecido en la historia de la filosofía hasta el final de la modernidad. Una de las principales aportaciones del pensamiento contemporáneo –y, muy en particular, del *pensamiento "postmoderno"*– ha sido la crítica de ese supuesto característico de lo que cabría denominar "filosofía ingenua".

Así, frente a la "filosofía ingenua", gran parte de la filosofía contemporánea sostiene que no hay tal cosa como un mundo único, objetivo, indiscutible e independiente de nosotros. No puede haberlo ya que el ser humano y el mundo son indisociables: dos polos de una única realidad. El hombre que conoce es siempre un "hombre-en-el-mundo", y, por ello, no puede ser un observador imparcial del mundo, porque forma parte de él:

- Nuestro organismo no puede subsistir aisladamente de todo el cosmos, de la luz del Sol, del aire que respiramos, de la tierra y sus minerales, del agua que compone la mayor parte de nuestro cuerpo, de las plantas y los animales que nos nutren. A su vez, nuestra percepción y nuestro pensamiento son inseparables de nuestro organismo, se inscriben en él. Por ejemplo, los límites de nuestro cerebro, de su estructura específica, son los límites de nuestra percepción (pensemos en cómo nuestros ojos solo perciben las ondas lumínicas de una específica longitud de onda, y nuestros oídos, los sonidos que pertenecen a un arco determinado de frecuencia; en cómo estas y tantas otras limitaciones perceptivas condicionan nuestras imágenes e ideas sobre la realidad).

Nuestra percepción y nuestro pensamiento son un producto del cosmos, y no algo que se produzca al margen de él. Como expresa agudamente Alan Watts: «los seres humanos tienen conciencia de un mundo porque es la clase de mundo que engendra organismos conocedores, y solo por eso».

• El conocimiento humano no es algo desencarnado. Es indisociable del cosmos físico; y también lo es –y este hecho es el relevante para nuestra reflexión– del mundo social y cultural. Nuestra mente solo puede madurar a través de la incorporación de códigos culturales y de una lengua particular, es decir, en el seno de una sociedad, de una tradición y una historia. Como han evidenciado los casos aislados de niños abandonados desde el nacimiento en la naturaleza y reencontrados en estado salvaje, sin lenguaje no puede desarrollarse el pensamiento. A su vez, el lenguaje, la cultura y la educación recibida no se limitan a favorecer el despliegue de nuestras facultades cognitivas, sino que, inevitablemente, condicionan nuestra forma de percibir la realidad.

• El pensamiento humano no es algo enfrentado al mundo ni separado de este, sino que presupone ya todo un mundo (un cosmos físico, una sociedad, una historia, una cultura...) que lo posibilita y lo condiciona.

Ahora bien, también sucede a la inversa: el mundo es sostenido y recreado por nuestro pensamiento. Lo que llamamos "mundo" –un mundo unitario e inteligible– existe gracias a la mirada humana, al pensamiento y el lenguaje. Estos últimos no crean el mundo, pero lo estructuran de una forma inteligible. Gracias a nuestras categorías, palabras y conceptos lo que percibimos tiene significado, orden y unidad. Los esquimales, por ejemplo, tienen más de diez palabras para denominar la nieve –pues no consideran que sea lo mismo la nieve que sirve para construir un iglú, que la que se funde con facilidad permitiendo obtener agua, que la que les permite trasladarse cómodamente en trineo, etcétera–, de tal modo que, donde nosotros vemos una única cosa, la nieve, ellos perciben más de diez diferentes. Su lenguaje hace que su universo sea diferente del nuestro.

Las palabras tienen una profunda capacidad creadora, pues no se limitan a poner etiquetas a las cosas ya existentes, sino que permiten que estas se nos muestren como tales; estructuran el material informativo que recibimos a través de las impresiones sensibles y lo dividen y organizan de forma significativa configurando, así, nuestra realidad. Sin conceptos, sin palabras, no habría mundo humano.

Nuestra mente no es un espejo que se limite a reflejar los hechos internos o externos; lejos de ser así, es ella misma, en buena medida, la que los construye y los recrea.

• Hemos señalado que nuestra percepción es indisociable del mundo social, histórico y cultural. Ahora añadiremos que también lo es de nuestro mundo personal, de nuestra historia individual. Así, incluso quienes compartimos un mismo lenguaje y una misma cultura, connotamos lo que percibimos de un modo diferente. El pensamiento es siempre el pensamiento de un ser humano de carne y hueso, de un individuo con una biografía, un condicionamiento y un temperamento particulares; con experiencias, aversiones, gustos, valores, intereses, creencias y prejuicios específicos. Por eso, hasta aquellos que creen y sostienen percibir lo mismo, siempre experimentan e interpretan eso que perciben de un modo peculiar y único.

Dos amigos, por ejemplo, pueden ver a la misma persona y reconocerla ambos al instante. Aparentemente han percibido lo mismo; de hecho, ambos pronuncian el mismo nombre propio cuando la ven. Pero esa persona despertará en cada uno, por asociación, sentimientos completamente diferentes. Uno puede fijarse en su rostro, y el otro en su ropa. Uno puede sentir atracción, y el otro indiferencia u hostilidad. Cada uno proyecta en dicha persona su propio condicionamiento –proveniente, en gran medida, de su trasfondo de vivencias pasadas–, y el resultado es una experiencia diferente para cada cual y, en último término, no comunicable (pues incluso si un amigo cuenta al otro lo que experimenta, este último lo interpretará necesariamente a su manera).

• En otras palabras, reconocemos e interpretamos lo que percibimos en virtud de la memoria. Esta tiene una vertiente colectiva (los significados asumidos culturalmente), y otra estrictamente individual. El lector puede saber que tiene en sus manos un libro porque su cultura le ha proporcionado el término y el significado "libro", pero también porque ya había visto libros con anterioridad (esta experiencia no era extraña a su biografía). A su vez, las asociaciones subjetivas (pensamientos, sensaciones, emociones...) que tendrá ante la vista de un libro una persona a la que enseñaron que "la letra con sangre entra" serán probablemente muy diferentes a las de quien fue un niño intelectualmente inquieto, pero cuya familia no tenía dinero para comprar libros, de tal modo que llegó a hacer de estos una suerte de objetos fetiche.

El conocimiento presente es siempre un re-conocimiento, es decir, está posibilitado y condicionado por nuestro pasado, por nuestra memoria. Esta última no es neutra –como estamos viendo–, ni tampoco desinteresada, pues, de hecho, solemos recordar lo que nos conviene recordar, recrear lo que deseamos recrear, olvidar lo que queremos olvidar, y podemos convencernos de haber vivido lo que nunca hemos vivido. *Toda percepción es una interpretación.*

Nuestra mente configura el mundo que habitamos. Ahora bien –y como se deriva de lo dicho–, no solamente configura una realidad común a todos (al menos, a los que comparten una misma cultura). Más aún, puesto que la percepción de cada individuo está teñida por asociaciones estrictamente individuales, *más que un único mundo, lo que hay realmente es un número ingente de ellos, tantos como personas.*

¿No es evidente, por ejemplo, que el mundo del niño no es el mismo que el del adulto, que el del primitivo no es el del hombre civilizado, que el ignorante no habita en el mundo del hombre instruido, ni la persona triste en el de la persona feliz...?

En resumen: gran parte de las corrientes que configuran el pensamiento contemporáneo coinciden en afirmar que no tiene sentido hablar del ser humano que conoce y de la realidad como si de dos cosas independientes se tratara. El mundo nos configura a la vez que nosotros lo configuramos.[1] *El pensamiento no puede reflejar el mundo de forma objetiva e imparcial porque es en sí mismo la resultante de todo un mundo particular* (una sociedad, una biografía...) *que lo sostiene, posibilita y condiciona.* A su vez, lo que llamamos "mundo", lejos de ser una realidad unívoca y objetiva, tiene mucho de construcción: de convenio asumido culturalmente y de elaboración individual.

> «La mayor aportación del conocimiento del siglo XX ha sido el conocimiento de los límites del conocimiento.»
>
> EDGAR MORIN[2]

Qué quiere decir la sabiduría cuando afirma que habitualmente "soñamos"

El pensamiento filosófico del siglo XX se ha caracterizado por llevar a cabo una crítica de la filosofía ingenua –la que considera que el mundo es algo indiscutible, ajeno a nosotros, que el hombre puede conocer como un observador imparcial–. Como pasaremos a ver, la sabiduría está en este punto más cerca de la filosofía contemporánea que de la filosofía ingenua. Pues ¿qué otra cosa ha querido expresar la filosofía perenne cuando ha insistido en que la mayoría de los seres humanos, aunque creen estar despiertos y ser habitantes del único mundo, en realidad están soñando, habitando en sus respectivos mundos subjetivos y particulares?

> «Los despiertos tienen un mundo único en común; cada uno de los que duermen, en cambio, se vuelve hacia su mundo particular.»
>
> HERÁCLITO, fragmento 89

Según la filosofía sapiencial, soñamos, en primer lugar, cuando confundimos el mundo que estructuran nuestros conceptos y palabras con la realidad.

Señalamos en el capítulo primero de esta segunda parte cómo, según la filosofía perenne, el conocimiento que nos proporcionan el lenguaje y el pensamiento conceptual es el adecuado para "funcionar" en el mundo, para manejarnos en el ámbito de la "apariencia" (noción que, recordemos, no tiene en este contexto una connotación negativa), pero no para saborear la naturaleza íntima de la realidad: el *Tao* que todo lo penetra.

El pensamiento lógico-conceptual tiene una utilidad pragmática: nos permite estructurar la realidad externa e interna, describir el mundo, "manejar" las cosas y los objetos mentales y operar con ellos, predecir fenómenos, comunicarnos, etcétera. Ahora bien, no alumbra la realidad por excelencia, ni nos revela la esencia misma de las cosas. No es que los sentidos y el pensamiento nos engañen –como ha sostenido cierta filosofía–. Si queremos cortar un papel y en lugar de unas tijeras utilizamos un abrelatas, no podemos decir, ante lo infructuoso de nuestros esfuerzos, que el abrelatas nos engaña. La finalidad del conocimiento que nos proporcionan los conceptos en coordinación con las impresiones sensibles es –repetimos– la de ayudarnos a desenvolvernos en el ámbito de la "apariencia"; a este nivel es perfectamente eficaz; pero no sirve para conocer aquello que se expresa en la apariencia, pero siempre se retiene detrás de ella. Esto ha sido absolutamente indiscutible en todas las grandes tradiciones de sabiduría. Es una peculiaridad de gran parte de la filosofía occidental, frente a esta convicción unánime de la sabiduría perenne, el haber pretendido que la razón fuera un instrumento apto para penetrar en el más íntimo secreto de todo lo que es.

Soñamos –nos enseña la sabiduría– cuando creemos que nuestro pensamiento ordinario, nuestras palabras y conceptos nos dan a conocer la realidad por excelencia. Ahora bien, la sabiduría considera que nuestro sueño es mucho más profundo que el que se derivaría exclusivamente de esta confusión. Pues este mundo cuya superficie no terminamos de traspasar ni siquiera es común a todos, algo así como un único sueño colectivo; es, más bien, la encrucijada de un número ilimitado de sueños; se asemeja –como pasaremos a ver– a una suerte de pantalla en la que cada cual proyecta una "película" diferente y ve un correlato exacto de la estricta subjetividad de su mundo mental.

Cómo nuestras creencias "crean" nuestra realidad

Esta última reflexión, como ya se habrá adivinado, nos remite al yo superficial. Este, recordemos, es la autoimagen y el conjunto de ideas y creencias en los que asentamos erróneamente el sentido básico de nuestra identidad. Pensemos en cómo, cuando éramos aún muy pequeños, empezamos a asumir del exterior, a modo de creencias incuestionables, ciertas consignas que definían cómo debían ser las cosas y, muy en particular, cómo teníamos que ser, sentir y pensar (lo decisivo no parecía ser "quiénes éramos", sino el que fuéramos "de una determinada manera" y no de otra). Los mayores nos juzgaban en función de estos "modelos", y nosotros también comenzamos a medirnos con ellos y a concluir que éramos buenos o malos, torpes o inteligentes, adecuados o inadecuados, especiales o mediocres... De este modo fuimos elaborando nuestra particular *autoimagen*. La *identificación* con esos modelos de comportamiento, con la visión del mundo que implican, y con los juicios sobre nosotros mismos que resultaron al compararnos con ellos, dio origen a nuestro yo superficial y a su particular sistema de creencias.

Algunas de estas creencias se han mantenido a lo largo de nuestra existencia, y otras han cambiado. Pero lo decisivo no es cuál sea su naturaleza, sino que, desde el momento en que nos *identificamos* con ciertas ideas, nos desconectamos de nuestro Fondo real y nos encerramos en nuestra mente; nos confundimos con lo que "creemos ser" y perdemos el contacto directo con lo que realmente somos. Esas ideas toman posesión de nosotros y se convierten en el sustituto vicario de nuestra verdadera identidad.

El yo superficial implica la identificación con todo un sistema de creencias: lo que cree sobre sí mismo e, indirectamente, sobre el mundo, los demás, sus relaciones mutuas... Este sistema lo ha ido forjando a lo largo de su existencia, es decir, se nutre siempre de su experiencia pasada. El ego cae, de este modo, en una ilusión: cree ver "la realidad", pero lo que "ve", fundamentalmente, es el reflejo de sus propias creencias. Comienza a soñar. Queda encerrado en un círculo vicioso de ficciones, en un presente tergiversado, oculto por la sombra del pasado y abocado a un futuro que no es más que la prolongación de ese pasado, su reiteración tediosa y mecánica. Siempre esclavo de sí mismo, de su percepción limitada y parcial, se incapacita para experimentar nuevas formas de ser y estar en el mundo. En esta situación, todo deseo de cambio del yo superficial está frustrado de antemano o, como mucho, dará lugar a cambios superficiales, epidérmicos, pero siempre dentro de sus rígidas estructuras y estrechas fronteras. La Realidad, en toda su amplitud, riqueza y constante novedad, le es desconocida.

El ego sueña porque se mueve en el círculo cerrado de sus propias creaciones mentales. Una autoimagen mental define al yo, y, a su vez, estas ideas que tiene sobre sí condicionan su percepción del mundo, sus ideas sobre la realidad –pues las nociones acerca de lo que es "yo" y de lo que es "no yo" siempre son correlativas–.

> «Cada uno ve el mundo según la idea que tiene de sí mismo. Según lo que crees ser, así crees que es el mundo.»
>
> Nisargadatta[3]

El mecanismo de proyección

Cada individuo suele habitar en un universo único. Lo construye con el material de sus vivencias y percepciones, las cuales han sido filtradas por sus creencias, valores e intereses, por los condicionamientos que le han impuesto su cultura y su educación, y por la particular interpretación que ha hecho de su experiencia pasada. En la medida en que el yo superficial no es consciente de la subjetividad y arbitrariedad que caracterizan a estos filtros, pues está totalmente identificado con ellos, confunde su particular interpretación de las cosas con *la* realidad. No advierte que *sus creencias crean una realidad a su medida. Que solo ve lo que quiere ver y lo que no contraría dichas creencias*. En otras palabras, que su percepción opera siempre como un *mecanismo de proyección* mediante el cual superpone en el ámbito de los hechos su propio mundo mental.

Pongamos algunos ejemplos:

Aquel que se considera débil suele percibir la sociedad como una estructura que le aplasta; por el contrario, el que se cree fuerte ve el mundo como un campo para su acción. A la sabiduría popular no le ha pasado desapercibida esta dinámica; de aquí dichos como: «el que tiene un martillo en la cabeza solo ve clavos» o «cree el ladrón que todos son de su condición».

Si alguien cree –pues eso le ha imbuido su cultura– que las fuerzas de la naturaleza son divinidades auxiliadoras y protectoras, que las cosas que le rodean tienen alma y que todo está vivo, ese será su mundo; en ese mundo mágico habitará; esa será su realidad, la que le hará sentirse feliz, protegido, amenazado, maravillado o desamparado, aunque a otra persona todo ello le pueda parecer una solemne tontería. Quien piensa que lo que gobierna el cosmos son fuerzas ciegas, y que la vida está regida por la mecánica y el azar, vivirá necesariamente en esa fría realidad en la que cree; puesto que piensa que es de ese modo, así será necesariamente para él. Aquellos que profesan que hay un Dios protector que los ama y los protege morarán en un universo cálido y providente. Quienes han asumido la realidad del pecado, del castigo y de la retribución se hallarán, por haberlo creído así, en un mundo de dolor y culpa; se angustiarán, se amedrentarán y se sentirán redimidos ante situaciones internas y externas en las que otra persona nunca experimentaría nada similar...

> «No es fácil experimentar lo que no resulta familiar, lo que no tiene nombre. Decimos: "Si no lo hubiera visto con mis propios ojos, no lo habría creído". Pero la frase debería ser: "Si no lo hubiera creído de todo corazón, no lo habría visto".»
>
> EDMUND CARPENTER

En resumen, *el mundo es para cada persona lo que esta de hecho piensa o cree que es*. Precisamente porque nuestro mundo es en buena medida un correlato de lo que creemos acerca de él, dicho mundo parece confirmar nuestras creencias; ello, a su vez, nos lleva a pensar, equívocamente, que nuestro mundo es *el* mundo y que los que no comparten nuestro modo de pensar habitan en el más profundo error.

«Es el *diálogo interno* lo que ata a la gente al mundo cotidiano. El mundo es de tal y cual manera sólo porque nos contamos a nosotros mismos que es de tal y cual manera.»

CARLOS CASTANEDA[4]

Las personas que conviven con nosotros y las que nos cruzamos a diario por la calle están viviendo, literalmente, en universos diferentes. En el nivel material y en el de la designación o descripción lingüística, dichos mundos parecen el mismo; así, por ejemplo, todos decimos que hay una silla allí donde hay una silla. Pero el mundo humano no es un mundo de hechos brutos; es siempre un mundo mental, es decir, interpretado, lleno de significados, filtrado y teñido por nuestras creencias, valores, deseos, estados de ánimo, buenas o malas digestiones, etcétera.

«Pregunta: ¿Con toda seguridad hay un mundo de hechos comunes a todos?

»Nisargadatta: ¿El mundo de las cosas, de la energía y de la materia? Incluso si hubiera tal mundo común de cosas y fuerzas, no es el mundo en que vivimos. El nuestro es un mundo de sentimientos e ideas, de atracciones y repulsiones, de escalas, de motivos e incentivos; todo ello es un mundo mental.»[5]

Un repaso honesto a nuestra biografía nos basta para advertir en cuántos mundos –algunos de ellos abismalmente diferentes entre sí– hemos habitado. A cuántos "yoes" –algunos de ellos extremadamente diferentes– hemos denominado "yo".

Más allá del pensamiento condicionado: la *visión*

Ahora bien, ¿estamos forzados a morar exclusivamente en nuestro pequeño universo privado? ¿O, por el contrario, es posible tener una experiencia no condicionada del mundo, una experiencia directa, no teñida por nuestros filtros subjetivos, de la realidad?

En este punto, la sabiduría y la filosofía posmoderna se separan. Así, esta última nos contestaría que no, que esa es una pretensión insostenible. Y añadiría que es así... afortunadamente, pues esta imposibilidad invalida todo totalitarismo, fundamentalismo, dogmatismo o tiranía. Estos, de hecho, han tenido siempre como justificación una ideología o un sistema de pensamiento que pretendía ser el sistema de pensamiento: el mapa correcto de la realidad.

La sabiduría nos contestaría, en cambio, que sí, que es posible alcanzar una experiencia y una visión no condicionadas de la realidad.

Hemos visto que, para la sabiduría, si bien creemos conocer y habitar el "único" mundo, habitualmente, en la medida en que nos vivenciamos desde nuestro yo superficial, residimos en una jaula de subjetividad que nos exilia de la realidad. Ahora bien, la filosofía sapiencial afirma también que podemos abandonar esta prisión. Podemos hacerlo en la misma medida en que podemos descubrir y experimentar que nuestra identidad básica –como señalamos en el capítulo anterior– es más originaria que el yo superficial, e incluso que nuestra estructura psicofísica; más originaria, en definitiva, que el nivel en el que se desenvuelve el pensamiento condicionado.

Hay un conocimiento, afirma la sabiduría, superior al pensamiento. Hay una mirada que no es la del yo superficial, ni la que proporciona el pensamiento conceptual, teñido siempre por los contenidos de la memoria colectiva e individual. A esta forma originaria y más elevada de percepción –cuya naturaleza estudiaremos más adelante– la denominaremos la *visión*.

Esta visión interior no es algo particularmente oscuro o misterioso. Estamos en contacto con ella de continuo. Es aquello, por ejemplo, en virtud de lo cual podemos advertir que lo que ordinariamente entendemos por conocimiento está condicionado. Si podemos advertirlo es porque esta toma de conciencia acontece en una dimensión diferente a aquella en la que se desenvuelve el conocimiento ordinario; pues lo que advierte el condicionamiento ha de estar en sí mismo descondicionado. Esta toma de conciencia pertenece, en otras palabras, a una dimensión interior insobornable y libre.

La sabiduría nos enseña que "pensar es crear", que lo que pensamos íntimamente llega a ser realidad para nosotros pues nuestras creencias configuran el mundo en que vivimos. Pero nos enseña también que una cosa es pensar, y otra, ver.

La visión es el discernimiento directo, instantáneo, de los hechos, de lo que es. No pertenece a la esfera del pensamiento, de los conceptos y el análisis.

Pensar es interpretar y proyectar. Ver equivale a "dejar en suspenso" los pensamientos para poder mirar desde "más allá" de ellos.

Lo que cada hombre piensa –interpreta o cree– llega a ser "verdad" para él. Ver es reconocer que esto es así, dejando por un momento en paréntesis toda interpretación. Esto último no equivale a un estado de estupidez o mutismo, como podría parecer; es, por el contrario, el umbral mismo de la sabiduría.

> «La interpretación de los hechos nos impide *ver* [...]. Estamos siempre interpretando "lo que es", dándole significados diferentes de acuerdo con nuestros prejuicios, condicionamientos, temores, esperanzas y demás. ¡Si usted y yo pudiéramos ver el hecho sin ofrecer una opinión, sin interpretarlo, sin asignarle un significado...!»
>
> KRISHNAMURTI[6]

En resumen: la filosofía contemporánea ha advertido, como ha hecho siempre la sabiduría, que cada ser humano "construye" el mundo en el que habita; que su biografía, su ideología, su inconsciente, etcétera, están determinando la naturaleza de esa construcción. Pero hay una diferencia decisiva entre el pensamiento postmoderno y la sabiduría con relación a esta cuestión. Así, el primero ha llegado a la conclusión –partiendo del supuesto señalado– de que es imposible tener una experiencia de *la* realidad (cuestionan, incluso, que exista tal cosa) y ha sostenido un relativismo radical. La filosofía sapiencial, en cambio, aunque sostiene que habitualmente soñamos, afirma asimismo que es posible "despertar" a la realidad.

No hay que temer que esta última afirmación de la sabiduría conlleve una actitud dogmática que se crea "poseedora" de la verdad, del "mapa" teórico correcto de la realidad. De hecho, sucede exactamente a la inversa. Como veremos con detenimiento, la visión de la que hablamos, precisamente porque no se desenvuelve en el nivel del intelecto discursivo, no puede ser atrapada en sus redes, es decir, no puede dar pie a ningún sistema de pensamiento, doctrina, ideología o "-ismo". Se trata de una experiencia directa inapresable por la razón y no utilizable por los que interpretan el conocimiento como un instrumento de control y una búsqueda psicológica de seguridad (los teóricos, los fundamentalistas, etcétera). Esta visión superior exige, de hecho, que aquello que creemos conocer se mantenga en suspenso, que la razón admita su ignorancia, abandonando sus falsas seguridades y sus mapas. Este conocimiento superior, lejos de ser dogmático, es el mejor antídoto frente a toda forma de dogmatismo.

«Sólo cuando la mente está libre de la idea puede haber una experiencia directa. Las ideas no son la verdad; y la verdad es algo que debe ser experimentado directamente, de instante en instante. Sólo

> cuando [...] el pensamiento está absolutamente silencioso, hay un estado en que se experimenta de manera directa. En ese estado sabrá uno qué es la verdad.»
>
> KRISHNAMURTI[7]

Despertar o la decisión de ver

A diferencia de la filosofía ingenua, la filosofía perenne sostiene que el "sentido común" es poco fiable en lo relativo a las cuestiones más significativas y profundas, porque el ser humano suele estar dormido. La sabiduría nos enseña que, en principio, estamos dormidos a la realidad, habitando en nuestros mundos-sueños: mundos cerrados, estrictamente individuales, que, como los sueños, tienen la cualidad de ser particulares e incompartibles. Para habitar en el mundo único es, por lo tanto, preciso despertar.

> «Sólo con un gran despertar se puede comprender el gran sueño en que vivimos. Los estúpidos se creen muy despiertos.»
>
> CHUANG TZU[8]

Según la sabiduría, son dos los pasos que nos predisponen a este despertar:

- El primero consiste en *el reconocimiento de que ordinariamente no vemos*, de que es preciso aprender a ver.
- El segundo paso consiste en *tener la firme decisión de ver*. Porque habitualmente –aunque nos hayamos convencido de lo contrario– *no queremos ver*. (¿Cómo vamos a querer *ver* si ello supone cuestionar las creencias que cimientan nuestro yo superficial?)

La "mala fe"⁹

Denominaremos *mala fe* a este "no querer ver", a nuestra habitual, aunque rara vez reconocida, falta de interés en la *visión*; en otras palabras, a nuestra voluntad inconsciente de no permitir que nada cuestione nuestras creencias, de no cambiar, de "tener razón", que nos lleva a cerrar los ojos a la verdad.

Hemos aludido al mecanismo en virtud del cual nuestro pensamiento tiende a proyectar un mundo a su medida. *Esta cualidad proyectiva del pensamiento es una perfecta coartada para la "mala fe", un modo de hacer de nuestra mirada hacia el mundo un mecanismo sutil de autojustificación.* Este mecanismo es tan inconsciente y automático que, de hecho, sin un compromiso firme, consciente y sincero por superarlo, por lograr la *visión*, habitualmente se impondrá.

Pongamos algunos ejemplos de "mala fe" frecuentes en nuestra experiencia cotidiana. Pensemos en cómo, cuando alguien quiere justificar sus reacciones habituales de ira, tiende a convencerse de que es "el mundo" o "los demás" los que son agresivos, peligrosos, ineptos, etcétera; de este modo, puede interpretar sus ataques como una forma necesaria de autodefensa. Si es su tristeza lo que quiere justificar, se dirá a sí mismo que es la realidad la que es intrínsecamente triste y opresiva (se aferrará a esta creencia y preferirá "tener razón" a ser feliz). Si lo que no desea cuestionar es su afán controlador, se persuadirá de que el mundo está necesitado de su ayuda...

Es frecuente que, quien durante años ha defendido unas ideas políticas, no esté dispuesto a cuestionarlas, pues cree que hacerlo equivaldría a cuestionarse a sí mismo. Se convertirá, por lo tanto, en un defensor ciego de dichas ideas, aunque en su realidad concreta y presente poco quede en ellas de lo que fue su espíritu original; sencillamente, no querrá ver la evidencia de que esto es así. Si alguien se siente seguro en el seno de una religión particular, y está más interesado en dicha seguridad que en la verdad, justificará ante los demás y ante sí mismo las contradicciones o defectos más patentes de la institución religiosa a la que pertenece. Quien ha sido un "rebelde" y ha encontrado en esta actitud una sensación gratificante de identidad, de tal modo que ha llegado a definirse a sí mismo por su "rebeldía", probablemente lo siga siendo incluso cuando nuevas circunstancias hagan que su comportamiento esté totalmente fuera de contexto; buscará y asumirá una visión del mundo que convenga a su insumisión –es así como el agresivo asume una ideología o se inscribe en un movimiento que articula y legitima su agresividad...–.

Lo común a todos estos ejemplos de "mala fe" es que no nos sentimos activamente responsables de nuestro modo de ser, pensar y sentir, sino que, en virtud del *mecanismo de proyección*, situamos en el "mundo" externo la causa exclusiva de nuestras emociones y conductas con la finalidad inconsciente de no modificarlas ni cuestionarlas. Pocas veces estamos dispuestos a admitir que el mundo tal y como lo percibimos responde, en buena medida, a la sintonía que emitimos; que, a modo de bumerán, recogemos lo que hemos previamente proyectado en él.

Por qué no queremos "ver"

¿Qué es lo que sustenta nuestra habitual mala fe? ¿Qué es aquello que nos ata al mecanismo de proyección descrito y no nos permite admitir honestamente: «Sí, me siento triste, pero no por ello voy a justificarme rebajando mi visión del mundo». «Sí, me siento iracundo, pero es porque siento ira por lo que tiendo a percibir un mundo que me agrede. Es mi ira la que debo cuestionar y comprender, antes de estar en condiciones de hacer afirmaciones sobre la realidad»...?

Como hemos apuntado, lo que alimenta nuestra "mala fe" es el instinto de supervivencia del yo superficial. La estructura del ego, sustentada en la identificación con un sistema de creencias, tiende a su autoconservación, pues el hombre enajenado de su Identidad real ha cimentado en dichas ideas su *sentido de ser* y experimenta el derrumbe de estas, literalmente, como la quiebra de sí mismo. La tendencia de esa estructura a mantener su *status quo* es tenaz. Se trata de una inercia relacionada con el principio de autorregulación propio de todo sistema o estructura compleja. Pensemos en lo difícil que nos resulta cambiar. Aunque nos parezca increíble, no cambiamos, entre otras cosas, porque en el fondo sentimos que en cada cambio profundo peligra nuestra identidad. Incluso cuando decimos sufrir y afirmamos que deseamos superar ese dolor por encima de todo, en la práctica –como es muy palpable en el ejercicio de la psicoterapia– nos aferramos a él y tememos dejarlo marchar. Quien sufre no siempre quiere abandonar su sufrimiento, aunque no lo admita de modo consciente, porque su carácter de víctima ha definido durante mucho tiempo su identidad –su sentido básico de ser– y sin él se sentiría vacío y perdido.

La iniciación en la filosofía esencial

Todo lo dicho ha de tener profundas implicaciones en nuestra comprensión de la naturaleza de la filosofía. Podemos entender ahora, por ejemplo, por qué la filosofía perenne ha afirmado siempre que la iniciación en la filosofía esencial requiere un reconocimiento explícito de que habitualmente dormimos, así como tener la firme voluntad de ver. Pues si no hay un compromiso consciente con la *visión*, el filósofo aparentemente más comprometido con la verdad con toda probabilidad terminará apoyando el sistema de pensamiento que mejor cumpla la función de ser una forma de autojustificación vital; seguirá "poniendo" en el mundo, a través de sus interpretaciones personales, aquello que mejor refuerce y alimente su pseudoidentidad.

La filosofía esencial no es una actividad que solo requiera curiosidad para ahondar en los misterios de la vida y habilidad intelectual, pues filósofo esencial es aquel que ha decidido *ver*, y muchos de nosotros no estamos dispuestos a asumir las consecuencias de esta decisión.

La genuina filosofía exige tener la constante voluntad de abrir los ojos. Una voluntad que no es sinónimo, sin más, de curiosidad; que equivale a estar dispuestos a ser *radicalmente transformados* –pues la *visión* conlleva un radical cuestionamiento de nuestro yo superficial y del sistema de creencias en el que este encuentra su sustento.

Este planteamiento está implícito en la filosofía sapiencial cuando sostiene que no hay conocimiento de la realidad que no pase por el conocimiento de uno mismo. El conocimiento de sí mismo es, en último término –decíamos–, el conocimiento de la Base de todo lo que es. Pero es también, como iniciación previa indispensable, un conocimiento de nuestros modos particulares de ser, de la estructura de nuestro comportamiento y de nuestras creencias; pues solo este conocimiento nos permite ir más allá de dicha estructura para ser uno con esa Base que es nuestra realidad íntima, para alcanzar así una *visión* directa, limpia y veraz, no condicionada por nuestra particularidad.

No es extraño que buena parte de la historia de la filosofía, dada su característica confianza en la razón individual, en el pensamiento no iluminado por la visión, se haya desarrollado como un conjunto de sistemas de pensamiento dispares entre sí. Pues cada sistema de pensamiento es el propio de un pensador particular, es decir, la teoría *adecuada* a su personal condicionamiento.

«La filosofía crea siempre el mundo a su imagen, no puede actuar de otro modo; la filosofía es ese instinto tiránico mismo, la más espiritual voluntad de poder, de "crear el mundo", de ser causa primera.»

F. Nietzsche[10]

El *Testigo*

En las siguientes páginas intentaremos explicar en qué consiste lo que hemos denominado la "visión".

El individuo identificado con su yo superficial no está situado en su centro, en su Fondo real, sino en su mente, en el ámbito de sus ideas y creencias. Se enajena de lo que realmente *es* (del *Tao*), y se recluye en el mundo de sus pensamientos y representaciones, en lo que *cree ser*. Deja de ser uno con el corazón de las cosas. Comienza a soñar.

La sabiduría sostiene que, si bien la mayoría de nosotros habitualmente soñamos, es posible *ver*, despertar, y nos da indicaciones concretas para alcanzar esta *visión*.

Una de estas indicaciones es la ejercitación en lo que la tradición Vedanta de la India denomina la actitud del "testigo".

El Yo como Conciencia

Afirmamos en el capítulo anterior que el Yo universal es "Yo" en sentido propio, y que lo que habitualmente denominamos "yo", nuestro yo particular, solo lo es en un sentido derivado.

Una reflexión que nos propone la sabiduría Vedanta quizá nos ayude a comprender mejor lo que queríamos decir.

Una cosa es aquello que es *objeto* de conocimiento, aquello que puede ser conocido, y otra radicalmente distinta aquello que conoce, que es *sujeto* o conocedor. El conocedor no puede ser conocido como un objeto de conocimiento; si fuera conocido, ya no sería sujeto sino objeto.

> «[...] si el conocedor y la relación entre el conocedor y la cosa cono-
> cida fueran cognoscibles, habría que imaginar un nuevo conocedor.
> Y luego habría que imaginar otro conocedor del anterior y otro de
> este último, y así tendría lugar un ilimitado regreso al infinito [...].
> Lo conocido es simplemente lo conocido. Similarmente, el conoce-
> dor es simplemente el conocedor y nunca puede llegar a ser algo
> cognoscible.»
>
> SHAMKARA[11]

Lo que denominamos "yo" es aquello que en nosotros es sujeto; un sujeto que en ningún caso puede ser objeto, algo cognoscible. Ahora bien, podemos conocer nuestro cuerpo, podemos experimentar nuestros síntomas y sensaciones físicas; por lo tanto, nuestro cuerpo no es sujeto, sino objeto. Podemos tener conciencia, igualmente, de nuestras ideas y del proceso de nuestro pensamiento; en otras palabras, nuestros pensamientos no son sujeto, sino objeto. También percibimos nuestra vida anímica: nuestras emociones, convicciones, impulsos, deseos... Entonces, todo ello no es sujeto, sino objeto de nuestra percepción.

Nuestro cuerpo y los contenidos y procesos de nuestra vida psíquica no son sujeto, pues podemos saber de ellos, conocerlos o experimentarlos. En otras palabras, no son Yo.

El Yo –afirma la sabiduría Vedanta– es el sujeto o el experimentador puro, la luz del conocimiento que ilumina todo lo que es, pero que en Sí misma no es nunca cognoscible como un objeto. El Vedanta denomina a este sujeto, que es nuestro más íntimo Yo, el Testigo, y nos enseña que su naturaleza es luz o Conciencia pura.

El Testigo es aquello que conoce en nosotros, pero que nunca es cognoscible. Aquello que atestigua todo lo que es, pero que nunca puede ser "atestiguado".

Habitualmente confundimos nuestro cuerpo y nuestros pensamientos con nuestro "yo", pero en realidad no son Yo en sentido propio. El Yo es la Conciencia que *atestigua* o experimenta todo, también el cuerpo y los contenidos de la mente. En otras palabras, este Yo superior no es particular sino universal, porque no está constreñido a un organismo psicofísico –aunque este le sirva de vehículo–, porque la mente y el cuerpo son "objetos" o contenidos de la Conciencia, pero no su límite.

Si solemos pensar que "nuestra" conciencia es una realidad limitada, constreñida a un organismo, separada de las otras conciencias y de la totalidad de la vida, es porque habitualmente nos *identificamos* con nuestro cuerpo y con los contenidos de nuestra vida psíquica y olvidamos al experimentador puro. El Yo ve, conoce, pero no puede ser visto ni conocido. Por eso, por su carácter evasivo, lo confundimos con lo que sí podemos ver y conocer.

Desplazar el sentido de nuestra identidad desde el yo particular hacia el *Testigo* equivale a comprender que:

«Tengo[12] un cuerpo, pero no soy mi cuerpo. Puedo ver y sentir mi cuerpo, y lo que se puede ver y sentir no es el auténtico Ser que ve. Mi cuerpo puede estar cansado o excitado, enfermo o sano, sentirse ligero o pesado, pero eso no tiene nada que ver con mi Yo interior. Tengo un cuerpo, pero no soy mi cuerpo.

»Tengo deseos, pero no soy mis deseos. Puedo conocer mis deseos, y lo que se puede conocer no es el auténtico Conocedor. Los deseos van y vienen, flotan en mi conciencia, pero no afectan a mi Yo interior. Tengo deseos, pero no soy mis deseos.

»Tengo emociones, pero no soy mis emociones. Puedo percibir y sentir mis emociones, y lo que se puede percibir y sentir no es el auténtico Perceptor. Las emociones pasan a través de mí, pero no afectan a mi Yo interior. Tengo emociones, pero no soy mis emociones.

»Tengo pensamientos, pero no soy mis pensamientos. Puedo conocer e intuir mis pensamientos, y lo que puede ser conocido no es el auténtico Conocedor. Los pensamientos vienen a mí y luego me abandonan, pero no afectan a mi Yo interior. Tengo pensamientos, pero no soy mis pensamientos».

Ken Wilber[13]

Esta reflexión, que supone una inversión radical de nuestro modo habitual de vivenciarnos, y que por ello despierta en nosotros todo tipo de objeciones y de resistencias, es absolutamente familiar para las grandes tradiciones de sabiduría. Aunque los términos "Conciencia" y "Testigo" son específicos de la tradición Vedanta de la India, la intuición a la que estos términos apuntan es unánime en la filosofía perenne. El *Tao*ísmo nos habla del "Gran Ojo que inspecciona todo".[14] El Maestro Eckhart afirma que: «El Ojo de Dios y el mío son el mismo Ojo». El budismo lo denomina "Vacío", pues es aquello que nunca es un objeto particular, sino lo que los ilumina, sostiene y posibilita. Etcétera.[15]

En resumen: la sabiduría nos enseña que nuestro verdadero Yo no es nunca un objeto que pueda ser conocido, sino el conocedor puro, la pura Luz del conocimiento. (El *Tao*, decíamos en el capítulo primero de esta segunda parte, es Inteligencia, Mente viviente, Conciencia).

Aquello que ve no puede tener la naturaleza de lo visto. La visión puede percibir las formas porque en sí misma no tiene forma; puede percibir el color porque en sí misma no tiene color. De un modo análogo, la conciencia de la confusión –lo que ve la confusión– no puede estar confundida. La conciencia del cuerpo y la mente no puede ser corporal ni mental. La conciencia del condicionamiento no puede estar condicionada.

La Conciencia pura –nuestro Yo superior, el *Testigo*– es la única dimensión que en nosotros es realmente incondicionada y libre.

> «Pregunta: [...] soy ignorante.
>
> Ramana: [...] ¿quién dice "soy ignorante"? Debe ser el *testigo* de la ignorancia. Eso es lo que usted es.»
>
> RAMANA MAHARSHI[16]

Un ejemplo

Todo lo que estamos diciendo puede resultar extraño o abstracto. Por eso, antes de seguir ahondando en la naturaleza del *Testigo* pondremos un ejemplo que nos ayudará a comprender mejor estas ideas y, además, a ver cuál puede ser su aplicación en nuestra vida cotidiana. Hablaremos en primera persona para que el lector pueda seguir mejor, desde dentro, el proceso que vamos a describir.

Imaginemos lo siguiente:

En un momento dado tengo un sentimiento de ansiedad. Mi tendencia habitual es la de identificarme con aquello que experimento; ello me lleva a pensar y a sentir: "*soy* ansioso". Porque me *identifico* con mi sentimiento de ansiedad, *este me posee*, me arrastra. Intento huir de él, por ejemplo, llamando por teléfono, viendo la televisión, fumando..., es decir, realizando de forma compulsiva cualquier actividad que sea mi forma habitual de huir de los sentimientos que considero "negativos".

Quizá esta ansiedad proceda de mi lucha interior contra ciertos pensamientos y sensaciones que estoy teniendo últimamente, pero que creo que no debería tener; por ejemplo, de envidia. Mi formación moral y religiosa me lleva a calificar la envidia que experimento como "mala"; la considero poco acorde con la imagen que tengo de mí o que quiero llegar a tener de mí. De ahí mi conflicto y malestar. Me *identifico* con dichos pensamientos y sentimientos y me atribuyo a mí mismo la valoración que les atribuyo: "*soy* malo, envidioso".

A su vez, esa envidia se origina en mi tendencia a compararme con los demás, resultado de un sentimiento interior de insuficiencia. En la infancia me repitieron hasta la saciedad que era feo, aunque inteligente. Precisamente porque me he sentido siempre feo, mi yo-ideal me ha orientado, motivado por los complejos, hacia un camino de desarrollo interior (intelectual, espiritual...) en el que sí pudiera destacar. Como mecanismo defensivo, de autojustificación, me he intentado convencer de que el atractivo físico es irrelevante, de que todos los que cuidan su aspecto externo son frívolos y de que la verdadera belleza radica en el interior. Pero, de hecho, cuando veo a una persona particularmente atractiva, experimento un sentimiento muy poco "espiritual" de rabia, desprecio o envidia –que me sitúa ante la molesta evidencia de que resulta incierto que mi falta de atractivo me resulte irrelevante–.

Imaginemos ahora que esa misma persona procede del siguiente modo ante su sentimiento de ansiedad:

Siento ansiedad. Pero sé que yo no soy aquello que experimento. *No me defino por los contenidos de mi experiencia*, en este caso, por mi sensación de ansiedad. Tengo ansiedad, pero Yo *no soy* esa ansiedad.

Porque *no la vivo como algo que afecta a mi identidad*, me permito sentirla, *estar con* ella. No la reprimo, no la niego, no huyo de ella de forma reactiva o compulsiva. Permanezco con la sensación pura de ansiedad sin reprimirla y sin dejarme arrastrar por ella. Esto no me resulta difícil porque no me identifico con dicha sensación. La puedo observar.

Tampoco me identifico con ciertas ideas que determinan cómo debería ser yo y cómo deberían ser las cosas; con ideas del tipo: «una buena persona no debe sentir esto». Por eso, no juzgo lo que siento.

Los juicios serían otra forma de no permanecer con la sensación pura de ansiedad, de quererme separar de ella. Sé que yo no soy íntimamente nada de lo que puedo atestiguar o experimentar –pensamientos, emociones, sensaciones, etcétera–, sino el *Testigo* de todo ello, un foco de *atención pura* que experimenta todo sin rechazo, sin distorsión y sin identificación.

[Hasta aquí, este ejemplo nos ha servido para ver qué puede conllevar en la práctica saber que nuestra identidad real es el *Testigo*. Seguiremos con el ejemplo para ver cuáles pueden ser los frutos de esta *atestiguación*.]

En la medida en que permanezco en el estado de *atención pura* observo que la sensación de ansiedad pierde fuerza. Advierto que aminora y que cambia de cualidad. Comprendo que la ansiedad me posee solo cuando me identifico con ella; que me hace sufrir solo cuando me identifico con ciertas ideas relativas a cómo yo debería ser, y me digo a mí mismo: «¡qué mal estoy!, ¿por qué me pasa esto a mí?, ¿cuándo dejaré de sentirme así?...».

Paradójicamente, solo al permanecer con esa sensación, sin identificarme con ella, esta me abandona; más aún, da paso a sentimientos más profundos. Quizá, a un sentimiento de gran vulnerabilidad, de insuficiencia –que, habitualmente, mi ansiedad ocultaba y protegía–. Me siento más frágil pero más vivo. Una rigidez psicológica y mental que en mí solía ser habitual desaparece. Comprendo que la vulnerabilidad es un sentimiento más sincero y originario que la ansiedad.

Observo también que la envidia, curiosamente, se desvanece. Ya no experimento rivalidad, pues esta servía para tapar esa sensación de insuficiencia, y ahora estoy directamente en contacto con ella. Todo es más honesto y veraz.

Permanezco con esa sensación de fragilidad. La "dejo ser", como dejo ser la nube que veo pasar por mi ventana, sin "problematizarla". Al hacerlo, también este sentimiento cambia de cualidad y deja paso a otros sentimientos más profundos. Probablemente, como culminación de este proceso, experimente libertad interior, un gozo sereno y una sensación de seguridad incondicional que no es fruto de la sugestión –pues no la he encontrado huyendo de la insuficiencia, sino aceptándola, "atravesándola"–. Comprendo que habitualmente suplía la falta de esta sensación básica de seguridad convenciéndome de mi superioridad en ciertos ámbitos (espiritual, moral, etcétera).

Esta confianza esencial, esta libertad interior y este gozo sereno parecen ser un reflejo de mi verdadera naturaleza, pues es lo que permanece cuando me limito a estar *atento*, en un estado de *aceptación incondicional*; cuando me limito a *ser*, y no me empeño en ser, ni en que las cosas sean, de una manera particular.

Todo este proceso ha sido posible porque no he cifrado mi identidad en aquello que experimento: sensaciones, pensamientos, etcétera.

Advierto que esta *atención* o *atestiguación* en apariencia pasiva es radicalmente transformadora y liberadora, la fuente de profundos cambios. Descubro que no importa que se tengan pensamientos o sentimientos de contenido "negativo"; que no hay más negatividad que el rechazo de los propios pensamientos y sentimientos, tengan estos el contenido y la cualidad que tengan.

> «[Es preciso] tratar de enmendar los errores por medio de la atención, y no por medio de la voluntad». «[Se trata de] mirar [...] Con el tiempo quedamos modificados, y si, a través de las modificaciones, conservamos la mirada orientada siempre hacia lo mismo, al final lo engañoso se esfuma y acaba apareciendo lo real. La condición es que la *atención* ha de ser una mirada y no un apego.»
>
> SIMONE WEIL[17]

Naturaleza de la *atención*

El "yo" que podemos conocer, describir, experimentar, es "yo" en sentido impropio, no es el más íntimo Sí mismo. Este último permanece siempre como *Testigo* de todo estado y objeto; los atestigua sin que estos contaminen su naturaleza independiente e inafectada.

La sabiduría Vedanta nos enseña que podemos hallar en nosotros un foco de conciencia lúcida, libre e incondicional. Nuestra tendencia habitual es la de identificarnos con aquello que aparece en el campo de nuestra conciencia: pensamientos, emociones, impulsos, etcétera. Pero este foco de conciencia permanece en sí mismo siempre incontaminado y desapegado; ilumina nuestra experiencia y la posibilita –sin él no habría experiencia consciente–, pero queda siempre desvinculado y libre frente a cualquier experiencia particular.

Este foco de conciencia está más allá del pensamiento, pues puede observar el movimiento del pensamiento. *Ver* no es *pensar*. La *visión* es el fruto de la acción del *Testigo* –a la que hemos denominado *atención pura* o *atestiguación*–.

Lo específico de esta *atención pura*, y lo que la diferencia del mero pensar, es que en ella:

• *Se abandona toda identificación.* Los pensamientos, acciones, emociones, etcétera, se observan sin que el Yo, el *Testigo*, se confunda con lo observado.

Como ya tuvimos ocasión de señalar, es importante comprender que *ser uno con* lo que sucede –y el *Testigo* lo es– no equivale a *identificarnos* con ello. Ser uno con lo que sucede es estar y permanecer de forma *plenamente consciente* con "lo que hay", con cualquier experiencia, más allá de la identificación y el rechazo (este último es una identificación por reacción: una identificación con lo contrario de lo que se rechaza). La identificación y el rechazo conllevan, por el contrario, una constricción de nuestra conciencia. Al identificarnos con algo, o al rechazarlo, no somos uno con ello.

• *No hay preferencias ni valoraciones.* Los juicios valorativos suponen la referencia a un modelo mental que nos dice que algo es bueno o malo, adecuado o inadecuado. Nuestro pensamiento inevitablemente tiene preferencias. Intelectual y emocionalmente podemos preferir que las cosas sean de una u otra forma. Ciertas experiencias provocarán en nosotros, necesariamente, sentimientos de agrado o de disgusto. Pero la *atención* de la que hablamos no tiene predilecciones; es más originaria que nuestros pensamientos y emociones, pues observa también el movimiento de nuestro agrado o de nuestro disgusto. El pensamiento sigue siendo libre de tener sus preferencias. Es el *Testigo* el que no las tiene: no tiene necesidad de que nada sea de una manera particular.

• *Es imparcial.* El pensamiento conceptual es selectivo: si piensa "esto", no puede pensar también "aquello". A su vez, qué sea lo que convierta en objeto de su atención depende de su escala de valores, intereses y sistema de creencias.

El yo superficial selecciona lo que experimenta; evita ciertas experiencias y busca otras –a las que alimenta mediante la identificación–. No observa imparcialmente la totalidad de lo que sucede en el campo de su conciencia, sino que lo parcializa, lo restringe y lo distorsiona.

La *atención pura*, por el contrario, es una mirada que no es selectiva ni excluyente.

• *Es no intencional.* La *atención pura* no busca nada, no tiene metas extrínsecas, no es un medio para obtener un resultado; pues buscar algo supone valorar como insuficiente el momento presente y, por lo tanto, no aceptarlo. La *atención* del *Testigo* implica una actitud de total aceptación del presente, sin referencias al pasado ni expectativas de futuro.

- *Es máximamente activa*. La descripción que estamos haciendo de la *atestiguación* podría hacernos pensar que esta equivale a una actitud pasiva. Pero, lejos de ser así, la *atención* de la que hablamos es máximamente activa. La tendencia espontánea del yo es la de identificarse con los contenidos de sus experiencias; evitar esta identificación, esta inercia que es el origen del yo superficial, exige una disposición intensamente lúcida, despierta y atenta.

Sabernos el *Testigo* supone dejar de confundirnos con nuestras vivencias, de identificarnos positiva o negativamente (reactivamente) con aquello que acontece en nuestro campo de conciencia. Requiere prestar atención al Gran Olvidado: la Presencia lúcida que somos y que es la Base de toda nuestra experiencia. Exige dar un paso atrás, abandonar el plano en el que somos movidos, condicionados y arrastrados por lo que nos pasa o nos deja de pasar, por *eso* o por *lo otro*, y sabernos el centro inmóvil de la rueda de la vida, que posibilita el giro de esta, pero que no es arrastrado por su movimiento.

A través de esta atestiguación, el yo superficial se diluye, pues ya no lo nutrimos mediante la identificación. Se disuelve progresivamente su condicionamiento, y nuestro cuerpo, pensamientos, emociones... retornan a su condición original, espontánea y libre. Solo así dejamos fluir, de modo fresco y renovado, la Fuente de la Vida. Solo así somos un cauce sin obstrucciones de nuestra verdad profunda, del *Tao*.

Los frutos de la *atención*

> «Compare usted la conciencia y su contenido con una nube. Usted está dentro de la nube, mientras que yo la miro. Está usted perdido en ella, casi incapaz de ver la punta de sus dedos, mientras que yo veo la nube y otras muchas nubes y también el cielo azul, el sol, la luna y las estrellas. La realidad es una para nosotros dos, pero para usted es una prisión y para mí es un hogar.»
>
> NISARGADATTA[18]

Describiremos algunos frutos de esta *atestiguación*:

• La *impersonalidad*. Para nosotros, occidentales, la palabra "impersonalidad" suele tener evocaciones negativas. Puesto que hemos concedido un valor absoluto a nuestra personalidad, asociamos la palabra "impersonal" a la anulación de lo que más estimamos: nuestra persona, nuestra individualidad. Efectivamente, la palabra "impersonal" tiene una acepción negativa: denominamos así a aquello que diluye a la persona, que "despersonaliza". Pero esta palabra puede tener otra acepción, la que ha tenido para la sabiduría; en este segundo sentido, no es sinónimo de "infra-personal", sino todo lo contrario, de "trans-personal"; no alude a aquello que niega o diluye la persona, sino a lo que la supera –sin negarla– porque es más originario que ella. La sabiduría nos dice que lo impersonal es el sustrato y la realidad íntima de lo personal; que no lo excluye, sino que lo sostiene; que, por eso, para ser plenamente personales tenemos que ser plenamente impersonales.

Sabernos el *Testigo* equivale a descubrir nuestra impersonalidad esencial. Es dejar de sentirnos como Atlas sosteniendo el mundo (nuestro mundo particular) a sus espaldas, y saber que no es a nosotros como individuos, sino a la Vida, a la que le compete sostenerlo.

Es dejar de otorgar un valor absoluto a lo que llamamos *"mi* cuerpo, *mis* pensamientos, *mis* emociones, *mis* acciones, *mi* vida, *mi* persona..."; comprender lo ridícula y miope que es nuestra tendencia a hacer que el mundo orbite en torno a nuestro limitado argumento vital –el definido por nuestro yo superficial–. Equivale a cesar de dramatizar nuestras experiencias, de ver el mundo como el mero telón de fondo de dicho drama, y a las demás personas como los actores secundarios de este. Equivale a sentir que las alegrías y los dolores de los demás son tan nuestros como nuestros dolores y alegrías, que el cuerpo cósmico es tan nuestro como nuestro propio cuerpo; a desistir de ser los protagonistas de nuestra particular "novela" vital, para convertirnos en los espectadores, maravillados, apasionados y desapegados a la vez, del drama de la vida cósmica, del único drama, de la única Vida.

El *Testigo* nos sitúa directamente en el foco central de nuestra Identidad. Ahí somos presencia lúcida, atenta, consciente, que es una con todo lo que es. Esta Presencia lúcida que constituye nuestra Identidad central es la misma en todo ser humano. Es nuestra Identidad real, pues es permanente y autoidéntica, mientras que nuestro cuerpo-mente no hace más que cambiar. Esta Identidad central nada tiene que ver con la pseudoidentidad que depende de algo tan frágil y fraudulento como la memoria.

• El *amor incondicional.* Reconocer que la *aceptación incondicional* es nuestra verdadera naturaleza, es sabernos un abrazo dado a todo lo que es. La naturaleza del *Testigo* es el Amor. El yo superficial, intrínsecamente divisor y separativo, no puede amar, aunque así lo crea.

• La *libertad interior.* Si soy mi sufrimiento, este me poseerá y me abrumará. Si soy mi ansiedad, me sentiré totalmente perdido cuando me sienta ansioso. Al confundirme con mis sentimientos, positivos o negativos, me moveré con ellos y viviré en una montaña rusa emocional; me será imposible alcanzar la paz y la estabilidad. Por el contrario, si no me identifico con lo que experimento, ni tampoco lo resisto, advertiré que el sufrimiento no es la naturaleza interna de ninguna experiencia, sino el resultado de mi deseo de retenerla o de negarla. Descubriré que, en mi más íntima verdad, soy libre.

• La *transformación*. El *Testigo* no busca ni pretende nada, ni siquiera busca *directamente* el cambio y la mejora; por eso puede descansar totalmente en el presente. El yo superficial, por el contrario, experimenta constantemente el contraste entre "lo que cree ser" y "lo que cree que debería llegar a ser"; se considera básicamente incompleto, y por eso solo se siente ser a través de la tensión, la lucha y la búsqueda constante de logros y resultados futuros.

No hay nada que pueda parecer más contrario a nuestro sentido común y a nuestras creencias más arraigadas que la idea de que, en ocasiones, el empeño en ser mejores puede ser contraproducente. Pero la experiencia del *Testigo* nos proporciona una profunda revelación: cuando aceptamos "lo que hay", "lo que es", es decir, cuando otorgamos a todo una atención incondicional, también a lo que solemos calificar de negativo, experimentamos las más revolucionarias transformaciones. Cuando aceptamos el presente –querer cambiar algo *ya*, a toda costa, antes de asumirlo y comprenderlo, equivale a rechazar el estado presente–, lo aceptado se transforma de manera ascendente. Todos hemos experimentado, cuando nos hemos relajado ante una situación a la que anteriormente nos enfrentábamos con lucha o crispación, cómo en el nuevo clima de libertad interior vemos las cosas de otro modo y todo evoluciona, espontáneamente, de una manera constructiva.

La aceptación –entendida no como resignación, sino como la acción del *Testigo*– es la fuente por excelencia de la transformación, del crecimiento y el cambio profundos. Aunque resulte paradójico, cambiamos de forma más radical cuando no nos centramos obsesivamente en el cambio, ni determinamos de antemano cuál será su curso. El cambio buscado, planeado, es siempre un movimiento condicionado del yo superficial. La aceptación, por el contrario, nos libera de todo condicionamiento. El cambio planeado suele solucionar un problema creando otro, neutraliza una tensión generando otra tensión. La aceptación, empero, permite superar toda tensión y, por ello, hace que los presupuestos del problema que nos abrumaba sencillamente desaparezcan.

La aceptación origina un espacio de libertad en el que no hay resistencia a ninguna experiencia interior o exterior. Dejamos de medirnos y de medir la realidad con modelos que nos dicen cómo deberían ser las cosas. Dejamos que el *Tao* imponga su propio ritmo y su propia ley.

> «El hombre que desea mejorarse a sí mismo jamás puede comprender, porque el mejoramiento implica condenación de algo y logro de un resultado; mientras que en la comprensión hay observación sin condenación.»
>
> KRISHNAMURTI[19]

- La *comprensión*. La aceptación es la fuente de la transformación, y también de la comprensión. Como explicamos en el capítulo segundo de la primera parte, esta comprensión no ha de confundirse con la pseudocomprensión meramente intelectual. A diferencia de esta última, la comprensión de la que hablamos acontece cuando nos relajamos con relación a algo (y ni siquiera pretendemos entenderlo); es una consecuencia directa de la aceptación y de la transformación que esta conlleva.

Para aceptar no es preciso entender. El *Testigo* acepta lo que hay, la experiencia presente. Esta experiencia presente puede ser de ignorancia o de confusión. Ahora bien, paradójicamente, esta aceptación de todo –también de la propia ignorancia y confusión– propicia una actitud de lucidez desimplicada y objetiva, favorecedora de la comprensión. La aceptación nos hace más penetrantes; permite que aflore la *visión*.

Veracidad

Tras este recorrido en torno a la naturaleza del *Testigo*, quizá podamos retomar desde una nueva perspectiva las ideas que planteábamos en las primeras secciones de este capítulo. Recordemos: la sabiduría sostiene que habitualmente "soñamos", que nuestro pensamiento ordinario suele habitar en una realidad que ha creado a su medida, de tal modo que, más que como verdadero pensamiento, con frecuencia actúa como un mecanismo de autojustificación vital. Por ello, es preciso "despertar" a una nueva *visión*. Sin este despertar no puede haber auténtica filosofía.

Es posible –afirma la sabiduría– el logro de una *visión* no condicionada. Esta visión arraiga en aquella dimensión de nosotros que no está puesta al servicio de los intereses conscientes o inconscientes del yo superficial.

La filosofía entendida como una actividad estrictamente teórica o especulativa puede ser una filosofía subordinada a los intereses del yo superficial. Solo el traslado descrito del centro de nuestra identidad –desde el ego al *Testigo*– puede alumbrar una filosofía desinteresada y de alcance real.

Para filosofar, el mero pensamiento no es suficiente. Consideramos con frecuencia que la razón es algo aséptico, una suerte de mecanismo de asociación lógica por el que abstraemos, deducimos, inducimos, relacionamos, etcétera. Pero la razón así entendida es un instrumento que puede ponerse al servicio de cualquier cosa y que, de hecho, suele ponerse al servicio del yo superficial. Desde el ego, el raciocinio nunca es neutro. Todo, hasta lo más insensato y dañino (la historia nos da numerosísimas pruebas de ello), puede ser justificado por la razón.

> «Lo que nos incita a mirar a todos los filósofos con una mirada a medias desconfiada y a medias sarcástica, no es el hecho de darnos cuenta una y otra vez de que son muy inocentes –de que se equivocan y se extravían con mucha frecuencia y con gran facilidad, en suma, su infantilismo y su puerilidad–, sino el hecho de que no se comportan con suficiente honestidad: siendo así que todos ellos levantan un ruido grande y virtuoso tan pronto como se toca, aunque sólo sea de lejos, la cuestión de la veracidad. Todos ellos simulan haber descubierto y alcanzado sus opiniones propias mediante el auto-desarrollo de una dialéctica fría, pura, [...] siendo así que en el fondo es una tesis adoptada de antemano, una ocurrencia, una 'inspiración', casi siempre un deseo íntimo vuelto abstracto y pasado por la criba lo que ellos defienden con razones buscadas posteriormente. Todos ellos son abogados que no quieren llamarse así, y en la mayoría de los casos son incluso pícaros patrocinadores de sus prejuicios, a los que bautizan con el nombre de "verdades"; y están muy lejos de la valentía de la conciencia que a sí misma se confiesa esto.»
>
> F. Nietzsche[20]

El pensamiento puede justificarlo todo; percibe siempre aquello que quiere percibir. Por eso necesita arraigar más allá de sí mismo, sostenerse en la *visión*. Solo esta última puede ponernos en contacto con lo real pues es, de hecho, la mirada misma de lo real.

Vivir conscientemente

Tener la firme decisión de ver, estar radicalmente interesados en la visión, abandonar los mecanismos de autojustificación que protegen a nuestro yo superficial, equivale a ser *veraces*. Comprometernos con nuestro "despertar" es comprometernos con nuestra veracidad. *No hay verdad sin veracidad*. Este factor –la veracidad– es el que determina que el pensamiento, el puro intelecto, no sea suficiente.

> «Si vivimos verdaderamente, veremos la verdad.»
> R.W. Emerson[21]

Ser veraces, vivir verdaderamente, equivale a vivir conscientemente, atentamente; es abrir los ojos a la realidad y comprometernos con que esta sea nuestra prioridad por encima de todo; es respetar profundamente los hechos, "lo que es", "lo que hay", nos guste o no nos guste, tanto si agrada a nuestro ego como si no.

Este compromiso no es algo abstracto. Su campo de acción por excelencia ha de ser nuestra vida cotidiana.

Somos veraces, por ejemplo, cuando no evadimos la mirada ante lo que nos puede revelar que nos hemos equivocado. Cuando tenemos la valentía de contemplar directamente los hechos, aunque sean dolorosos. Si nos alegramos con lo que nos revela algún límite de nuestro pensamiento, de nuestro modo de ser o actuar, porque ello nos da la posibilidad de comprenderlo y superarlo. Si no buscamos en el exterior la causa exclusiva de nuestros estados internos, ni culpamos a los demás y a las circunstancias por nuestro malestar o frustración. Somos veraces al no correr una cortina de humo, de inconsciencia, ante los asuntos que tenemos pendientes, y al no utilizar el desorden y la dispersión como un medio para evadir nuestra atención de lo fundamental. Cuando no evitamos la confrontación y el reto. Si profundizamos en una cuestión aunque sospechemos que ello nos llevará a cuestionar lo que hemos pensado y defendido con anterioridad, o si escuchamos al que más inteligentemente cuestiona nuestras ideas o nuestro comportamiento, porque es el que más nos puede enseñar...

Ser veraz, vivir conscientemente, es poder decir:

> «–"Me desagrada." –"¿Por qué?" –"No estoy a su altura"... ¿Ha respondido así alguna vez un hombre?»
>
> F. NIETZSCHE[22]

Vivir inconscientemente es, por ejemplo, eludir los problemas que tienen las personas que queremos y en las que nos apoyamos, porque ello nos podría desestabilizar. Evitar ver las limitaciones de un compañero o de una relación íntima para que pueda ser realidad la historia de amor que nuestro yo-ideal quiere vivir. Desear que una situación sea de una determinada manera, y eludir por ello verla tal y como es. Decir que las uvas están verdes porque no podemos alcanzarlas. Ser evasivos frente a una situación que nos incomoda o nos duele, aunque la vida nos esté exigiendo afrontarla para poder pasar ya una determinada página de nuestra experiencia. Tapar nuestra ignorancia con imprecisión y vaguedad. Decir que alguien no respeta nuestras convicciones porque cuestiona algo que no estamos dispuestos a cuestionar; no reconocer que si nos apegamos tan visceralmente a unas ideas, a unas creencias, y nos molesta tanto que las cuestionen, es porque las utilizamos como un instrumento para exorcizar nuestra inseguridad...

Vivir conscientemente es vivir *atentamente*, estar siempre "despiertos", totalmente presentes.

«Los necios [...], hallándose presentes, están ausentes.»

HERÁCLITO, fragmento 34

La dictadura de la "inteligencia"

Este vivir conscientemente no tiene, en principio, nada que ver con el grado de desarrollo de nuestra inteligencia –entendida en una acepción específica: como habilidad intelectual–. Tiene una relación directa, eso sí, con nuestro grado de veracidad, y, a la larga, con nuestro grado de comprensión real, de sabiduría. No podemos elegir tener un intelecto deslumbrante; esto no depende de nosotros. Sí podemos elegir acceder a una creciente *visión*, favorecer, o no, la ampliación de nuestra conciencia.

Nuestro grado de comprensión depende de nuestra colaboración, porque "querer ver" es una decisión, un compromiso absolutamente libre con nuestra propia veracidad.

No todo hombre puede despuntar por su inteligencia. Todo hombre puede ser sabio.

«A todos los hombres les está concedido conocerse a sí mismos y ser sabios.»

HERÁCLITO, fragmento 116

«Un idiota de aldea, en el sentido literal de la palabra, que ama realmente la verdad, aun cuando no emitiera nunca otra cosa que balbuceos, es para el pensamiento infinitamente superior a Aristóteles. Está infinitamente más cercano a Platón de lo que nunca estuvo Aristóteles. Tiene genio [sabiduría impersonal], mientras que a Aristóteles sólo le cabe la palabra talento.»

SIMONE WEIL[23]

Aquí radica lo engañoso del pensamiento. Aquí se equivoca la filosofía desligada; pues cree que su tarea es cuestión de razonar mejor o peor. Pero penetrar en la realidad no es una mera cuestión de habilidad, de aplicar mejor o peor una técnica. Es una *decisión*; un estar dispuestos a morir a nuestro yo superficial. Sin esta muerte, sin veracidad, sin impersonalidad, la inteligencia solo puede, en el mejor de los casos, ampliar un poco las fronteras de nuestra ignorancia, hacer algo más cómoda nuestra prisión.

> «Si un espíritu cautivo ignora su propia cautividad, vive en el error. Si la reconoce, aunque no fuera más que un décimo de segundo, y se afana en olvidarlo para no sufrir, permanece en la mentira. Hombres de inteligencia extremadamente brillante pueden nacer, vivir y morir en el error y en la mentira. En aquellos, la inteligencia no es un bien, ni siquiera una ventaja. La diferencia entre hombres más o menos inteligentes es como la diferencia entre criminales condenados de por vida a permanecer en una prisión celular, en la que las celdas fueran más o menos grandes. Un hombre inteligente y orgulloso de su inteligencia se asemeja a un condenado que estuviera orgulloso de tener una gran celda.
>
> »[...] más allá de aquello que los hombres llaman inteligencia, es ahí donde comienza la sabiduría.»
>
> SIMONE WEIL[24]

En conclusión: *la genuina filosofía debe ser, ante todo, un compromiso en aras del propio despertar. No hay compromiso con la verdad si no hay un compromiso radical –que no admite componendas, que exige que esto se quiera por encima de todo– con la propia veracidad. La filosofía esencial consiste en el compromiso con lo primero a través de lo segundo.* Olvidar esto –repetimos– es hacer de la filosofía una suerte técnica. La habilidad técnica radica en saber realizar correctamente una serie de cálculos. La filosofía consistiría en realizar con exactitud ciertas operaciones mentales a partir de los datos que nos proporciona el "sentido común" (el demasiado común). Pero los datos del "sentido demasiado común" (tan lastrado por condicionamientos colectivos e individuales) pocas veces coinciden con aquellos que nos proporciona la *visión*.

Las reflexiones que hemos hecho en este capítulo nos pueden ayudar a comprender cuál es el significado profundo del término "honestidad". Honesto no es aquel que es "sincero" en un sentido emotivo. Hemos visto que lo que alguien cree llega a ser realidad para él. Los testimonios más sinceros –desde un punto emotivo– no son necesariamente veraces. Si alguien nos expresa de manera apasionada que tiene asesoramiento directo por parte de seres de la constelación de Orión, quizá no nos mienta, pero es probable que se mienta a sí mismo. Seguramente lo que dice sea verdad para él, sea verdad en "su mundo". Por eso esa persona se sentirá muy dolida si cuestionamos sus aseveraciones. Puesto que lo cree, así es para él, y él está absolutamente convencido de que es sincero. La honestidad y la veracidad pasan por advertir que nuestras creencias y deseos filtran nuestra visión, que *no basta la convicción subjetiva o emotiva*, que es preciso atreverse a ver dejando en suspenso nuestras creencias, convicciones emotivas y deseos.[25]

Esta honestidad requiere no tener ataduras. El filósofo –decíamos– ha de ser libre. No puede deberse a nada ni a nadie. No puede ser el portavoz contratado de un partido, de una iglesia, de una organización ideológica ni de un grupo de ninguna índole.

«Si sé cuál es tu secta, conozco de antemano tu argumento [...]. La mayoría de los hombres se vendan los ojos con un pañuelo de una clase u otra y se esclavizan a una de las opiniones comunes. Esta conformidad los hace ser, no ya falsos en ciertos casos determinados, no ya autores de algunas mentiras, sino falsos en todo. Ninguna de sus verdades es completamente verdadera. Su dos no es un verdadero dos; su cuatro no es un verdadero cuatro; de modo que cada palabra que profiere nos enfada y no sabemos por dónde hemos de empezar a rectificar sus afirmaciones. Por otra parte, la naturaleza no tarda en vestirnos con el uniforme carcelario del partido al que nos afiliamos. Llegamos a tener cierta fisonomía y cierta figura, y a adquirir gradualmente la más hermosa expresión asnal.»

R.W. Emerson[26]

El filósofo no ha de obligarse con nada ni con nadie. Y, fundamentalmente, no ha de deberse a sí mismo: a los intereses de su yo superficial. El mero pensador no ha abandonado aún esta servidumbre. Por eso, no necesitamos pensadores, sino sabios.

«En lugar de alentar el florecimiento de los talentos [de la inteligencia y la brillantez personal] [...], hay que querer y cuidar con un tierno respeto el crecimiento del genio [de la sabiduría impersonal]; porque sólo los héroes realmente puros, los santos y los genios pueden ser un socorro para los desgraciados. Entre los dos, las gentes de talento, de inteligencia, de energía, de carácter, de fuerte personalidad, obstaculizan e impiden el socorro.»

«El lenguaje, incluso en el hombre que en apariencia calla, es siempre el que formula las opiniones. La facultad natural que se denomina inteligencia es relativa a las opiniones y al lenguaje. El lenguaje enuncia relaciones. Pero enuncia pocas, porque se desenvuelve en el tiempo [...].

» Todo espíritu encerrado por el lenguaje es capaz solamente de opiniones. Todo espíritu que ha llegado a ser capaz de asir pensamientos inexpresables a causa de la multitud de relaciones que se combinan allí –aunque más rigurosos y más luminosos que aquello que se expresa en el lenguaje más preciso– permanece ya en la verdad. La certidumbre y la fe sin sombra le pertenecen. Importa poco si tuvo, en el origen, escasa o mucha inteligencia, si estuvo en una celda estrecha o grande. Lo único que importa es que habiendo llegado a la cima de su propia inteligencia, cualquiera que ésta fuera, haya ido más allá.»

SIMONE WEIL[27]

El sabio –continúa S. Weil– posee la llave, el secreto que hace caer todos los muros.

7. Recobrar la inocencia

«El niño es inocencia y olvido, una renovación, un juego,
una rueda que gira sobre sí misma, un primer movimiento,
una santa afirmación.
Para el juego divino de la creación, hermanos míos,
se necesita un santo decir "sí".»

F. Nietzsche

El filósofo danés Søren Kierkegaard, a pesar de los numerosísimos estudios realizados sobre él –o tal vez a causa de ellos–, es un gran desconocido. Es sabido que escribió buena parte de su obra bajo diversos seudónimos, y que el resto de su producción –lo que denominó su "obra religiosa", concebida en abierta polémica con la cristiandad oficial– la firmó con nombre propio. Como sostiene el mismo Kierkegaard, rubrica con su nombre aquellas obras que reflejan su verdadero pensamiento. En otras palabras, sus libros escritos bajo seudónimo (lo que él denominó su "obra estética")[1] no expresan su auténtica voz. Ahora bien, ¿cuál es la finalidad de estos últimos dentro de su producción filosófica?

Kierkegaard suponía que solo podía ayudar al lector de sus obras en la medida en que adoptara previamente la posición de este, en que se situara en su nivel y compartiera su punto de partida. Afirmaba que: «no es posible destruir una ilusión directamente; [que] solo por medios indirectos se la puede arrancar de raíz»; que «un ataque directo solo contribuye a fortalecer a una persona en su ilusión».[2] Esta es la finalidad de sus obras seudónimas: hablar al lector con un lenguaje y desde unos presupuestos que le resultaran familiares, compartir su visión del mundo y sus prejuicios, recrear brillantemente posiciones y puntos de vista, que no son los de Kierkegaard, pero en los que la mayoría de sus lectores se podrían reconocer. El filósofo esperaba, de este modo, que en un primer momento el lector se sintiera reflejado en su producción seudónima y que, en un segundo momento, advirtiera que esta expone puntos de vista contradictorios sobre la vida. Sería entonces cuando el lector descubriría *por sí mismo* la parcialidad o las contradicciones internas de sus propios enfoques y supuestos y, al hacerlo, se prepararía para dar un salto hacia un nuevo nivel de conciencia, el que propone en sus obras no seudónimas.

Pero la mayoría de los filósofos, pasando por alto la interpretación que el pensador danés hace de su propia obra, y fascinados con la "brillantez" de sus escritos seudónimos, han preferido pensar que estos últimos reflejan su genuino pensamiento, olvidando así al auténtico Kierkegaard. No han podido apreciar la hondura de su obra no seudónima dada la característica ceguera de la filosofía ante el "brillo invisible" de la sabiduría perenne. Lo curioso de esta situación es que el verdadero Kierkegaard es prácticamente opuesto al que describen los manuales de filosofía. Estos últimos nos muestran a un filósofo desgarrado y contradictorio, nos hablan de angustia y desesperación. Sus obras religiosas evidencian, por el contrario, la madurez espiritual de un pensador que contagia una paz de resonancias casi "taoístas", y cuyas palabras son un canto a la serenidad, a la confianza y a la alegría.

La voz del auténtico Søren Kierkegaard –la que muy pocos conocen– es la voz de la filosofía imperecedera. En su obra religiosa, la sabiduría perenne ha hallado, dentro de la voluble corriente de la historia de la filosofía, un remanso, un privilegiado portavoz.

El gozo de ser

Nos cuenta el filósofo danés, en su obra *Los lirios del campo y las aves del cielo*, que recoge trece de sus discursos religiosos, la siguiente historia:

«Había una vez un lirio en un lugar apartado, junto a un arroyuelo, y era bien conocido de algunas ortigas y un par de otras florecillas de la vecindad. El lirio estaba, según la descripción veraz del Evangelio, vestido más hermosamente que Salomón en toda su gloria; por lo mismo, despreocupado y alegre todo lo que duraba el día. El tiempo pasaba felizmente –sin el lirio darse cuenta–, como el agua del arroyuelo, canturreando y corriendo. Pero aconteció que un buen día vino un pajarillo a visitar al lirio, volvió a venir al día siguiente, estuvo ausente unos cuantos días, hasta que al fin otra vez volvió. Esto le pareció al lirio extraño e incomprensible; incomprensible que fuese tan caprichoso. Pero lo que suele acontecer con frecuencia también le aconteció al lirio, que cabalmente por eso se iba enamorando más y más del pájaro, porque era caprichoso.

»Este pajarillo era un mal pájaro; en vez de ponerse en el lugar del lirio, en vez de alegrarse por su belleza y regocijarse juntamente con él de su jovialidad inocente, lo que quería era darse importancia, explotando su libertad y haciendo sentir al lirio lo atado que estaba al suelo. Y no solamente esto; el pajarillo era además un charlatán y narraba al tuntún cosas y más cosas, verdaderas y falsas: cómo en otras tierras había, en cantidad enorme, otros lirios completamente maravillosos, junto a los cuales se gozaba de una paz y una alegría, de un aroma, de un colorido, de un canto de pájaros, que sobrepasaban toda descripción. Esto es lo que contaba el pájaro, y daba fin gustosamente a cada una de sus narraciones con la siguiente acotación que humillaba al lirio: que él, comparado con tanta gloria, aparecía como una nada, desde luego, que era tan insignificante que se podría plantear el problema de que con qué derecho se llamaba propiamente lirio.

»Con estas cosas el lirio llegó a preocuparse, y, cuanto más escuchaba al pájaro, mayores eran sus preocupaciones; no volvió a dormir tranquilo por la noche, ni a despertarse alegre por la mañana; se sentía encarcelado y atado al suelo, el murmullo del agua se le antojó aburrido y los días largos. Empezó definitivamente a ocuparse de sí mismo y de las circunstancias de su vida durante todo el largo día. Se decía a sí mismo: "Desde luego, de vez en cuando, para cambiar, puede ser estupendo oír el murmullo del riachuelo, pero es muy aburrido esto de tener que oír eternamente un día tras otro lo mismo". "Puede resultar agradable habitar de vez en cuando en un lugar apartado y solitario, pero tener que estar así toda la vida, estar olvidado, sin compañía o en compañía de las ardientes ortigas... es algo inaguantable". "Y aparecer tan poca cosa como me pasa a mí, ser tan insignificante como el pajarillo dice que soy... ¡Ah!, ¿por qué no empecé a existir en otra tierra, en otras circunstancias?; ¿por qué no fui una corona real?" [...] "Pues –dijo– mi deseo indudablemente no es un deseo irrazonable, yo no aspiro a lo imposible, a convertirme en otra cosa distinta de lo que soy, por ejemplo en un pájaro; mi deseo es simplemente el de llegar a ser un lirio maravilloso, a lo sumo el más maravilloso de todos".

»Mientras tanto, el pajarillo iba y venía, pero con cada visita y cada despedida suyas iba creciendo la inquietud del lirio. Por fin se confió completamente al pájaro. Un atardecer decidieron que a la mañana siguiente cambiaría aquello y se daría fin a la preocupación. A la mañana temprano vino el pajarillo; con su pico echaba a un lado la tierra agarrada a la raíz del lirio para que éste pudiera quedar libre. Terminada felizmente la tarea, el pájaro cogió al lirio y partió. Lo apalabrado era, concretamente, que el pájaro volaría con el lirio allá donde florecieran los lirios maravillosos; después el pájaro lo ayudaría a quedar plantado allí, y, gracias al cambio de lugar y al nuevo contorno, podría acontecerle muy bien al lirio que llegase a ser un lirio maravilloso en compañía de los demás, o quizá, en definitiva, una corona real, envidiada de todos los demás.

»¡Ay!, el lirio se marchitó por el camino. Si el preocupado lirio se hubiera contentado con ser lirio, no hubiese llegado a preocuparse; si no se hubiera preocupado, entonces podría haberse quedado donde estaba; donde estaba en toda su belleza; si hubiera permanecido en su lugar, entonces hubiese sido precisamente el lirio acerca del cual [...] [dice] el Evangelio: "Mirad al lirio, yo os digo que ni Salomón en toda su gloria se vistió como él"».[3]

El yo superficial –como el lirio de nuestra historia, una vez que ha sucumbido a las sugestiones del mal pájaro– vive de comparaciones. Se compara porque *mira hacia fuera para saber quién es, cómo debe ser y cuál es su valor.*

El niño en sus primeros años, como el lirio en su estado natural, no se mide con nada ni con nadie. Se limita a ser lo que es. Y "ser" es siempre gozoso. No sabe claramente quién es; no tiene imágenes definidas de sí mismo ni de los demás, ni necesita tenerlas. Está satisfecho con su condición, sea esta cual sea. El pequeño que tiene un determinado defecto físico, por ejemplo, es generalmente feliz y ríe con los demás niños. Solo cuando ha asumido del exterior una serie de creencias sobre cómo "deben ser" las cosas y se mide con ellas, concluye que no es "normal" y se entristece. Solo al compararse con los otros niños deduce que no tiene motivos para ser feliz. Solo cuando ve que su felicidad espontánea no es compartida por sus padres, y que ellos lo miran con amargura, infiere que no es el que debería ser y lamenta su suerte. Antes era feliz, porque le bastaba *ser*. Ahora no es feliz, porque cree que no se trata tanto de *ser*, como de *ser de un modo particular*... ¡Y él no es de ese modo particular!

El niño, poco a poco, es incitado a vivir "mirando hacia fuera", es decir, hacia algo diverso de Sí mismo: hacia unas ideas o modelos de ser y actuar, hacia el modo de ser de los demás. O, más bien, comienza a mirarse "desde" todos esos modos y modelos. El inconveniente no radica en que cuente con esas referencias, que necesita para funcionar en el mundo, sino en que piense que ellas le dan la medida de su identidad esencial, de su valor intrínseco. Cuando así lo cree, su mente –la comparación– le arranca del *Tao*, de la tierra fértil en la que era espontáneamente gozoso y bello. Comienza a vivir en su autoimagen, en un mundo hecho de evaluaciones y de juicios: «yo debo ser de este modo y no de este otro», «soy esto y no soy aquello», «soy más que...», «soy menos que...». El niño es, así, expulsado del paraíso.

El yo superficial "mira hacia fuera", es "excéntrico" (se aleja o enajena de su centro), de dos maneras fundamentales:

• La primera es la que acabamos de describir: es "excéntrico" porque no se limita a *ser*, sino que se preocupa exclusivamente por sus *modos de ser* –por ser *esto* o *aquello*, *así* o *asá*–; porque mira a los demás y se compara con ellos, y cree que al mirarlos, al estar al tanto de lo que los demás son y de cómo son, puede saber quién es él y conocer su valor. Pero yendo en esa dirección, siendo en función de los demás, preocupándose por ser "alguien" en y ante el mundo, ya no es desde sí mismo. Se sumerge, así, en una creciente pobreza interior y en la preocupación mezquina. Se marchita como el lirio al que no le bastaba ser quien era, con las raíces en el aire, arrancadas por la comparación, cuando antes, sin preocuparse por ello, era espléndido en su belleza, y ni Salomón en su momento de mayor gloria se adornó como a él la Vida espontáneamente lo adornaba.

Ahora

• El segundo tipo de "excentricidad" es el que conduce al yo superficial a no vivir en el ahora, sino mirando siempre hacia atrás, hacia el pasado, y hacia delante, hacia el mañana.

La trampa del mañana

Kierkegaard nos relata que...

«Había una vez una paloma salvaje; tenía su nido en el bosque cerrado, allí donde el asombro habita junto con el escalofrío entre los esbeltos troncos solitarios. Pero no muy lejos, donde el humo asciende desde la casa del labrador, habitaban algunas de sus parientes lejanas: algunas palomas domésticas. Con una pareja de éstas se solía encontrar muy a menudo [...]. Un día hablaron de la situación de los tiempos y del sustento. La paloma salvaje decía: "Hasta la fecha he tenido bien resuelto el problema de mi sustento: dejo a cada día su afán y de esta manera voy cruzando el mundo". Las palomas domésticas no habían perdido ripio, a la par que sentían una placentera conmoción a través de sus cuerpos que se llama "ponerse hueco", respondiendo una de ellas seguidamente: "A nosotras nos sucede algo muy distinto; entre nosotras, es decir, junto al labriego rico con quien vivimos, se tiene el porvenir asegurado. Cuando llega el tiempo de la recolección, entonces nos sentamos mi compañera o yo, por veces, en la cumbre del tejado y llevamos la cuenta. El labriego carretea un saco detrás otro de grano hasta el pajar, y cuando ya ha carreteado tantos que me hago un lío con la cuenta, entonces sé, lo sé por experiencia, que hay bastantes provisiones para largo tiempo". La que había hablado así se volvió, no sin cierta complacencia, hacia su compañera, que estaba allí cerca sentada, como diciéndole: "¡Verdad, cariño, que lo nuestro está asegurado!".

»Cuando la paloma salvaje volvió a su nido, pensaba más de cerca todo este asunto; enseguida se le ocurrió pensar que tenía que ser estupendo eso de saber asegurado su sustento para largo tiempo, y que por contraste era lamentable lo de tener que vivir constantemente en la incertidumbre, sin atreverse jamás a afirmar que se *sabe* que se está provisto. Por eso –se decía– lo mejor será que vayas pensando en arreglártelas para lograr reunir un mayor acopio de provisiones, que no sería imposible ocultar en uno que otro lugar muy seguro.

»[...] De ahora en adelante la paloma salvaje empezó a estar preocupada. Su plumaje perdía colorido y su vuelo ligereza; sus días transcurrieron infructuosos en el empeño de amontonar bienestar, y sus sueños eran desapoderados planes de la imaginación; ya no volvió a estar contenta; más bien se había convertido en una envidiosa de las palomas ricas; todos los días conseguía su sustento, incluso se saciaba alguna vez, pero era como si no se saciase, puesto que la preocupación por el sustento seguía teniendo "hambre" por largo tiempo. Había caído en el cepo en que ningún cazador la podía haber aprisionado, ya que solamente el libre se puede aprisionar a sí mismo en la imaginación».[4]

Desde el momento en que el yo superficial se preocupa por ser "alguien", toda su actuación se orienta hacia el futuro: ya no le basta ser

–se *es* siempre en el presente–, sino que *ha de llegar a ser* ese "alguien", y *ha de sostener esa identidad en el tiempo.*

El niño vive en el ahora. Pero, poco a poco, aprende de sus padres que ha de preocuparse por su porvenir, que la vida es dura e insegura, que no es precisamente un juego. Hasta entonces el niño solo quería jugar –*ser*, sin más, es jugar–. Jugaba porque se sentía completo. No buscada llegar a ser "alguien" a través de sus juegos, sino celebrar y expresar su propio ser. Al jugar, crecía, maduraba, se ejercitaba, "llegaba a ser"; pero nada de esto era para él una meta consciente.

El niño, espontáneamente, se adentraría en el mundo de los adultos... jugando. Estudiar, trabajar, conseguir el sustento... todo ello podría seguir siendo un juego; por qué no. Ahora bien, solo sucedería así en la medida en que él se siguiera sintiendo completo. Pero sus padres le dicen que, aunque para ellos él es completo tal y como es, ante el mundo aún no es "nadie" y ha de llegar a ser "alguien". Le dicen que "ser 'alguien' o no serlo" es precisamente lo que está en juego en sus estudios, en su trabajo, en su vida de adulto... El muchacho escucha, ya en el umbral de la adolescencia, y poco a poco se torna inseguro. Desde que acepta lo que le dicen sus padres, ¿cómo va a poder seguir jugando de forma habitual? Pensará, como los mayores, que eso no sería serio. Sentirá que es responsable y sensato solo cuando se preocupa; pues ¡vaya si tiene motivos de preocupación: aún no es "nadie"! En el mañana está en vilo nada menos que su identidad.

Antes, siendo niño, se sentía rico. Ahora –ya no tan niño– se siente pobre. Antes era completo tal y como era. Ahora le dicen, y él lo asume, que aún no es nada ni nadie ante los demás.

También la paloma salvaje era rica y vivía feliz, libre de la preocupación del sustento. Su sustento la "ocupaba": día tras día buscaba su alimento. Ahora bien, su labor no era objeto de preocupación, pues instintivamente confiaba en el providente cuidado de la naturaleza. Unos días encontraba mucho alimento, otros, poco; mas siempre hallaba algo que comer. Pero un día, unas palomas domésticas que querían "lo mejor" para la paloma salvaje le dijeron que era pobre porque no tenía nada. Le hicieron ver que vivía en la más absoluta inseguridad porque no acumulaba. La paloma salvaje, desde ese momento, comenzó a mirarse de otro modo, con los ojos de los demás; comparó su modo de vida con el de quienes así le hablaban y, por primera vez, se sintió pobre. Le poseyó la preocupación por el sustento y el porvenir. Conoció una angustia que no conocía. Su ánimo se agrió. Su rostro envejeció. Perdió la gracia y la ligereza de quienes confían y viven al día. Ingenuamente comenzó a pensar que cuando tuviera más, cuando no fuera tan indigente, le abandonaría la preocupación que se estaba apoderando de ella. Olvidó que antes no era pobre precisamente porque no le preocupaba la pobreza ni el mañana.

Para la paloma había sido un juego, día tras día, buscar el alimento. Lo había sido porque su actividad tenía lugar siempre en el "ahora". Desde su encuentro con las palomas domésticas dejó de serlo, porque le inquietaba demasiado el peso imaginario del temor al porvenir.

* * *

Efectivamente, el trabajo puede ser un juego. Es juego cuando su tiempo es el presente, cuando es, ante todo, un cauce de lo que somos, la expresión de nuestra Identidad, y no exclusivamente un medio para llegar a ser lo que no somos aún, o para llegar a poseer lo que no poseemos aún, es decir, una forma de alcanzar y afianzar nuestra pseudoidentidad.

El trabajo entendido como la consagración a una actividad que está en armonía con nuestras aptitudes, con nuestros impulsos más genuinos y nuestra vocación, en la que ponemos en juego lo que tenemos de único e irrepetible, en la que crecemos y somos creativos, es una fuente profunda de gozo y plenitud. Un trabajo así es tan satisfactorio en sí mismo que la preocupación por los resultados y por su reconocimiento pasa a ser necesariamente secundaria. *La comparación, la competitividad, no tienen razón de ser, porque estamos dándonos a nosotros mismos, y nadie puede hacer esto en nuestro lugar.*

Cuando el trabajo no es prioritariamente la expresión y el descubrimiento de lo que somos, sino solo una forma "excéntrica" de "llegar a ser", dejamos de jugar. Pues el tiempo del juego es el *ahora*. Este trabajo ya no expresa ni articula nuestra singularidad. A través de él lo que buscamos alcanzar es un cliché, un cliché bien connotado socialmente que creemos que nos proporcionará seguridad (en nuestra identidad o en nuestro bolsillo). Pero el cliché, una vez conseguido, no es el cauce de nuestra verdad, sino su máscara. Además, es preciso "luchar" por un puesto que muchos pueden ocupar, en el que somos intercambiables, que es indiferente quién lo ocupe. La competitividad, la comparación continua, la hostilidad, la ansiedad, la visión darvinista –«yo gano si tú pierdes»– serán la ley.

El trabajo puede ser "juego", en el sentido profundo del término, cuando nuestro interés prioritario no orbita en torno a lo que nos proporcionará *mañana* (seguridad, prestigio, identidad social...), sino en que dicha actividad sea la expresión más veraz y genuina de nosotros mismos *ahora*; cuando sabemos que solo esto último es de nuestra plena competencia, y que todo lo demás –el posible éxito, la aceptación ajena...– no es, en último término, incumbencia nuestra, sino del *Tao*.

En general, nuestra actividad cotidiana es juego cuando confiamos en la Vida y sabemos que es a ella a la que, en último término, le corresponde nuestro cuidado y nuestro sustento. Cuando comprendemos que, del mismo modo en que el yo particular no se creó a sí mismo, tampoco es cosa suya mantenerse en el ser. El que conoce esta verdad *vive al día*. Este vivir al día no es ociosidad, abandono ni despreocupación, sino *confianza*; la confianza, verificada por la experiencia, en que solo el compromiso con el *ahora* –no nuestra preocupación ni nuestras cábalas mentales, nuestra "excentricidad"– nos pone en contacto con la Fuente providente de la vida.

Esto no quiere decir que no sean precisos el esfuerzo, el cálculo y la planificación. Significa que, cuando el esfuerzo sea necesario, este se impondrá; que cuando los planes y los cálculos sean precisos, nos serán inspirados. Hacer de todo ello objeto de nuestra preocupación es querer empujar la vida –que fluye ya por sí misma en el ritmo adecuado–; es querer arrancar el fruto maduro que caería por su propio peso; es pretender añadir un palmo a nuestra estatura, como si ello fuera competencia de nuestro yo particular. ¿Acaso quien juega –pensemos en un jugador de ajedrez– no calcula, no planifica, no se esfuerza...? Por supuesto que sí. Pero, cuando así lo hace, no deja de jugar; su planificación mental no le lleva a abandonar la plenitud del ahora. Pues el esfuerzo y el cálculo son, para el jugador, parte del juego, parte del *éxtasis del presente*, y no su negación.

Cuando el yo superficial consigue alguna de sus metas, se alegra temporalmente. Lo que no sabe es que su gozo se debe a que, por un momento, ha abandonado su lucha por "llegar a ser" y se ha permitido simplemente ser. En el ahora no hay sensación de falta, de carencia; pues el corazón del ahora es la sede del *Tao*. El yo superficial se confunde: sitúa la causa del gozo y de la paz que experimenta en aquello que supuestamente ha alcanzado, y que le ha permitido, por un momento, engrosar y reforzar su autoimagen, así como atenuar su preocupación imaginaria por el porvenir. No advierte que, si experimenta cierto gozo, es porque ha abandonado el vértigo por "llegar a ser" y por "lograr". Porque no lo advierte, este gozo no le remite a Sí mismo, no le invita a seguir ahondando en la plenitud del ahora; al contrario, le refuerza en su búsqueda externa, le confirma en su "excentricidad". Su gozo es real, el fruto de un contacto momentáneo con su ser. Lo que no es real son las condiciones imaginarias que él se ha puesto –y cree que ha de cumplir– para experimentarlo.

La trampa del ayer

> «Reside en el momento de transición de un estado pasado a un estado nuevo, en el paso del abismo, en el disparo en blanco.»
>
> R.W. Emerson[5]

El ahora es una amenaza para quien cree que "aún no es" y que "ha de llegar a ser", para el que siente que su identidad está en juego en el mañana; de hecho, si el yo superficial habitara en el ahora, si renunciara a sus sueños de futuro, descubriría su insustancialidad. Pero es también una amenaza para quien cree que *ya* fue, para quien piensa que su identidad es aquello que ha ido logrando y acumulando con el paso del tiempo; pues también el abandono de la referencia constante al pasado evidenciaría la vacuidad del yo superficial.

Si dejáramos a un lado, por un instante, la identificación con ciertas imágenes provenientes del pasado, si no pudiéramos recurrir a los contenidos del baúl de nuestra memoria, ¿dónde quedarían nuestra reputación, nuestra carrera, nuestro currículo, nuestro honor, nuestra reconocida superioridad en cualquier ámbito...?

El ahora nos desnuda. Nos remite a nuestra verdad. No deja resquicio para que anide el yo superficial (que es siempre una imagen de lo que fue y una proyección mental de lo que será). Pero, en la misma medida en que nos despoja, nos libera. Es el instante de la emancipación: en él se abren todas las posibilidades y la carga del pasado y de nuestros condicionamientos nos abandona; es el momento del perdón, de la renovación constante y el comienzo absoluto.

El ahora nos libera, entre otras cosas, de lo que podríamos denominar la "trampa de la coherencia":

> «Otro temor que nos aleja de la confianza en nosotros mismos, es nuestra consecuencia: la reverencia por nuestros actos o palabras pasadas. Porque los ojos de los demás no tienen otros elementos para calcular nuestra órbita que nuestros actos pasados, y no nos sentimos con ánimo de defraudarlos.
>
> »Pero ¿por qué hemos de tener la cabeza vuelta hacia atrás? ¿Por qué arrastrar el cadáver de la memoria, para no contradecir algo que hemos dicho en este o en aquel lugar público?
>
> »Supongamos que tuviéramos que contradecirnos, ¿y qué? [...]
>
> »Vivid siempre un nuevo día».
>
> R.W. Emerson[6]

El que pone su identidad en lo adquirido, en el pasado, cree que ser coherente es ser como ya ha sido, decir lo que ya dijo, hacer hoy lo que hizo ayer, responder a las expectativas que su comportamiento ha ido creando en los demás. Cree que ser coherente es ser predecible para los otros y para sí mismo. El que mora en su Ser, en cambio, no conoce más coherencia que la que proporciona el hecho de habitar en la impredecibilidad del *Tao*, que la fidelidad a la lógica interna del ahora. El ahora, decíamos, nos desnuda: no nos vale lo que nos fue útil ayer, la conclusión a la que llegamos, la teoría que sostuvimos..., y nos libera de todo ello. No es que habitando en el presente seamos incoherentes; no hablamos de arbitrariedad ni de capricho. Al contrario, solo así somos realmente coherentes. Adquirimos la "coherencia invisible", que es mejor que la visible; «la armonía invisible, [que] es más fuerte que la obvia» (Heráclito, fragmento 54). Todos nuestros actos y nuestro modo de ser tendrán una profunda unidad –creativa, no mecánica ni inercial– y el sabor inconfundible e inimitable de la verdad.

> «¿Puedes convertirte en un niño pequeño? Un niño pequeño [...] camina sin saber a dónde se dirige. Se detiene sin saber lo que va a hacer. Su vivir es deslizarse con las cosas y mecerse al ritmo de su oleaje.»
>
> Chuang Tzu[7]

Libertad

«Solamente el libre –nos decía Kierkegaard– se puede aprisionar a sí mismo en la imaginación.» Las trampas del *ayer* y del *mañana* no son trampas reales, sino imaginarias. El ayer es solo nuestro *recuerdo* de él. El mañana es solo nuestra *anticipación* de él. Este recuerdo y esta anticipación siempre acontecen... *ahora*; su sede es el presente.

Siempre es ahora. El ahora es la sede de la realidad. ¿Podemos pensar, sentir, experimentar o hacer algo fuera del ahora? ¿La vida tiene otro tiempo que no sea el presente? Lo que fue y lo que será, ¿no sucedió y no sucederá también en un ahora? Y nuestra referencia mental a lo que fue y a lo que será, ¿no acontece siempre en el momento actual?

Recordamos siempre *ahora*. Nos proyectamos en el futuro o anticipamos siempre *ahora*. Sin embargo, tendemos a otorgar al pasado y al porvenir el rango de realidades objetivas y absolutas (como si fueran independientes de nosotros) y, en consecuencia, nos sentimos aprisionados por ellos. Pero no son el pasado y el porvenir los que nos limitan. Nos constriñen nuestras interpretaciones presentes de los hechos pasados –la reconstrucción mental que hacemos de estos, así como los significados que les atribuimos–, y nos constriñe nuestro temor imaginario al porvenir –un porvenir que es, a su vez, la proyección mental en el mañana de nuestra particular interpretación del pasado–. Tanto lo uno como lo otro, nuestros recuerdos y anticipaciones, no son algo ajeno a nosotros, fijo e inmodificable; están, en gran medida, en nuestras manos.

El pasado y el futuro nos lastran y nos hacen sufrir solo si lo permitimos. Son nuestras personales *interpretaciones* de lo que fue y de lo que podrá ser lo que fundamentalmente nos pesa. ¡Y estos significados e interpretaciones los podemos modificar... *ahora*!

No es difícil advertir que lo que denominamos pasado y futuro se nos presentan bajo la forma de recuerdo y anticipación, y que, por lo tanto, puesto que somos los señores del ámbito de nuestras representaciones internas, tenemos cierto dominio sobre el modo en que pueden afectarnos. No ocurre así con la experiencia presente. Es en el presente donde enfermamos o sentimos los límites de la vejez, donde experimentamos hambre o frío, donde mueren o están ausentes nuestros seres queridos... El *dolor natural* que acompaña a este tipo de experiencias no es evitable, no pasa por nuestra imaginación; se deriva de un contacto directo y efectivo con la realidad, y es intrínseco a la existencia humana. Ahora bien, este *dolor* físico o anímico no lleva forzosamente consigo *sufrimiento psicológico*. Denominamos *sufrimiento*, en este contexto, al sufrimiento inútil que solo se presenta cuando *interpretamos* aquello que nos pasa –también nuestro dolor– como algo que contraría nuestra autoimagen y nuestras creencias sobre cómo deberían ser las cosas, cuando nos resistimos obstinadamente a la experiencia presente, cuando nos remitimos imaginariamente al pasado y el futuro para dramatizar nuestra situación y lamentar nuestra suerte. Este *sufrimiento* sí es evitable, pues se forja en nuestra imaginación. Podemos decir, en este sentido, que, no solo el pasado y el futuro, sino también nuestra condición presente, nos pueden hacer *sufrir* solo si lo consentimos.

> «Tenemos que marchar solos. Nuestro aislamiento no debe ser mecánico, sino espiritual; es decir, tiene que ser elevación. De cuando en cuando, el mundo entero parece conspirar para importunarte con pomposas fruslerías. Amigos, clientes, hijos, enfermedades, temor, necesidades, caridad, llaman a la vez a tu puerta y dicen: "¡Ven con nosotros!". Pero conserva tu estado; no te mezcles con su confusión.
>
> »El poder que tienen los hombres para molestarme, se lo doy yo con una débil curiosidad. *Nadie puede acercarse a mí sin la complicidad de un acto mío.*»
>
> R.W. Emerson[8]

Uno de los orígenes de la paz interior radica en la convicción de que, aunque puedan ser menoscabadas nuestra realidad física y nuestras circunstancias externas, nuestra realidad íntima es invulnerable; de que solo nos pueden perturbar en el plano de nuestra imaginación; de que *solo nuestros propios pensamientos nos pueden hacer sufrir.* Buena parte de nuestras preocupaciones, angustias, temores... no tienen en su origen un perjuicio ejercido contra nuestro ser real, sino solo contra lo que "creemos ser" (o "haber sido" o "tener que llegar a ser"), contra nuestra autoimagen, contra el mundo de nuestras representaciones internas (creencias e interpretaciones). En otras palabras, se trata, en último término, de un daño que nos hacemos a nosotros mismos.

Esta convicción ha estado presente en toda filosofía perenne, pero ha sido particularmente desarrollada por el pensamiento estoico.

El estoicismo

El pensamiento estoico ha sido una de las corrientes más malinterpretadas a lo largo de la historia de la filosofía. ¿Por qué? Precisamente porque no es mera filosofía, en el sentido estrecho del término, sino sabiduría o filosofía esencial. El estoicismo –una escuela de pensamiento creada alrededor del 300 a.C. por Zenón de Citio, y cuyos antecedentes pueden encontrarse en Heráclito y en Sócrates– ha sido la doctrina filosófica que más vitalidad ha tenido en la historia de Occidente. Tuvo su apogeo en el mundo helénico-romano, a lo largo de más de 500 años, su influencia atravesó la Edad Media y el Renacimiento, y ha pervivido en buena parte de la filosofía moderna y contemporánea.

El motivo de tan sorprendente vitalidad es nítido: el estoicismo no es un mero sistema teórico de pensamiento entre otros, sino sabiduría imperecedera. Julián Marías, dando voz a cierta oficialidad filosófica, atribuye este vigor a su carácter de «moral de aguante», de «moral de tiempos de crisis»; no puede encontrar otra razón que justifique la incuestionable vitalidad y aceptación histórica de lo que considera «una especulación de cortos vuelos», «de indudable tosquedad intelectual», «de escaso rigor» (comparada, por ejemplo, con la especulación aristotélica).[9]

Julián Marías –y con él una buena parte de la filosofía académica– busca equívocamente "explicaciones" allí donde se está proponiendo un camino de transformación. Busca "mapas teóricos" sofisticados allí donde se está invitando a tener la osadía de abandonar todos los mapas para ser uno con el Principio único que todo lo rige. Como no encuentra lo que busca (pues no abandona una interpretación muy concreta y discutible de la filosofía) afirma que nos hallamos ante una filosofía de segunda categoría. Y así, lamenta Marías que, con los pensadores estoicos, la filosofía haya dejado de ser *ciencia* –cuyo objeto es la contemplación de las cosas en su verdad– para pasar a ser *arte* de vida; como si a los estoicos no les interesara la verdad sino solo sobrevivir a tiempos procelosos, la evitación del sufrimiento. De nuevo, encarnando la perspectiva de cierto academicismo, no advierte que, como ha sostenido siempre la sabiduría, la *transformación* que posibilita la filosofía entendida como *arte* de vida es la única fuente del saber profundo, la que permite "la contemplación de las cosas en su verdad", la puerta de la *visión*.

Pero volvamos a lo nuestro. Decíamos que ha sido central para el pensamiento estoico la convicción de que realmente «no nos perturban las cosas, sino nuestros pensamientos sobre las cosas» (Epicteto).[10]

Los estoicos establecen una distinción decisiva a este respecto: distinguen entre *aquello que depende de nosotros* y *lo que no depende de nosotros (lo inevitable)*. De nosotros no depende, en último término, nuestro modo constitutivo de ser, lo que nos pasa o nos deja de pasar, lo que sucede a nuestros seres queridos y a nuestro alrededor, si estamos sanos o enfermos, si recibimos honor o desprecio, si experimentamos placer o dolor, si tenemos o no seguridad material, si vivimos, si morimos, etcétera. Es verdad que tenemos capacidad de intervención sobre algunas de estas cosas; pero las causas que confluyen en nuestra vida son tan numerosas, y su interacción tan compleja e irrastreable, que todo ello escapa, en último término y de una forma total, a nuestro control.

No somos totalmente responsables de lo que nos pasa. Ahora bien, sí depende de nosotros *cómo nos relacionamos con eso que nos pasa*. No somos siempre responsables del contenido de nuestras experiencias, pero sí de la actitud que adoptamos ante ellas: de cómo las interpretamos (es decir, del uso que hacemos de nuestras representaciones internas), y de si nos identificamos con dichas experiencias e interpretaciones, permitiendo de este modo que nos perturben y arrastren, o no lo hacemos.

«¿Se te dio a ti el poder de adelantarte a elegir y decir: "¡Que se junten ahora éste con ésta para que nazca yo!"»? No se te dio, sino que era necesario que tus padres existieran antes que tú y que luego tú fueras engendrado [...]. ¿No das más bien gracias a los dioses porque te pusieron por encima de cuanto no depende de ti? No te hicieron responsable de tus padres, no te hicieron responsable de tus hermanos, no te hicieron responsable de tu cuerpo, de tu hacienda, de tu muerte, de tu vida. ¿De qué te hicieron responsable? De lo único que está en tu mano: del uso debido de las representaciones. Entonces ¿por qué te agobias a ti mismo con aquello de lo que no eres responsable?»

EPICTETO[11]

Según el pensamiento estoico, lo que no depende de nosotros –honor o deshonor, riqueza o pobreza, salud o enfermedad, buena suerte o mala suerte...– debe considerarse, desde un punto de visto ético, *indiferente*. No merece ser calificado como intrínsecamente "bueno" o "malo". Es nuestra *actitud* al respecto *lo que no es indiferente*. En dicha actitud, es decir, *no en lo que nos acontece sino en la naturaleza de nuestra respuesta activa ante ello, radican nuestra dignidad y humanidad.*

Nuestra dignidad y humanidad son relativas, pues, a esa dimensión de nosotros que se sabe libre e independiente frente a cualquier experiencia particular. En el capítulo anterior la denominamos el *Testigo*, utilizando una expresión del pensamiento Vedanta de la India. Un pensador estoico, el emperador Marco Aurelio, alude a ella con la metáfora del "promontorio interior", pues se asemeja «al promontorio donde sin cesar se quiebran las olas. Él permanece inconmovible, mientras a su alrededor se adormece la fuerza estrepitosa del agua».[12] Este "promontorio interior" es nuestro verdadero Sí mismo, y es *aquello que en nosotros es libre.*

Ni nuestro yo particular –nuestro cuerpo y nuestra mente– ni nuestro yo superficial son libres. Creemos ser autónomos al elegir, pensar, querer o hacer esto o lo otro; pero, habitualmente, es nuestro condicionamiento físico, psicológico, temperamental, biográfico, cultural, etcétera, el que está queriendo, pensando y eligiendo por nosotros, el que nos inclina en una u otra dirección. Solo el *Testigo* que observa el condicionamiento, que sabe de él y obra desde más allá de él, es realmente libre.

Recordemos en este punto unas palabras ya citadas de Albert Einstein:

> «No creo en absoluto en la libertad humana en el sentido filosófico. Todos actuamos no sólo bajo la presión externa, sino también en función de la necesidad interna. La frase de Schopenhauer: "Un hombre puede hacer todo lo que quiera, pero no querer lo que quiera", ha sido para mí, desde mi juventud, una auténtica inspiración. Ha sido un constante consuelo en las penalidades de la vida, de la mía y de las de los demás, y un manantial inagotable de tolerancia. El comprender esto mitiga, por suerte, ese sentido de responsabilidad que fácilmente puede llegar a ser paralizante, y nos impide tomarnos a nosotros y tomar a los demás excesivamente en serio; conduce a un enfoque de la vida que, en concreto, da al humor el puesto que se merece».[13]

Ser *testigos* de nuestro condicionamiento equivale a advertir que lo que nos hace sufrir no son tanto los hechos como nuestro modo de interpretarlos. Equivale a comprender que nuestras interpretaciones no están causadas directamente por los hechos, que se sustentan en una opción interior, y que cuando nos inclinamos por una u otra interpretación estamos buscando, indirectamente, confirmar aquella visión del mundo y aquellas ideas sobre nosotros mismos que nos interesa ratificar. En este margen en virtud del cual *tomamos conciencia* de que podemos interpretar un hecho de un modo u otro, o bien no hacerlo, y creernos o no nuestra propia versión, radica nuestra libertad. Esta toma de conciencia es la acción del *Testigo*. El pensamiento estoico denomina a esta libertad originaria *proaíresis*.[14]

Por ejemplo, no depende de mí estar enfermo o no estarlo, pero sí hacer un drama de mi enfermedad o no hacerlo. Soy libre de pensar "pobre de mí", "cuánto sufro", "soy un mártir"..., y de sumirme así en una actitud pasiva de victimismo (con sus correspondientes ventajas secundarias: manipulo emocionalmente a los demás, llamo la atención, no pongo activamente los medios para sentirme mejor...). Pero soy igualmente libre de no hacerlo y de adoptar una actitud activa y constructiva al respecto. En el caso de que me sumerja en una actitud pasiva de queja, en el fondo estoy "eligiendo" confirmar ante mí mismo y ante los demás mi autoimagen de "mártir", así como mi creencia de que la vida me daña o me relega. Pues bien, en cuál sea la actitud que adopte ante la enfermedad radican mi dignidad y mi humanidad –mi virtud, el vigor de mi ser–, y no en el hecho de estar más o menos sano.

No depende de mí envejecer, pero sí identificarme o no con mi apariencia, con mi capacidad externa de seducción, y, por consiguiente, vivir o no con frustración el paso de los años. No en tener una apariencia u otra, sino en que ello no me perturbe –porque no he depositado ahí mi identidad–, reside la belleza real de mi ser.

> «En donde uno ponga el "yo" y "lo mío", a ello es fuerza que se incline el ser vivo.»
>
> EPICTETO[15]

No depende de mí ser afortunado, pero sí sentirme o no desgraciado si no lo soy, pues nadie sino yo decide considerar aquello que me es dado extrínsecamente, que es fruto del azar, como un bien o un mal.

En general, nos engañamos cuando creemos que los hechos y circunstancias justifican y condicionan ineludiblemente nuestra actitud y nuestro modo de sentirnos. Creerlo así es un síntoma de lo que en el capítulo anterior denominamos "mala fe".

> «[Habitualmente], cualquier representación nos coge pasmados [...].
> Si al salir vemos a alguien de luto, decimos: "Está deshecho"; si a
> un cónsul: "¡Feliz él!"; si a un desterrado: "¡Infeliz!"; si a un men-
> digo: "Pobre, no tiene qué comer". Estas opiniones viles son las que
> hay que echar abajo, en eso hemos de esforzarnos. ¿Qué es el llorar
> y el gemir? Una opinión [una interpretación]. ¿Qué es la desdicha?
> Una opinión. ¿Qué son la rivalidad y la disensión, el reproche, la
> acusación, la impiedad, la charlatanería? Todo eso son opiniones y
> nada más y opiniones de cosas ajenas al libre albedrío como si se
> tratara de bienes y males.»
>
> EPICTETO[16]

En resumen, no somos siempre libres con respecto a lo que nos su-cede externa o internamente –ni siquiera, en ocasiones, de tener o no ciertos pensamientos, de sentir o no ciertos impulsos...–. Ahora bien, sí lo somos de interpretar todo ello de una forma u otra, de alimen-tarlo o no mediante la identificación. ¡Cuánto malestar y cuánta culpabilidad innecesarias provienen de creer que somos totalmente responsables del contenido de nuestras experiencias! Como nos en-seña el pensamiento estoico, no se trata de luchar contra el contenido de nuestras experiencias externas o internas –estas no son intrínse-camente buenas ni malas–, sino de saber que nuestra identidad real es independiente y libre frente a ellas; que solo cuando nos confun-dimos con ellas nos pueden menoscabar.

«Date cuenta de una vez de que en ti mismo tienes algo superior y más divino que lo que causa las pasiones, y que lo que, en una palabra, te zarandea como una marioneta.»

MARCO AURELIO[17]

La única emancipación real radica en sabernos el *Testigo*, en situarnos en nuestro promontorio interior: aquello que en nosotros no se confunde con sus experiencias, pensamientos, circunstancias, vivencias, etcétera. La conciencia lúcida y no identificada del *Testigo*, y solo ella, es la fuente de nuestra libertad.

Aceptación

«Para los hombres no es mejor que se realice todo cuanto quieren.»

HERÁCLITO, fragmento 110

«–[...] es libre aquel a quien todo le sucede según su albedrío y a quien nadie puede poner trabas.

– Pues yo quiero que me suceda todo lo que se me ocurra, y tal y como se me ocurra.

– Estás loco, desvarías. ¿No sabes que la libertad es algo bello y valioso? Pretender yo que de cualquier manera suceda lo que de cualquier manera se me ocurra corre el riesgo no sólo de no ser hermoso, sino incluso de ser lo más horrible de todo. ¿Cómo hacemos en lo que concierne a las letras? ¿Pretendo escribir como me apetezca el nombre de Dión? No, sino que me enseñan a querer escribirlo como se debe. ¿Y en la música? Igual. Y en todo aquello que rige un arte o una ciencia, ¿qué? Si no, de nada valdría saber algo, si cada uno lo amoldara a sus propias pretensiones. Entonces, ¿sólo en lo mayor y lo más importante, la libertad, me está permitido querer a capricho? De ningún modo, sino que en eso consiste la educación, en *aprender a querer cada una de las cosas tal y como son.* ¿Cómo son? Como las ordena el que las ordenó. Ordenó que hubiera verano e invierno, fecundidad y esterilidad, virtud y maldad y todas las oposiciones de este tipo para la armonía del conjunto [...].

»Tú eres un impaciente y un descontento y, si estás solo, a eso lo llamas soledad, y si entre los hombres, los llamas intrigantes y bandidos, y te quejas de tus propios padres y de tus hijos y de tus hermanos y vecinos. Bastaría con que cuando estés solo lo llames tranquilidad y libertad y te consideres semejante a los dioses, y que cuando estés con muchos no lo llames muchedumbre, alboroto ni molestia, sino fiesta y romería, y así lo aceptes todo con gusto.

»¿Cuál es el castigo para los que no lo aceptan? Ser como son. ¿Que a uno le desagrada estar solo? Que esté en soledad. ¿Que a uno le desagradan sus padres? Que sea mal hijo. ¿Que a uno le desagradan sus hijos? Que sea mal padre. "Mételo en la cárcel" ¿En qué cárcel? En la que está ahora. Está allí contra su voluntad. En donde uno está contra su voluntad, aquello es para él la cárcel. Por eso Sócrates no estaba en la cárcel, ¡porque estaba a gusto!»

Epicteto[18]

Ser libre significa ser independiente frente a toda constricción externa; y el capricho del yo superficial es una constricción ajena a nuestra verdad profunda. La libertad de la flor consiste en ser plenamente una flor, no en ser un árbol o una piedra. No hay más libertad que la de ser lo que íntimamente se es.

Ser libre es ser lo que se es, y también –como nos señala Epicteto– aprender a querer todas y cada una de las cosas tal y como son. Pues todo es expresión de la Inteligencia u Orden único.

> «Se me acomoda todo lo que a ti se acomoda. ¡Oh Cosmos! Nada
> me llega tarde, nada demasiado pronto si llega a punto para ti.»
>
> MARCO AURELIO[19]

Esta actitud de aceptación no equivale a convencerse de que todo es
"estupendo", como hacen ciertos practicantes del mal llamado "pensamiento positivo". Porque desde nuestra perspectiva particular y
relativa, el dolor, el desorden, el mal, el daño, la fealdad, la injusticia,
la mezquindad... son innegables. Se trata de abrir los ojos, de ver todo
tal y como es y, aun así, de saber decir "sí" a todo ello.[20] Porque, en
último término, ¿estamos capacitados para valorar la razón última de
todo lo que es y sucede? ¿Qué sabemos nosotros de los últimos secretos del ingente misterio que nos rodea y nos penetra?

Solo este "sí", este acto de confianza en la Inteligencia de la Vida,
nos permite superar la parcialidad y la miopía de nuestra mirada
individual, nos permite dejar de erigir nuestra perspectiva y criterios
de apreciación particulares en eje del mundo. Solo este acto de
aceptación incondicional nos hace partícipes de la mirada impersonal
(trans-personal) del *Tao*, del *Logos*,[21] para la que no hay bueno ni
malo, justo o injusto, adecuado o inadecuado...

> «[Pues] hace salir el sol sobre malos y buenos y llover sobre justos
> e injustos.»
>
> Evangelio de Mateo 5, 45

... sino solo el acto de re-creación permanente del drama cósmico, el
milagro del Ser en expresión.

Adquirimos, de este modo, la mirada contemplativa propia de
quien percibe el orden del mundo como una grandiosa obra de arte,
fruto de una insondable Mente creativa; una obra de la que nada se
atrevería a alterar sin el mayor de los escrúpulos. Esta mirada con-

templativa, respetuosa, maravillada, no nos hace pasivos o falsamente conformistas. Poniendo un ejemplo elemental: si alguien se encuentra con un león, debe evitarlo o incluso matarlo, en el caso de que amenace su vida, pues, desde la perspectiva relativa de su organismo particular, el león es peligroso (este acto de defensa propia es también parte del orden del mundo, expresión del *Logos*). Pero esa misma persona puede, al mismo tiempo, desde una perspectiva impersonal, apreciar la fuerza del león, su fiereza, su dignidad y la Inteligencia creadora que lo ha hecho posible; puede decir un profundo "sí" ante él, ante el lugar que ese animal, sus cualidades, su simbolismo, ocupan en el cosmos.

Quien adquiere esta mirada deja de pedir, de querer que ciertas cosas no sean lo que son o sean lo que no son; pues no asumir una parte o hecho del mundo es negar el mundo en su totalidad. Sabe que la oración legítima es decir "sí", la adhesión plena y sin condiciones a la Realidad.

> «La oración que pide un bien determinado –todo lo que no sea el bien completo– es viciosa. La oración es la contemplación de los hechos de la vida desde el punto de vista más elevado. Es el soliloquio de un alma contemplativa y jubilosa. Es el espíritu de Dios declarando buenas sus obras. Pero la oración como medio para lograr un fin privado es bajeza y robo. No supone unidad en la naturaleza y en la conciencia, sino dualismo. Desde el momento en que el hombre se ha hecho uno con Dios, no pide. Entonces ve la oración en toda acción. La oración del labrador, al arrodillarse en su campo para limpiarlo de hierbas nocivas; la del remero, arrodillándose a golpe de remo, son verdaderas plegarias oídas por toda la naturaleza.»

R.W. Emerson[22]

El camello, el león, el niño: las tres transformaciones del espíritu

Friedrich Nietzsche es, dentro de la historia de la filosofía, otro remanso de filosofía perenne. En su caso, esta última parece, en ocasiones, más sospechada que lograda, más intuida que plenamente saboreada, parece tener más claro lo que no es que lo que es. Aun así, la inspiración que constituye el motor y el horizonte último de su filosofía tiene resonancias nítidas de la sabiduría imperecedera. Y esto es más que suficiente para que su obra deba considerarse uno de los hitos del pensamiento de Occidente.

Nietzsche fue el crítico por excelencia de los prejuicios de los filósofos; con una penetración y una lucidez poco comunes denunció los límites de la filosofía de su tiempo y los de la concepción del hombre que la sustentaba. Afirmó que solo habría verdadero pensamiento cuando se abriera paso un "nuevo hombre", un ser humano que, en contacto con su dimensión transpersonal,[23] como el sabio, como su "Zarathustra", daría la auténtica medida de nuestra humanidad, de nuestro potencial. Fue el profeta de la necesidad del salto, del acceso a un nuevo nivel de conciencia, de la superación del individuo que no reconoce su hondura sagrada.

Nietzsche, como Lao Tsé, como Heráclito (en quien nos centraremos en el siguiente capítulo), desconfiaba de las explicaciones cerradas, aparentemente autosuficientes, y recurría principalmente a los símbolos, a los aforismos; pues él no quería "explicar", sino inspirar. Su filosofía es una filosofía de vida, una invitación constante a nuestra transformación profunda. Los pasos básicos de esta transformación quedan resumidos en lo que en su obra maestra, *Así habló Zarathustra*, denomina "las tres metamorfosis del espíritu":

«Voy a nombraros tres transformaciones del espíritu: cómo se convierte el espíritu en camello, el camello en león y cómo finalmente el león en niño.»

Friedrich Nietzsche[24]

El camello

«Muchas cargas pesadas soporta el espíritu cuando está poseído de reverencia, el espíritu vigoroso y sufrido. Su vigor reclama una carga pesada, la más pesada.

»"¿Qué es lo más pesado?" se pregunta el espíritu sufrido. Y se arrodilla, como el camello, en espera de que le carguen.

»[...] a semejanza del camello, que camina cargado por el desierto, así marcha él hacia su desierto.»

Friedrich Nietzsche[25]

El espíritu sufrido, que necesita ser cargado y que solo entonces siente justificada su existencia, es la primera etapa de la evolución del espíritu.

El camello reclama su carga, se arrodilla dócilmente para ser cargado, y solo bajo fardos pesados se siente ser.

Necesita de alguien o de algo a los que pueda considerar más poderosos o más autorizados que él. Algo que le cargue y que, al hacerlo, dote a su vida de sentido y razón de ser. Alguien que le recuerde que la docilidad y la humildad son las virtudes supremas y que, al recordárselo, apacigüe –fundamentalmente, ante sí mismo– todo posible movimiento interior de duda o rebeldía.

El camello necesita que le digan qué es lo adecuado y lo inadecuado, qué está bien y qué está mal, qué debe hacer y quién debe ser. Solo entonces siente sobre sí la carga necesaria para avanzar seguro y sin miedos. El peso a sus espaldas le tranquiliza. No tolera la duda.

No tiene la autoestima suficiente para obrar y determinarse desde sí mismo. Sin que orbite sobre él la sombra y la amenaza del "yo debo", ni sabe, ni quiere, ni puede actuar. Solo el latigazo del "yo debo" le incita y le motiva. El "yo debo" es, de hecho, la carga que define la identidad del camello.

El camello tiene algo de niño. Es el niño que ya no es lo suficientemente pequeño para ser de verdad inocente, pero que tampoco es lo suficientemente maduro para aceptar los retos que implica el crecimiento. Es el niño que ha sentido la invitación de la vida a dejar de serlo y que ha decidido que no quiere crecer. Ha cerrado los ojos a los nuevos panoramas que su crecimiento le mostraba y ha decidido... seguir siendo un niño. Pero ya no lo es. Y como ya no lo es ni puede serlo, solo le queda fingirlo (también ante sí mismo). Obedecer, renunciar a su autonomía, es la forma de fingir su inocencia. En todo su obrar parece estar clamando: «soy inocente».

Al camello no le basta "ser". Quiere, ante todo, ser "alguien" ante los demás; en su caso, ser "bueno" y que le consideren como tal. Y cree serlo. Los poderosos le dicen que lo es para que siga siendo tan útil y predecible, tan buena bestia de carga. Pero su supuesta bondad carece de vigor, de belleza, porque solo es bella la veracidad. Y el camello es demasiado "bueno" para ser veraz. Del mismo modo en que es fingida su inocencia, hay algo de fingido en su bondad y en su humildad, aunque solo unos pocos –nunca los demás camellos– lo advierten. Es tan poco convincente en su bondad como esos niños actores que han aprendido los trucos que les hacen parecer más "cándidamente niños".

El camello dice siempre "sí". Pero su "sí" no es valioso porque no sabe decir "no". Su "sí" no es afirmativo. Es solo la expresión de su incapacidad para el "no", para la emancipación, para el reto de la soledad, para el reto de que dejen de considerarlo "bueno". No es un sí gozoso. Es el sí de la debilidad; una debilidad que, paradójicamente, es la más capaz para las cargas pesadas y que, por eso, con demasiada frecuencia pasa por fortaleza. Que no es fortaleza real se advierte en que el camello solo es vigoroso cuando soporta las cargas que otros han puesto a sus espaldas –su dios, otros hombres, los valores reinantes– y cuando otros –otros hombres o su dios– contemplan sus espaldas cargadas. La carga que nadie le ha puesto, la que él puede llegar a ser para sí –y que le remite y le enfrenta, en soledad, a sí mismo–, le resulta intolerable.

El león

> «Pero en lo más recóndito del desierto se verifica la segunda metamorfosis: allí se convierte el espíritu en león; ¡quiere conquistar la libertad y ser el señor de su propio desierto!
>
> »Allí buscará a su último señor, del que quiere ser enemigo como es enemigo de su último dios; quiere luchar para conseguir la victoria sobre el gran dragón.
>
> »¿Quién es ese gran dragón al que el espíritu ya no quiere llamar ni dios ni señor? 'Debesí se llama el gran dragón, pero el espíritu del león dice: "quiero".»
>
> FRIEDRICH NIETZSCHE[26]

El león es la etapa de la evolución del espíritu en que este es capaz de *«hacerse libre y formular un rotundo y sano "No", hasta ante el deber»* (Nietzsche). El león ya no tolera la consigna del "debes" y dice: «quiero». No necesita que ningún "debes" legitime ante los demás o ante sí mismo sus acciones, su modo de ser, sus impulsos y deseos. En propiedad, no es que el camello diga "debo" y el león diga "quiero". En realidad, también el camello dice "quiero", pero no puede admitirlo. El león es un paso más en la evolución del espíritu porque es más veraz que el camello, más respetuoso con la realidad. El camello también dice "quiero": quiero seguir siendo un niño, quiero que mi complacencia no despierte la hostilidad de los demás; o en negativo: no quiero crecer, no quiero ver, no quiero asumirme, ni asumir la soledad que supone ser responsable de mí mismo... El camello profiere silenciosamente un "quiero", pero lo oculta con el "debo". Lo oculta en un gesto interior tan hábil y presto que llega a olvidar su artimaña. Oculta su propia elección. Se enajena de su poder, y no advierte –no quiere advertir– que nadie sino él ha decidido cederlo a otros. La decisión siempre ha sido suya. El león reconoce que detrás del "debo" se oculta el "quiero" y no teme expresar abiertamente: «quiero». No teme decir, sin ambages, «no», y por ello está preparado para el verdadero "sí". No teme admitir que en último término está solo, y que, incluso cuando entrega a otros su capacidad de determinación, él es el que lo hace. El león asume su poder y no teme su propia fuerza. No le inquieta la ligereza que le proporciona la falta de carga; no le embriaga ni le intimida en exceso todo lo que esa nueva ligereza le permite. No teme a la vida. No se teme a sí mismo.

El león avanza solitario; no pertenece a ningún rebaño; nadie pretende domesticarlo. Ocasionalmente se cruza con otro león; se miran con complicidad; reconocen, respetuosos, su mutua dignidad; no hay alabanzas ni envidias. Quizá jueguen o peleen, admirando su fuerza; quizá corran en la misma dirección, disfrutando de su mutua belleza, de su mutuo y silencioso entendimiento; pero, en breve, se separan. El espíritu que crece está cada vez, aparentemente, más solo. El miedo a crecer esconde, de hecho, miedo a la soledad, miedo a ver y no ser visto, a comprender y no ser comprendido, a la lucidez y a su mayor capacidad para percibir las sombras, a la consiguiente des-ilusión –como la que trae consigo el descubrimiento de que el cómplice en la debilidad no es el verdadero amigo–. El león no vive de ilusiones.

Los camellos admiran secretamente al león, pero le recriminan su libertad y su soledad. Es una ley del crecimiento que nadie puede tolerar en los demás lo que no se permite a sí mismo. El camello no puede tolerar, además, el cuestionamiento de sí que la contemplación del león le fuerza a hacer, ni la autoimagen ridícula e insignificante que el modo de ser del león –sin que este último lo pretenda, y a modo de espejo– le devuelve.

El león advierte cómo le miran a distancia. Ya nadie acaricia su lomo. Pocos se le acercan. Y quienes se le acercan tarde o temprano le reprochan que sea como es, que ya no sea el que era. Los avances del espíritu adoptan a veces ante los ojos de la mayoría el aspecto del retroceso. Este hecho, y las continuas e insistentes recriminaciones de los camellos, despiertan, en ocasiones, la duda en el león... Este contempla el perfil de la caravana, acompasado y lento, recortado en el intenso azul; contempla a los camellos descansando en el vientre del oasis, adormecidos con el ronroneo de su respiración, cobijados en su calor mutuo –todos los cuerpos formando un único y amorfo cuerpo–. Añora la seguridad que experimentaba entonces... Pero poco duran sus dudas. Sabe que, por un momento, le ha vuelto a aturdir el griterío ensordecedor de la turba camellesca. Ya no está dispuesto a pagar el más alto precio, el de perderse. Y, sacudidas las dudas como se sacuden las moscas insistentes y conocidas, saborea el éxtasis de su libertad solitaria, de su potencia, del eco imponente de su rugido en la noche. Otros cuerpos no se agolpan a su lado, pero, liberado de coces, de babas y de ingratos hedores, siente la íntima compañía de los espacios estelares nocturnos, de los cielos transparentes, del horizonte omnipresente del desierto. Son sus mejores amigos, siempre con él, pero dándole espacio para correr, para rugir, para gozar de sí mismo. Sin recriminaciones, sin falsas alabanzas, silenciosos, imponentes; a distancia, mas siempre presentes.

Pero el león aún recuerda que fue camello, y, por encima de todo, no quiere volver a serlo. Está aún demasiado ocupado en demostrar que no lo es. Su asertividad es, por ello, en ocasiones, reactiva, y su pujante "no" sigue diciendo relación al tibio "sí" del camello, se genera al calor de este último. Siente disgusto ante el camello porque aún le recuerda demasiado a aquel que él mismo fue. Lo desprecia secretamente porque aún desprecia su propia debilidad. Y ello es síntoma de que aún no es libre frente a ella. No la ha asumido y, por ello, no la ha vencido.

El niño

> «Pero decidme, hermanos míos, ¿qué puede hacer el niño que no lo pueda también el león? ¿Por qué hace falta que el león raptor se convierta en niño?
>
> »El niño es inocencia y olvido, una renovación, un juego, una rueda que gira sobre sí misma, un primer movimiento, una santa afirmación.»
>
> FRIEDRICH NIETZSCHE [27]

Es necesaria una tercera transformación: que el león se transmute en niño.

El camello dice "sí" porque es incapaz del "no". El león dice "no" para afirmar su autonomía y liberarse de la tibieza del camello, del yugo de la intimidación del deber. El niño dice "sí"... *porque sí*. No pretende ni busca demostrar nada con su "sí". Su "sí" no es impotencia para el "no"; no es el "sí" del camello, un "sí" que mira de costado al "no". Tampoco es un "no" que mira de costado al "sí", una exhibición de potencia. En ningún caso es un "sí" comparativo. Es *porque sí*.

El niño dice "sí" porque es uno con todo lo que es. Y por eso no puede querer que nada sea distinto de lo que es. El "sí" es la expresión de la aceptación máxima. Máxima, porque ni siquiera es consciente de sí misma. Solo el "sí" que mira de reojo al "no" tiene conciencia de sí mismo.

La aceptación que no sabe de sí *es inocencia y olvido*. El niño no pretende nada –ser bueno, ser fuerte, ser dócil, ser rebelde...–. Solo quiere *ser*. Y solo querer *"ser"* es la esencia de la inocencia y del sublime auto-olvido.

El camello es débil, es susceptible, teme el vigor (el que no es sinónimo de capacidad de aguante). El león es fuerte, rechaza y desprecia la debilidad. El niño está más allá de este dilema: no rechaza la debilidad, es vulnerable; y en su vulnerabilidad, en su falta de defensas, radica precisamente su fortaleza. Su vulnerabilidad lo protege. Como no hay zonas susceptibles o rígidas en él, no puede ser herido.

El camello no puede negar, no puede criticar; a eso denomina su "bondad". No critica porque en su debilidad es incapaz de tolerar la crítica (quiere ser perfecto ante los demás), y cree que los demás son tan débiles y susceptibles como él. No da lo que no podría ni querría recibir. El león es más honesto; admite la crítica porque es capaz del "no"; no teme la divergencia o el enfrentamiento si ese es el precio de su autoafirmación, y cree que el otro es tan digno y fuerte como él para preferir la crítica sincera a la tibia alabanza. El niño, de nuevo, está más allá de ese dilema: sabe que, en último término, en su más íntima verdad, nada es correcto o incorrecto; sencillamente, es. Y porque es, está bien. ¿Por qué alabar una cosa frente a otra? En todo caso, habría que alabar la totalidad de la existencia indivisible. ¿Por qué rechazar una cosa frente a otra, si todo lo que es forma parte indisociable de la unidad de la vida? ¿Con qué medidas o criterios juzgar el todo, si el todo no deja nada fuera de sí?

El niño juega. Juega desde que abre los ojos cada mañana hasta el anochecer, cuando el dulce peso de tantas experiencias nuevas cierra sus párpados. En los momentos en que los adultos invitan al niño a dejar de jugar y lo sumergen en actividades más "serias", él sigue jugando: el lápiz en su mano, el cuaderno en blanco, el olor virgen de los libros nuevos...

El niño siempre juega. Persigue a sus amigos y se esconde de ellos, y son más amigos tras la excitación del perderse y el encuentro posterior. Observa ensimismado a aquel insecto, un sofisticado alienígena de tonos metalizados al que busca capturar en su cajita –ahora, nave espacial–. Un material moldeable en sus manos puede llegar a ser todo lo que añore su imaginación. Si tiene que recorrer un trayecto por necesidad, no lo recorre con la mente volcada en el momento de la llegada, sino que el camino se convierte en toda una aventura: las baldosas, los zapatos de los transeúntes, los claroscuros que la fronda dibuja en las aceras...

Durante el juego, ríe, se asusta, se excita, se aburre, puede que llore y se enfade..., pero todo ello es gozoso y está bien, porque está jugando. Hace cálculos complejos, adivina las intenciones de sus contrincantes, puede ser tremendamente astuto..., pero todo ello es inocente, porque está jugando. A veces, absorbido en sus juegos, llega a olvidar que juega..., pero en todo buen juego este olvido es natural, y él está jugando. Calcula, planea, puede ser un gran estratega..., pero en ningún momento el niño abandona el éxtasis del presente, porque el tiempo del juego siempre es el *ahora*. Y por eso cada momento es nuevo, es siempre "un primer movimiento", una sorpresa, un inicio, "una rueda que gira sobre sí misma": no va hacia ninguna parte, no se aleja ni retrocede, nunca abandona su propio centro.

El juego –y lo mismo cabría decir de la actividad creadora en todas sus formas– es la única actividad que constituye su propia meta. La razón de ser del juego no es otra que el propio juego. En él, cada instante se justifica por sí mismo. O más propiamente, no necesita justificación. Solo el que juega dice "sí", porque solo el juego es un "sí" a la existencia, un reconocimiento de la plenitud de cada momento, de que cada instante *es* y, por ello, está ya justificado, sagradamente justificado.

En muchas tradiciones metafísicas y espirituales se dice que la actividad más elevada, la que compete al Ser, a lo Absoluto, es el juego. La sabiduría hindú afirma que el mundo manifestado es el juego (*lila*) del Ser (*Brahman*). En nuestra tradición, Platón compara el cosmos con un drama o juego universal cuya única meta es la permanencia y la dicha de la totalidad.[28]

No puede ser de otro modo. El *Tao*, el Ser, no puede tener más justificación que Sí mismo; no puede subordinarse a una meta o finalidad diversa de Sí, puesto que Él es todo lo que es. La actividad de lo Supremo ha de ser "juego", absoluta "creatividad".

El sabio es el que participa conscientemente de la actividad del Ser; aquel que ha vuelto a ser niño; aquel que sabe que la esencia de la vida es el juego, y que todo lo que es –también su propia existencia– está, por ello, supremamente justificado. Desde esta íntima convicción, desde el reconocimiento de la completud básica de toda cosa, no tiene nada esencial que perder ni que ganar –aunque el juego de su existencia consista, precisamente, en "jugar" a ganar o a perder, a avanzar o a retroceder, a lograr o a no lograr... y aunque, en ocasiones, como es propio de todo buen juego, olvide, por momentos, que está jugando–.

El sabio y el niño solo pueden jugar y crear: entregarse a cada experiencia –no hay juego sin pasión– sin perderse en ella –esa pasión no es alucinación, vértigo, paranoia... porque el que juega sabe que juega–. El juego, la vida del sabio, es pasión desapegada.

El sabio es el que ha abandonado la falsa seriedad de la existencia: los suspiros sacrificados del camello-mártir, el crispado sentido del honor del arrogante león. Es el que conoce, con Heráclito, el gran secreto:

El Ser es un niño que juega.

> «El tiempo es un niño que mueve las fichas en un juego.
> El poder real es del Niño.»
> Heráclito, fragmento 52

8. La armonía invisible

«La armonía invisible es más fuerte que la visible.»
HERÁCLITO, fragmento 54

«Si se quiere hablar juiciosamente, hay que hacerse fuerte en el todo común o universal [...].»
«Los hombres no llegan a comprender este *Logos* (Razón) que existe siempre [...]. Y, a pesar de que todo llega a ser de acuerdo con este *Logos*, no obstante siguen sin enterarse [...]»
«Por eso, es preciso seguir lo universal. Pero, a pesar de que el *Logos* es común a todos, la mayoría vive como si tuviera una inteligencia propia particular.»
HERÁCLITO, fragmentos 114, 1 y 2

Heráclito (ss. V-IV a.C.) fue conocido –aun hoy en día se le conoce así– como "el oscuro". Sus coetáneos de la antigua Grecia rara vez le entendieron. Pocas veces le comprendieron las generaciones helenas inmediatamente posteriores, las que definieron las líneas maestras de lo que habría de ser el pensamiento occidental. Y rara vez nosotros, occidentales que tenemos nuestro asiento cultural en Grecia, le hemos entendido.

Heráclito se dirigía con sentencias breves y herméticas, con paradojas, con imágenes extrañas, a un pueblo que comenzaba a descubrir, optimista y atónito, la precisión matemática del concepto, la sólida arquitectura mental del razonamiento discursivo, el poder concluyente –aparentemente irrevocable– del silogismo, la belleza aséptica de la regla de tres. Heráclito hablaba de un modo sinuoso y enigmático al pueblo de la simetría y de la luz. Y, más aún, guardaba prolongados y extraños silencios ante una civilización que hizo de la palabra su estandarte, que hizo del discurso su más preciado producto y su más refinado placer, y que tejió su cultura en la trama del diálogo y la conversación.

Mientras sus contemporáneos salían a las calles, a las plazas y a los pórticos, buscando con quienes medirse en el arte de hablar y escuchar, Heráclito buscaba dentro de sí, y en la observación silente de la naturaleza, al Único cuya voz consideraba realmente digna de ser escuchada, al Único cuya ley merecía considerarse referente y medida, y cuya aprobación valía la pena procurar.

Heráclito no fue profeta en su tierra. Pero este es el precio que casi siempre ha pagado quien ha sido profeta de la tierra entera. Y Heráclito lo es. Porque no le intimidaron las voces humanas, porque no se rigió por la opinión de la mayoría, ni buscó el calor de la complicidad y la comprensión de los hombres, tuvo acceso a la Voz del *Logos*, que era la de su propio corazón.

Si sus sentencias son breves y paradójicas, es porque conciso y paradójico es el lenguaje del *Logos*. Si sus máximas son herméticas es porque

«El sublime Uno que dice sus palabras secretas en Delfos, ni oculta ni revela, sino que más bien insinúa, da señales, indica, da a entender.»

HERÁCLITO, fragmento 93

Tal era su confianza en la Voz que escuchaba dentro de sí, que, a pesar de que sus palabras eran distintas a las de la mayoría, él decía con pasmosa convicción que solo estaba expresando "el pensamiento común" o universal, la sabiduría perenne, la que tiene su asiento en lo que siempre ha sido, en lo único que realmente es y en lo que siempre será. Aseguraba enseñar la única filosofía. Y recriminaba con ironía la confianza que muchos de sus coetáneos, "nuevos ricos" del pensamiento, tenían en lo que estaba siendo la moda emergente –una moda que causó furor, que se prolongaría durante muchos siglos y que definiría el estilo inconfundible de Occidente–: el gusto desorbitado por la especulación, y la confianza ciega en las capacidades de la razón individual. Y así, cuando distintos pensadores comenzaban a elaborar sus nuevas teorías y nacía la historia de la filosofía –entendida como un compendio de sistemas de pensamiento dispares, cada uno con su firma y sello individual y sus "derechos de autor"–, Heráclito se aferraba a la filosofía imperecedera, la que no tiene historia, la que en sus formas es siempre impredecible y cambiante, pero cuya savia y raíz es una y la misma.

Esta confianza de Heráclito en el alcance universal de su enseñanza puede parecer presunción si no se conocen las numerosísimas voces que, en los distintos rincones del planeta y en los distintos recodos del tiempo, han entonado su mismo mensaje. Si no se sabe, por ejemplo, que un contemporáneo suyo, en el otro extremo del mundo conocido, otro solitario de mirada de fuego, de palabras breves y prolongados silencios, Lao Tsé, encontraba en sus palabras un sorprendente eco simétrico. Si no sabe que al otro lado del Mediterráneo, en el viejo Egipto, la tierra del Sol, una sabiduría antiquísima y colosal como sus templos –que nutrió lo más selecto y profundo del pensamiento griego, y ante la que las confiadas especulaciones de los helenos parecían juegos de niños– se aunaba a coro a ese mensaje inmemorial. O que en las cuencas del misterioso Indo, y aún más al sur, en el corazón de los bosques de sándalo, otra tradición de sabiduría cuyo origen se escapa de la memoria de la historia, y a la que los griegos más ilustres aludían con reverente admiración, también entonaba esa única voz.

Heráclito sabía que no estaba solo –confiaba en «la armonía invisible, que es más fuerte que la visible»; en la hermandad invisible, que es más fuerte que la visible–. Y, efectivamente, no lo estaba.

El juego de los opuestos

> «A causa de la enfermedad, la salud es agradable; por el mal, el bien es agradable; por el hambre, la saciedad; por el cansancio, el descanso.»
>
> HERÁCLITO, fragmento 111

Observando la realidad en todos sus niveles –la naturaleza, su cuerpo, su mundo interior, la vida de la polis y de los pueblos...–, Heráclito advirtió que todo es dual y que todo obedece a una dinámica rítmica o bipolar. Así, todo lo que asciende, tarde o temprano desciende o decae. Todo lo que nace, muere. No hay luz sin oscuridad, y sabemos de la oscuridad porque sabemos de la luz. El día es seguido por la noche, y la noche es seguida por el día. La vigilia se alterna con el sueño, y el sueño con la vigilia. Para inspirar hay que espirar; para espirar hay que inspirar. Toda contracción va seguida de una expansión. Todo periodo activo se alterna con periodos de reposo. No hay placer sin dolor, y la capacidad para sentir placer es proporcional a la capacidad para sentir dolor. Solo podemos concebir el bien por referencia al mal, y viceversa. No habría santos si no hubiera pecadores. No reconoceríamos la sabiduría si no reparáramos en la ignorancia, y tomar conciencia de la ignorancia supone tomar conciencia, paralelamente, de su opuesto, la sabiduría...

Heráclito sabía, a través de la observación de los procesos internos y externos, groseros y sutiles, que nada escapaba a esta dinámica de alternancia dual. Ahora bien, sabía también que entre esos polos o términos duales (bien-mal, luz-oscuridad, vida-muerte, ascenso-descenso, etcétera), entre esos aparentes contrarios, latía una unidad secreta. Adivinaba esta unidad secreta, entre otras cosas, en el hecho de que dichos polos solo pueden comprenderse en su referencia mutua, de tal modo que, aunque cabe distinguir el ascenso del descenso y el descenso del ascenso, el dolor de la alegría y la alegría del dolor, el hambre de la saciedad, etcétera, es imposible separarlos. La observación de la realidad le desvelaba que todo tiene su par de opuestos; pero le desvelaba también que los opuestos, lejos de ser contrarios mutuamente excluyentes, son interdependientes, y que, por lo tanto, hay una unidad secreta que los enlaza.

> «Es siempre uno y lo mismo lo vivo y lo muerto, despierto y dormido, joven y viejo.»
>
> HERÁCLITO, fragmento 88

En otras palabras, todo se manifiesta de modo dual y, a su vez, en su más profunda intimidad, todo es uno:

> «No escuchándome a mí, sino al *Logos*, sabio es que reconozcas que todas las cosas son Uno.»
>
> HERÁCLITO, fragmento 50

Nuestro filósofo denominaba, a la unidad latente que sustenta y reconcilia todas las dualidades, *Logos* o *Zeus*:

«Zeus es el día y la noche, el invierno y el verano, la guerra y la paz, la saciedad y la necesidad, todos los opuestos [...]».

Heráclito, fragmento 67

Heráclito –decíamos– no estaba solo. Sus sentencias no expresan simplemente las teorías de un pensador particular, aunque los manuales de historia de la filosofía nos quieran dar a entender que es así. Heráclito estaba dando voz a lo que era un sentir y un pensar común a las culturas más preclaras del mundo antiguo. Y así, en ese mismo periodo histórico, distante en el espacio físico, pero habitante del mismo espacio interior, el de la "Razón común", escribía Lao Tsé:

«Si todos reconocen lo bello como tal, reconocen a la vez lo feo. Si como tal reconocen lo bueno, reconocen a la vez lo que no es bueno. Porque Ser y No-Ser se engendran mutuamente. Difícil y fácil se determinan entre sí. Largo y corto se conforman mutuamente. Entre sí se invierten alto y hondo. Sonido y tono mutuamente se enlazan. El después es consecuencia del antes [...]».

Tao Te King II

Lao Tsé advertía, con Heráclito, que el cosmos es una danza de opuestos indisociables –pues cada uno de ellos contiene el germen de su contraparte polar– cuya unidad secreta es la unidad del *Tao*. El cosmos es la eterna cópula de la dualidad básica *yin* y *yang*: de lo masculino y lo femenino, de lo activo y lo pasivo, de lo positivo y lo negativo, de lo cálido y lo frío, de lo celeste y lo terrestre, de lo diurno y lo nocturno...

A su vez, la sabiduría hermética, que decía recoger la herencia del antiguo Egipto, y cuyo principal representante es una figura que tiene un pie en la historia y otro en la leyenda, Hermes Trismegisto supuestamente contemporáneo de Abraham, enseñaba:

> «Todo es dual; todo tiene polos; todo tiene su par de opuestos; semejante y desemejante son lo mismo; los opuestos son idénticos en naturaleza pero distintos en grado; los extremos se encuentran; todas las verdades son medias verdades; todas las paradojas pueden ser reconciliadas».
>
> Principio 4 de *El Kybalion*

La percepción dual

Puede resultar ilustrador, en este punto, acudir a un correlato contemporáneo de esta antiquísima intuición:

Como ha mostrado la rama de la psicología denominada Gestalt (término alemán que significa "forma" o "figura"), para que algo pueda ser percibido es preciso que se constituya como una figura, la cual, a su vez, se percibe como tal en referencia a un fondo. En otras palabras, nuestra percepción divide automáticamente lo que aparece en su campo en dos: fondo y figura. Si convertimos algo en figura –por ejemplo, las letras de este libro–, no vemos el fondo –no advertimos la página en blanco–, pues el fondo es por definición lo que no se destaca, lo que no se ve. Ahora bien, ambos aspectos están íntimamente unidos, pues es el fondo, la blancura de la página, lo que nos permite percibir las letras como tales. Lo que es fondo puede pasar a ser figura, y viceversa, pero nunca ambos se perciben a la vez ni cobran para la percepción idéntico protagonismo.

En este dibujo, o bien vemos una copa (si nos fijamos en el espacio blanco), o bien el perfil de dos rostros mirándose frente a frente (si atendemos a las manchas negras). En realidad, ambas figuras son una sola, constituyen una unidad. Pero nuestra percepción necesita dividir esa unidad en dos, y percibir las dos partes así escindidas de modo sucesivo, como si fueran mutuamente excluyentes. Si vemos dos rostros, no vemos la copa (el fondo es, por definición, lo que no se ve). Si vemos la copa, si hacemos de esta "figura", no vemos el fondo: los dos rostros simétricos. La propia naturaleza de la percepción exige que lo percibido se divida en dos facetas: si vemos la primera, no vemos la segunda; si vemos la segunda, no vemos la primera. Solo podemos contemplar las dos alternativamente, de modo secuencial, nunca en simultaneidad.

A algo análogo apunta el pensamiento oriental cuando afirma que nuestra conciencia ordinaria es una *conciencia dual*, divisora o bipolar. Al igual que la naturaleza de la visión nos incapacita para captar más de un lado de un objeto a la vez, nuestro pensamiento ordinario no puede acceder al conocimiento de la realidad una y no dividida, sino que necesita dividir artificialmente lo unitario en fragmentos que luego contempla sucesiva y aditivamente; no puede captar la unidad que late detrás de toda aparente división y, en la raíz de cada una de las partes, las enlaza.

Nuestra mente conceptual divide todo en dos, pues solo puede conocer algo al ponerlo en relación con su opuesto: la figura, en relación con el fondo; el "yo", al contraponerlo con lo que es "no yo"; la ausencia, al contrastarla con la presencia; la unidad, en relación con la multiplicidad; el bien, en relación con el mal; el antes, en relación con el después; etcétera. Las categorías básicas de nuestra mente conceptual son siempre parejas de opuestos. Además, al afirmar un término de una polaridad, nuestra mente excluye necesariamente su contrario. Esta no nos muestra, sin más, un mundo de opuestos, sino un mundo de opuestos mutuamente excluyentes.

El principio de contradicción

Este carácter dual, divisor, de la estructura de nuestra conciencia es la causa de que nuestros modos ordinarios de percepción sean ciegos para la íntima unidad de los opuestos. Percibimos los opuestos (bien-mal, alegría-dolor, presencia-ausencia...), pero nos suele pasar inadvertida la unidad que los enlaza.

La filosofía sapiencial nos enseña que es posible percibir a la vez la dualidad y la unidad. En virtud del ojo natural y de la mente conceptual percibimos el mundo de las diferencias y las dualidades. Pero, a su vez, en virtud de la mirada interior –lo que denominamos la *visión*–, podemos captar la unidad latente en las diferencias. Ambas miradas coexisten y no se excluyen.

Ahora bien, a nosotros, occidentales modernos, nos cuesta reconocer esa unidad latente y admitir que todo tiene dentro de sí el germen de su opuesto. Estamos convencidos de que lo que es "A" es "A" y no puede ser "no A". Nos cuesta aceptar que, como sostiene *El Kybalion*, «todas las verdades son medias verdades» y «todas las paradojas pueden ser reconciliadas». Nuestra sensibilidad parece en este punto muy distinta a la sensibilidad de buena parte del mundo antiguo o a la sensibilidad de las culturas orientales. ¿Por qué? Porque hemos hecho de nuestra razón, del pensamiento lógico y conceptual, el eje y la medida de la realidad. En otras palabras, porque hemos olvidado a Heráclito y hemos entronizado a Aristóteles. Expliquemos esto último:

Heráclito –decíamos– ha sido conocido como "el oscuro". Para quienes están familiarizados con el pensamiento de Oriente, Herá-

clito es el más claro, el más sencillo y el más luminoso de los filósofos occidentales de la antigüedad. Pero se le denomina "el oscuro"
porque su pensamiento fue desbancado por la línea filosófica que ha
predominado en Occidente: la aristotélica; una línea que impuso un
modo de percepción y de acercamiento a la realidad muy distintos a
los preconizados por Heráclito. La línea establecida por Aristóteles,
que resume la impronta característica del modo de pensar de nuestra
cultura, queda resumida en su "principio de no contradicción", al que
considera el principio de todos los principios. Dice así:

> «Es imposible que el mismo atributo se dé y no se dé simultáneamente
> en el mismo sujeto y en un mismo sentido [...]. Es imposible, en efecto,
> que nadie crea que una misma cosa es y no es, según en opinión de
> algunos dice Heráclito [...]. Y si no es posible que los contrarios se den
> simultáneamente en el mismo sujeto [...] está claro que es imposible que
> uno mismo admita simultáneamente que una misma cosa es y no es.»
>
> *Metafísica*[1]

Para Aristóteles, este principio no expresa solo una ley del pensamiento lógico, lo cual Heráclito admitiría (pues, efectivamente,
nuestra mente conceptual no puede pensar a la vez que algo es y no
es; no puede concebir simultáneamente los opuestos ni advertir su
secreta unidad, y allí donde hay una unidad expresándose de modo
dual, secuencial, percibe contrarios irresolubles); para Aristóteles,
decimos, esta ley no es solo una ley que rige el pensamiento, sino
una ley de la realidad misma. En la realidad, afirma Aristóteles, lo
que es "A" no puede ser "no A"; en otras palabras: carece de sentido afirmar, como hace Heráclito, que «es uno y lo mismo, lo vivo y
lo muerto, despierto y dormido, joven y viejo...».

Donde muchos antiguos veían una danza de opuestos –que no son
mutuamente excluyentes, pues cada uno contiene dentro de sí el

germen de su reverso y se transforma, alternativamente, en él–, Aristóteles ve una lucha –la absoluta incompatibilidad y la mutua exclusión de los opuestos–. Donde Heráclito veía una discordia aparente resolviéndose en armonía, y armonía expresándose en una aparente discordia,[2] Aristóteles ve discordia sin armonía o armonía sin discordia. Donde Heráclito veía la hermandad de unidad y multiplicidad, Aristóteles ve la total disparidad de ambas –pues, a sus ojos, lo que es dos no puede ser uno, y lo que es uno no puede ser dos.

Aristóteles representa, en este punto, la opinión de la mayoría, la de quienes apegados a su mirada ordinaria y pragmática se han desconectado de su visión interior; una opinión que ya tenía presente Heráclito cuando afirmaba:

> «La gente no entiende cómo lo diverso y discordante puede reunirse y concordar consigo mismo. Es una armónica juntura de opuestos, como la del arco y la lira.»
>
> Fragmento 51

Aristóteles reduce el *Logos* (que era para Heráclito la Realidad misma, la Inteligencia única que rige el cosmos) a lógica. De hecho, gran parte de la filosofía posterior identificará *Logos* y razón, entendida esta última como pensamiento lógico-conceptual. Pero, para Heráclito, el *Logos* poco tiene que ver con la lógica de la razón individual. El *Logos* no es "lógico"; es la Vida misma, mientras que la lógica es el instrumento de la especulación discursivo-racional sobre la vida. Y así, mientras que la Vida es paradójica –una síntesis armónica de opuestos–, la lógica, basada en el principio de contradicción, niega la paradoja, es ciega para la naturaleza profunda de la realidad.

La Vida no obedece al "principio de contradicción". La observación nos evidencia que cada aspecto de la realidad contiene dentro de sí su opuesto: que solo está vivo lo que puede morir; que solo al ascender puedo caer o descender y que el que asciende ya tiene dentro de sí el vértigo de su potencial de descenso; que solo tras una intensa actividad se puede alcanzar un profundo reposo; que solo al no evitar los conflictos, sino al afrontarlos, se logra la paz; que la búsqueda directa de placer produce insatisfacción y frustración; que el deseo de ser perfecto realza lo que es imperfección; que cuanto más me defiendo, más vulnerable me vuelvo; que lo que es blando no es susceptible de tener fisuras; que solo cuando puedo decir "no" estoy preparado para el "sí"; que cuanto más temo algo y más lo niego y evito, más me posee y más estoy a su merced...

Por lo tanto, la lógica es apta para la comprensión de las verdades superficiales, pero no para la comprensión de las verdades profundas, para la comprensión de la Vida misma, pues:

> «Una verdad superficial es un enunciado cuyo opuesto es falso. Una verdad profunda es un enunciado cuyo opuesto es otra verdad profunda».
>
> NIELS BOHR

Aristóteles afirmó que su "principio de contradicción" era tanto una ley del pensamiento como la ley que rige la Realidad. Esta confusión de las leyes del pensamiento con las de la realidad ha sido la forma de pensar que ha triunfado en Occidente y la que, en gran medida, ha sellado su destino.

* * *

En conclusión, Heráclito nos enseña que:

- La dualidad es la estructura del mundo manifiesto (del mundo tal y como se presenta a nuestros sentidos y a nuestra mente ordinaria). Pero estas dualidades no implican división alguna pues son solo la expresión en sucesividad y alternancia de lo que es, en sí mismo, perfecta e indivisible unidad.

• El dos es la estructura del mundo visible y la estructura de nuestro mundo mental, y el Uno es su unidad invisible.

• Nuestros ojos ordinarios, filtrados por el pensamiento y sus categorías contrarias, son ciegos para esta unidad. Y por ello, nuestra mente lógica y conceptual no es la facultad que puede abrirnos al conocimiento profundo de la realidad.

• El dos es el vaivén del péndulo, y el *Logos* (la Unidad secreta) es la mano que lo sostiene. Ambos, lejos de excluirse, se dotan mutuamente de sentido: sin la quietud de la mano no podría darse dicha oscilación.

El dos no excluye al Uno, ni el Uno excluye al dos. El Uno que excluye al dos no es el verdadero Uno, sino el "Uno" de la lógica, un concepto mental.

• La "armonía o unidad *visible*" es la unidad que excluye la contienda, el juego de los opuestos; es la unidad a la que aspira el dogmático, el fanático, el teórico, el inseguro, el sectario, el imperialista o el dictador. La "armonía *invisible*", por el contrario, respeta la lucha de los opuestos, la multiplicidad y las diferencias. Pues el correlato visible de la unidad invisible no es el uno visible, sino el dos.

• El dos es la salida y la puesta del Sol para nuestra mirada circunscrita al horizonte terrestre. El Uno es el Sol visto desde sí mismo, o visto desde el espacio exterior, allí donde no tiene sentido hablar de su salir o su ocultarse.

• Si vamos por un camino y queremos avistar dos pueblos distantes entre sí es preciso contemplar uno y luego el otro. Pero si ascendemos a un otero y los contemplamos desde esa nueva perspectiva, desde la altura, los dos estarán simultáneamente presentes en nuestro campo de visión. Tal visión es posible en virtud de una elevación, de un cambio de nivel.

• El hombre tiene dos opciones: ver solo con su mirada ordinaria y terrestre, o bien mirar también desde la altura, desde el "promontorio interior" que le permite percibir en simultaneidad los términos de toda dualidad y captar su unidad secreta. Mirar desde la altura es mirar con los ojos del *Testigo*, del *Logos*, con lo que los orientales y los místicos medievales han llamado "tercer ojo", con lo que el mundo sufí denomina "el ojo del corazón".

• Mirar con los ojos del *Logos* es mirar la realidad desde su propia perspectiva: ver las cosas tal como son y dejarlas ser lo que son. Mirar con los ojos de la mente es trazar cuadrículas, establecer fronteras, dividir y acotar las cosas y los pensamientos para poder operar con ellos, controlarlos y manejarlos. Con los ojos de la mente, tras situarnos frente a las cosas y contraponerlas mutuamente entre sí, nos adueñamos del mundo. Con el tercer ojo, sabemos que, más allá y más acá de esa relación de enfrentamiento, el mundo es uno, y el ser humano, uno con él.

Un universo sin reposo

> «Ningún ser humano ni divino ha hecho este mundo, sino que siempre fue, es y será eternamente fuego vivo, que se enciende según medida y según medida se apaga.»
>
> HERÁCLITO, fragmento 30

El dos es la estructura del mundo manifiesto. Por ello:

> «Nada descansa; todo se mueve; todo vibra.»
>
> Principio 3 de *El Kybalion*

Pues con la dualidad aparece la tensión entre los opuestos y, con ella, el movimiento. Todo es un oscilar constante entre dos polos. En otras palabras, y como bien saben los que observan el mundo a escala subatómica, todo vibra. Allí donde están presentes un polo positivo y otro negativo, uno femenino y otro masculino, surge la atracción y se genera el movimiento y la vida. El magnetismo, en el nivel físico, orgánico y psíquico, opera así. Donde existe un desnivel, como en un salto de agua, hay electricidad: energía y dinamismo. La creación artística y espiritual se da cuando se acoplan lo femenino (la actitud receptiva, la pasividad que no violenta los procesos sino que deja que algo se haga, la acogida envolvente de la semilla creadora y el cuidado paciente de ella, la materia plástica susceptible de convertirse en obra de arte...) con lo masculino (la penetración, la inspiración, la idea creadora, el impulso activo, el estado de máxima alerta anímica y espiritual...).

La vida va siempre de la mano del "dos".

«Impulso, impulso, impulso,
siempre el impulso generador del mundo.
De la penumbra surgen iguales elementos contrarios, siempre la
sustancia y el crecimiento, siempre el sexo,
siempre un tejido de identidades, siempre lo diferente, siempre la
vida que se engendra.»
WALT WHITMAN[3]

«Todo se mueve; todo vibra.» El mundo del espíritu, el mundo psíquico, el mundo energético y el mundo material, todos vibran, si bien divergen en su grado de vibración: cuanto más sutil es un nivel de realidad, más acelerada es su vibración; en los niveles más groseros, la vibración se ralentiza. A su vez, la vibración más rápida y la más lenta tienen algo en común: parecen, ante nuestros modos ordinarios de percepción, quietud. La rueda que gira a máxima velocidad, para la mirada ordinaria está quieta. Esta es la aparente quietud del Ser, del *Logos*.

Heráclito enseñaba que la naturaleza íntima del cosmos es el fuego; no el mero fuego material o físico –como han interpretado algunos intelectuales ciegos para el pensamiento analógico– sino, ante todo, el fuego como símbolo de la eterna inquietud del devenir. Una inquietud que es, a la vez, permanencia; pues el fuego lo es precisamente porque deja de ser a cada instante; es consumiéndose y renaciendo como el fuego permanece como tal.

> «El fuego es guerra y paz.»
> HERÁCLITO, A 1§ 8[4]

Gran parte de la filosofía, con posterioridad, nos dirá que solo puede permanecer lo que es estático, lo que no cambia; que el movimiento –el dos– no tiene nada que ver con lo permanente –el Uno–. Que, por lo tanto, la naturaleza intrínseca de la realidad, el Ser, aquello que se caracteriza por su permanencia, ha de ser ajeno al cambio. Se identifican así *permanencia* y *fijeza*. Pero Heráclito, con su imagen del fuego, y en unanimidad con la sabiduría perenne, nos dice que hay una *permanencia invisible* cuyo correlato visible es el cambio constante, una permanencia que se expresa como movimiento y que es la realidad íntima del movimiento.

> «En los mismos ríos ingresamos y no ingresamos, estamos y no estamos.»
> HERÁCLITO, fragmento 49

Y Lao Tsé nos enseña a ser como el Cielo y como la Tierra, que permanecen, paradójicamente, porque nada en ellos busca permanecer. Así, el Sol se oculta y renace cada día, los vientos volubles traen siempre nuevos aires, las estaciones se suceden y se suceden las luces y las sombras, y las plantas que reverdecen también se marchitan para ser, de este modo, abono de nuevas vidas...

«El cielo y la tierra son permanentes.
Deben su permanencia a que no hacen de sí mismos la razón de su
[existencia.
También son así los sabios: se ponen detrás para estar delante.
Excluyen su ego, y su ser permanece.
Por no desear nada, son señores de todo.»
Tao Te King VII

¿En qué momento sentimos que somos más nosotros mismos? ¿Cuándo se realiza y se afirma nuestra identidad de modo más profundo?

Por muy variadas que sean nuestras respuestas, con toda probabilidad todas ellas puedan resumirse en estas dos, que en el fondo son una: cuando amamos y cuando creamos, es decir, al dejar de hacer de nosotros mismos la razón de nuestra existencia. Cuando abandonamos la permanencia entendida como fijeza y permanecemos como el fuego: muriendo y recreándonos a cada instante, perdiéndonos para encontrarnos y encontrándonos al perdernos.

La permanencia estática es la de aquel que cree ser él mismo si es como fue ayer y sabe cómo será mañana, si es fiel a las imágenes y consignas mentales fijas que cree que le definen. La *permanencia dinámica* es la propia de quien abandona esas referencias y obedece solo a la lógica interna de cada instante –pues el *Logos*, recordemos, habla solo *ahora* y para el *ahora*–, y halla de este modo otro tipo de permanencia, otro tipo de coherencia: una coherencia o «armonía oculta que es mejor que la visible».

La permanencia visible caracteriza a quien ha muerto en vida y ya no alumbra en su ser y en su obrar nada realmente nuevo; a quien ha dejado de crear y de permitir que la vida cree a través de él: aquel que identifica su madurez con su nivel de cristalización y teme cualquier atisbo de creatividad real pues su endurecimiento le hace ser proclive a todo tipo de quiebras y fisuras. La *permanencia invisible* es aquella que posibilita que la ola sea ola, que la fuente sea fuente, que el río sea río, que el fuego sea fuego, que el hombre sea hombre, que la vida sea vida.

Los opuestos son idénticos en naturaleza pero distintos en grado

> «Maestro de los más es Hesíodo. Y creen que él es quien más cosas sabe cuando ni siquiera conoció que el día y la buena consejera de la noche no son sino uno.»
>
> HERÁCLITO, fragmento 57

Todo es dual o polar. La unidad invisible del *Logos*, del *Tao*, se expresa en el mundo visible como juego de opuestos. El Uno se manifiesta como dos. Pero el dos sigue siendo, dentro del mundo manifiesto, reflejo del Uno del que procede. Esto se advierte, entre otras cosas, en el hecho de que los opuestos son indisociables y, en ningún caso, contrarios mutuamente excluyentes. Más aún, constituyen un continuo, comparten una misma naturaleza. Como expresaba *El Kybalion*:

> «... los opuestos son *idénticos* en naturaleza pero distintos en grado.»
>
> Principio 4

Los opuestos parecen contrarios, nos advierte Heráclito, pero no lo son. El bien no es lo contrario del mal, la oscuridad no es lo contrario de la luz, el placer no es lo contrario del dolor, la vida no es lo contrario de la muerte. Los opuestos, lejos de ser contrarios, son idénticos en naturaleza; únicamente divergen en grado. Son las dos fases posibles del movimiento de un mismo péndulo, dos tonos de la misma escala, la cara y la cruz de una única realidad.

Así, el mal no es lo contrario del bien o aquello cuya naturaleza intrínseca es contraria a la naturaleza intrínseca del bien. El mal es de la misma naturaleza que el bien, solo que inferior en grado, es decir, es *ausencia* de bien.

La oscuridad no es aquello que es contrario a la naturaleza de la luz, sino la ausencia de luz. Por eso no podemos expulsar la oscuridad de una habitación, porque la oscuridad no es "algo" sustancial. Lo único que cabe hacer es abrir las ventanas para que penetre la luz; y esta desvelará la insustancialidad de las sombras.

¿Quién puede trazar el límite entre el calor y el frío, y decir: aquí termina uno, aquí comienza el otro? No es posible hacerlo porque el calor y el frío son idénticos en naturaleza, y sus diferencias son solo relativas, de grado.

¿Por qué nuestra más ardiente pasión amorosa puede transformarse, de repente, debido a alguna circunstancia fortuita, en odio? Porque la energía de atracción y la energía de repulsión comparten una misma naturaleza. En la atracción más intensa se oculta el germen de la repulsión; en el odio se oculta el germen del amor.

Solo hay cualidades

El pensamiento de Heráclito y la sabiduría hermética son filosofías de vida; sus intuiciones llevan dentro de sí la semilla de la transformación. Por eso, la comprensión profunda de la idea aquí expuesta –"los opuestos son idénticos en naturaleza"– puede irradiar sobre nuestra vida personal una luz inusitada. De momento, nos transmite una buena noticia: *solo hay cualidades*. Todo lo que es está constituido por cualidades, y lo que calificamos de "defecto" es solo la ausencia o la expresión limitada de alguna cualidad.

¿Qué es la timidez, por ejemplo, sino la expresión limitada de nuestra capacidad de autoafirmación? ¿Qué es el egoísmo sino una expresión estrecha del amor? ¿Qué pretende el criminal, en último término, sino conseguir lo que considera que es su propio bien? ¿Qué busca el suicida, irónicamente, sino mejorar su "calidad de vida"?... En general, allí donde percibimos un "defecto", lo que hay en realidad es una cualidad expresándose de modo torpe y limitado. Esta expresión restringida se origina, a su vez, en nuestras creencias e ideas igualmente limitadas sobre nosotros mismos y sobre la realidad: la creencia del egoísta de que su bien está reñido con el de los demás, la creencia del tímido de que su autoafirmación y la autoafirmación ajenas son incompatibles, o de que su identidad radica en esa autoimagen que está a merced de los juicios y opiniones de los demás, la miopía del criminal para calibrar lo que no sea el logro de su objetivo inmediato, etcétera.

En otras palabras, solo hay cualidades, si bien estas frecuentemente se manifiestan de modo restringido debido a lo limitado de nuestro nivel de conciencia y de nuestro sistema de creencias. Si esto es así, nuestro desarrollo no consiste tanto en esforzarnos por alcanzar las cualidades que supuestamente no tenemos, o en luchar contra nuestros supuestos defectos, como en comprender que las cualidades que pretendemos alcanzar constituyen ya nuestra naturaleza profunda, y que son nuestras falsas creencias, nuestra errada percepción de las cosas, lo que obstruye su expresión. La transformación verdadera –decíamos en la primera parte de este libro– es aquella que va de la mano de la ampliación de nuestra conciencia, de la corrección y mejora de nuestra visión. La finalidad de la filosofía perenne es precisamente la de permitirnos alcanzar el nivel de conciencia que, a modo de cauce amplio y sin obstrucciones, posibilite la expresión plena y fluida de las cualidades que en nuestro fondo *ya* somos.

Defectos y cualidades son, sustancialmente, lo mismo: los primeros son solo "carencia" de las segundas. Por eso, luchar contra el mal, contra nuestros supuestos defectos, es luchar contra quimeras, es pretender alejar a empujones la oscuridad. De aquí lo infructuosos y frustrantes que suelen ser estos esfuerzos. La energía orientada a favor del crecimiento de nuestras cualidades es el único camino que permite la superación real de nuestros límites.

Unos ejemplos

Una consideración quizá pueda ayudarnos a ahondar en este punto. Reflexionemos sobre cómo aquellos comportamientos y actitudes que solemos considerar "negativos" tienen –cuando son observados con detenimiento y profundidad– un propósito o intención positiva (entendiendo aquí por "positivo" lo que busca promover el desarrollo de una cualidad). Pongamos algunos ejemplos:

• Imaginemos que alguien se desmotiva en su trabajo y holgazanea, saboteando así su progreso profesional. Quien así actúa se recrimina su pereza. Cree que esta es la causa de su falta de diligencia y eficacia. Ahora bien, esa faceta de sí mismo, a la que califica de perezosa, con toda probabilidad sea más sabia de lo que cree. Quizá le está indicando que ese trabajo le aparta de sus anhelos más íntimos; o bien que ya es hora de que deje de trabajar bajo el peso de la obligación, el "deber", la inercia, el temor o la ambición; en otras palabras, le está indicando que su energía y entusiasmo solo van a colaborar con aquella actividad que sea la expresión positiva de su vitalidad y de lo más auténtico de sí.

• Reparemos en cómo solemos caer enfermos cuando nuestra actividad o nuestra tensión psíquica son excesivas. La enfermedad que calificamos de "negativa" en realidad nos está invitando a ralentizar nuestro ritmo, a dejar de violentar los ritmos naturales, a serenarnos y entrar en contacto con nosotros mismos, a ver las cosas desde otra perspectiva.

• Muchos hábitos que calificamos de autodestructivos son, en el fondo, un modo inconsciente de purgar algún sentimiento oculto de culpabilidad; esta es su intención positiva latente. A su vez, tal vez al recriminarnos a nosotros mismos incesantemente esos hábitos estamos reproduciendo, mediante estos mecanismos de autorreproche, la relación que tuvimos en la infancia con una figura de autoridad (un padre severo, por ejemplo), lo cual, a su vez, nos conecta con la seguridad que esa figura en su momento nos proporcionó –pueril y regresiva, pero seguridad a fin de cuentas–.

Estos ejemplos nos pueden ayudar a comprender que, allí donde en apariencia hay un defecto, lo que realmente existe es una cualidad pugnando por expresarse. De aquí la conveniencia de no dirigir la atención hacia los supuestos "defectos", sino de averiguar cuál es su intención positiva, para ir a su favor. Eso sí, se encauzará esa dirección positiva, una vez descubierta, de una manera más creativa y constructiva que antes, es decir, desde un nivel de conciencia y de comprensión superior, desde un marco de creencias más maduro. Volviendo a los ejemplos anteriores:

• El que holgazaneaba en su trabajo quizá descubra que su supuesta pereza le está indicando que no está en su lugar, lo que quizá le motive a buscar un trabajo nuevo. Si no puede cambiar de trabajo, o siente honestamente que no debe hacerlo, quizá decida permanecer en él desde una actitud interior renovada, realizándolo no por mera inercia, ambición o temor, sino creativamente, percibiéndolo como una oportunidad de crecimiento y de autoexpresión. El simple hecho de haber comprendido que su desgana era un síntoma –que le informaba acerca de que una cualidad, la autenticidad, buscaba abrirse paso– hará que esta disminuya. Y es que, desde el momento en que se capta su mensaje, el síntoma ya no tiene razón de ser.

• El que enfermaba cuando su tensión era excesiva quizá comprenda que debe modificar sus ritmos y sus hábitos, pues la hiperactividad y la tensión nunca pueden ser el cauce de una actividad auténtica y centrada. La enfermedad ya no necesitará decirle lo que él ya ha visto por sí mismo y ha puesto en práctica.

• El que se da cuenta de cómo ciertos hábitos autodestructivos eran una forma indirecta de sentirse seguro, de cómo el autorreproche le era tan familiar que sin él se sentía desolado, demasiado desnudo, podrá enfocar su atención en obtener esa seguridad de una forma más provechosa y madura, que no obstaculice su bienestar y crecimiento. Sus hábitos negativos perderán fuerza porque no necesitará proporcionarse a través de ellos, inconscientemente, lo que ya está logrando conscientemente por otra vía.

En conclusión: la lucha contra nuestros supuestos defectos no es el camino del crecimiento. Ilustrábamos esta idea diciendo que no podemos expulsar la oscuridad de una habitación, sino solo abrir las ventanas para que penetre la luz. El acto de abrir las ventanas es una metáfora de la inutilidad de fijar la atención en los defectos, y de la necesidad, en cambio, de orientarla hacia la intención positiva que siempre atesoran –aunque de entrada nos cueste admitirlo–. "Abrir las ventanas" equivale a favorecer la expresión de esa intención positiva desde un marco de creencias renovado, desde un nivel superior de comprensión. Equivale a aceptar, frente a lo que suele ser nuestra creencia habitual, que nuestras "limitaciones" pueden ser nuestras colaboradoras; que no hay que eliminarlas y silenciarlas a toda costa, sino escucharlas. De hecho, nos proporcionan una información valiosísima: nos dicen qué cualidades necesitamos desarrollar en un momento dado de nuestra vida, y qué creencias precisan ser modificadas para que sea posible este desarrollo.

La dinámica de la alternancia

Para adentrarnos en la comprensión de lo que denominaremos "dinámica de la alternancia", retomemos de nuevo la sentencia de Heráclito que –recordemos– nos decía:

> «[...] este mundo siempre fue, es y será fuego vivo que se enciende según medida y según medida se apaga.»
>
> Heráclito, fragmento 30

En otras palabras, la vibración u oscilación entre dos polos, que parece ser la dinámica de toda la realidad cósmica, se produce "según medida", es decir, de forma rítmica y proporcionada. La sabiduría hermética lo expresa así:

> «Todo fluye, fuera y dentro; todo tiene sus mareas; todas las cosas suben y bajan; la medida de la oscilación a la derecha es la medida de la oscilación a la izquierda; el ritmo compensa.»
>
> Principio 5 de *El Kybalion*

La medida de la oscilación a la derecha es la medida de la oscilación a la izquierda. Cada polo es compensado al ser sucedido por el polo opuesto, y cada realización de un polo exige la manifestación proporcional de su reverso.

A esta ley rítmica, que opera en todos los niveles de la realidad –groseros y sutiles, físicos y psíquicos–, y tanto a escala universal como individual, apunta la noción índica de *karma*. Esta no expresa, como se ha interpretado con frecuencia, una suerte de sanción moral, de premio o de castigo cósmico, sino la ley de compensación en virtud de la cual se mantiene el equilibrio de la totalidad: cualquier énfasis en un aspecto parcial de la realidad ha de ser seguido por un énfasis proporcional en el aspecto opuesto.

El péndulo se mueve hacia la izquierda en el mismo grado en que se moverá hacia la derecha. El ascenso de un brazo de la balanza contiene la medida del descenso del brazo alterno.

En otras palabras: cuanto más busque el placer, más temeré el dolor; cuanto más aprecie algo, más me dolerá su pérdida; cuanto más ascienda, más agudo será el vértigo consiguiente y más grave será la caída... En general, cuanto más enfatice un aspecto de la dualidad, con más fuerza, tarde o temprano, me enfrentaré a su opuesto, y tendré que asumir que yo mismo –con mi énfasis excluyente– he contribuido a dirigirme hacia él.

Comprender a fondo esta ley, tal y como opera dentro y fuera de nosotros, equivale a vislumbrar la razón de ser de ciertas dinámicas paradójicas presentes en el comportamiento del individuo y de la sociedad, así como de algunas trampas psicológicas que nos dificultan tanto conseguir lo que queremos.

Esta ley explica la razón de ser de esa batalla campal que todo ser humano ha experimentado dentro de sí, y en la que parece que, cuanto más nos esforzamos por vencer al contrincante, este más nos domina y nos posee.

Nos permite entender, por ejemplo, por qué, con demasiada frecuencia, el asceta se torna libertino, y el libertino, asceta; por qué, en el ámbito social, épocas de rigidez y de estrechez moral dan paso, sistemáticamente, a épocas de excesos y desorden, y viceversa.

Una visión panorámica de la historia de la humanidad nos patentiza que las culturas más florecientes decaen y que los imperios se derrumban y se desvanecen por la falta de la tensión dinámica que propició su éxito –pues no es posible que el oscilar del péndulo se mantenga indefinidamente en uno de sus extremos–. Análogamente, hemos observado cómo en la vida individual un éxito prematuro puede ser el preámbulo de un fracaso vital, pues desaparece la fuerza motriz necesaria para generar un impulso activo (el "dos" o la tensión de los opuestos).

Probablemente hayamos sido testigos de cómo el pseudovirtuoso acumula frustración, resentimiento y acritud, y de cómo muchas veces el débil, como consecuencia de su comprensión de la condición humana, llega a ser genuinamente virtuoso, bondadoso y compasivo.

Hemos observado, asimismo, que quien decía vivir dándose a los demás con frecuencia termina reclamando las necesidades propias que en un momento dado decidió relegar y, cargado de exigencias, se enfrenta a aquellos a quienes "se dedicó". El que se plantea conscientemente ser humilde puede desarrollar una secreta arrogancia y autocomplacencia. La persona que se identificó con la belleza de su juventud acaba enfrentándose con especial virulencia al fantasma de la fealdad y de la decadencia –un fantasma que ella misma nutrió al enfatizar de forma unilateral una belleza que no asumía su opuesto–. Quien desarrolla un control obsesivo sobre lo que ingiere termina siendo víctima de la voracidad compulsiva. El que teme que le hagan daño y se protege se siente constantemente herido...

«Porque el cultivo del bien es el cultivo velado del mal.»

Lao Tsé

Esta ley no solo nos revela el porqué de las dinámicas de esta naturaleza, sino –más importante aún– cómo neutralizarlas. Esto es lo que pasaremos a ver a continuación: ¿Cómo evitar esta trampa paradójica? ¿Cómo optar por un polo de la dualidad sin pasar a ser víctimas de su opuesto? ¿Cómo estar en el mundo de los opuestos sin ser de él, sin ser arrastrados por su continuo vaivén?

La mano que sostiene el péndulo

Rara vez somos conscientes de que hay una armonía que integra los opuestos:

> «Pues no habría armonía si no hubiese agudo y grave, ni animales si no hubiera hembra y macho, que están en oposición mutua.»
>
> HERÁCLITO, fragmento 9

> «Se debe comprender que la [...] contienda es la justicia, y que todo sucede gracias al impulso de la contienda.»
>
> HERÁCLITO, fragmento 80

Buscamos la paz negando "el impulso de la contienda", el dinamismo de los opuestos, en otras palabras, negando la "mitad" del mundo y de nuestras experiencias, aquella que calificamos de "negativa". Pocas veces advertimos que hay una paz que no es incompatible con ninguna experiencia, sino que las abraza a todas; que no excluye la "contienda", pues no pertenece a su mismo nivel. La contienda es la oscilación del péndulo. La paz real es la mano que lo sostiene.

Nuestra tendencia habitual –particularmente representativa de nuestra mentalidad occidental– es la de afirmar solo ciertos aspectos de la realidad, como si fuera posible detener la oscilación de un péndulo en uno de sus extremos. Queremos placer sin dolor, ascensos sin descensos, vida sin muerte, renacer sin morir, éxitos sin fracasos,

palabras sin periodos de silencio, una economía de crecimiento ilimitado sin recesos, un progreso lineal sin roces. Dividimos el mundo
en dos, y queremos solo una mitad, la compuesta de los polos que
calificamos de positivos, pretendiendo negar o evadir las polaridades
supuestamente negativas, la otra mitad de la realidad.

Nuestros proyectos políticos, nuestros programas económicos,
nuestros ideales individuales, nuestras metas morales... se sustentan
en la ilusión –pues niega la naturaleza cíclica y rítmica de todo lo
que es– de la posibilidad de un progreso lineal y unidireccional a
cualquier nivel.

Pero ¿es que puede ser de otro modo? ¿Quién puede elegir
conscientemente las polaridades negativas? ¿Cómo no elegir el bien
frente al mal, la belleza frente a la fealdad, la abundancia frente a
la carencia, el ascenso frente al descenso, el avance frente al retroceso...?

La no-dualidad

Recordemos en este punto lo que nos indicaba la sentencia hermética: «los opuestos son de idéntica naturaleza pero distintos en grado».
Lo que llamamos mal –decíamos– es carencia de bien, lo que llamamos fealdad es solo carencia de belleza, etcétera. Esto significa, para
la mirada profunda, que, en último término, esos vaivenes bipolares,
a cuyos extremos tendemos a otorgar realidad y valor absolutos, son
solo la manifestación gradual, sucesiva, de una *realidad única* que
no merece, en propiedad, ser calificada como "buena" o como "mala",
como "bella" o como "fea", como "positiva" o como "negativa", tal
y como entendemos y usamos estos términos de ordinario (es decir,
como conceptos duales). Una realidad única a la que es posible denominar *bien, belleza, sabiduría* y *felicidad* solo en la medida en que
se advierta que estos términos tienen ahora un nuevo sentido, pues

no están ya en relación con ningún opuesto. En este punto hay que hacer un pequeño esfuerzo para superar las inercias y límites de nuestra mente dual –que solo nos permite comprender una cualidad al ponerla en relación con su contraparte polar– y captar el significado de lo que el pensamiento índico denomina *no-dualidad*.

La mano que sostiene el péndulo posibilita y mantiene su vaivén; pero la mano en sí misma no participa de dicha oscilación. Del mismo modo, la realidad última –el *Tao*, el *Logos*– reúne, armoniza y sostiene todas las dualidades, pero ella, a su vez, no tiene opuesto, es decir, no oscila, no forma parte de ninguna dualidad. Este es el significado de la expresión "no-dualidad": aquello que aúna y sustenta las dualidades sin formar parte, a su vez, de ninguna de ellas. La no-dualidad, al modo de la mano que sostiene el péndulo, es una suerte de tercer término que no se puede nivelar con el plano en el que todo es necesariamente polar o dual. Y, a su vez, es en virtud de ese tercer término que lo que es "dos" puede ser "dos". La no-dualidad es el fundamento de la dualidad, su esencia y unidad secreta.

> «El punto en el que esto y aquello no tienen su pareja [donde no hay opuesto o contrario] es el quicio del *Tao*.»
>
> Chuang Tzu

Decíamos que la realidad última y única que sostiene nuestro mundo polar puede ser calificada de *bien, belleza, sabiduría* y *felicidad* solo en la medida en que estos términos no nos sugieran sus opuestos. En otras palabras, hablamos de un Bien que no es el bien que está limitado por el mal y es negado por este; de una Sabiduría que no es la sabiduría cuya contraparte polar es la ignorancia; de una Felicidad superior que no está amenazada por el dolor, pues es más originaria que la polaridad dolor-felicidad; etcétera.

El "bien-mitad", el que se contrapone al mal y lo excluye, no es el verdadero Bien. La "belleza-mitad", la que se contrapone a lo que denominamos fealdad, no es la genuina Belleza. La "alegría-mitad", la que se alterna con el dolor, no es la auténtica Felicidad. Etcétera.

Bien (3)

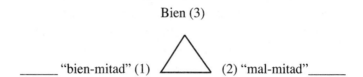

_____ "bien-mitad" (1)   (2) "mal-mitad"_____

Este gráfico, aun siendo una metáfora necesariamente limitada, nos puede ayudar a comprender el significado de lo que venimos diciendo. No es accidental que acudamos a la figura del triángulo, pues este es uno de los símbolos tradicionales de la no-dualidad. En él, la línea horizontal 1__2 simbolizaría el mundo tal y como se muestra ante nuestra percepción dual. En este plano horizontal –en el que se desenvuelve nuestra conciencia ordinaria– solo podemos pensar en el bien si lo contraponemos al mal, y viceversa. El bien es, en este nivel, lo contrario del mal, y el mal es lo contrario del bien. Ambos se excluyen mutuamente.

El punto (3) simbolizaría, a su vez, la Realidad con mayúsculas (es decir, la realidad en sí, y no tal y como la percibe nuestra mente divisora), la no-dualidad o la unidad secreta del *Logos*. Este vértice no tiene opuesto y, a su vez, revela la unidad interna de los opuestos que, dentro del plano de la dualidad (la horizontal 1__2), parecían incompatibles. Es aquí donde radicaría el Bien superior o no-dual.

Ambos planos (el de la dualidad y el de la no-dualidad) no deben ser confundidos:

> «Lo que es directamente contrario a un mal no pertenece nunca a la esfera del Bien superior.»

«La palabra bien no tiene el mismo sentido como término de la correlación bien-mal que cuando designa a lo Absoluto.»

SIMONE WEIL[5]

El vértice (3) equivale a la mano que sostiene el péndulo. La polaridad (1__2) a los extremos que dibuja su vaivén.

Apliquemos este esquema a la Verdad, la Belleza, la Felicidad, etcétera.

En resumen: el bien, la belleza, la sabiduría y la felicidad no pueden dejar de ser los ideales de la vida humana. Pero la verdadera Belleza, el verdadero Bien, la verdadera Sabiduría... *no son polos de una dualidad, sino lo que sostiene la dualidad misma.* Pertenecen a la "armonía invisible", al lugar sin lugar donde se establece la secreta unidad de los aparentes contrarios, a la dimensión de la realidad y a la mirada en las que acontece la reconciliación de los opuestos.

El reino del *Logos*, del *Tao*, es el dominio de la no-dualidad.

Ahora bien, ¿en qué consiste una Felicidad que radica más allá del vaivén felicidad-infelicidad? ¿Qué pueden significar un Bien ajeno a la polaridad bien-mal y una Sabiduría que no se contrapone a la ignorancia?

En las secciones siguientes dilucidaremos estas cuestiones. De momento, pasaremos a responder a la primera de estas preguntas: *¿Qué puede significar una felicidad no-dual?*

La felicidad no-dual

«Quien se alegra en el tiempo, no se alegra todo el tiempo [...]. Quien se alegra por encima del tiempo y fuera del tiempo, éste se alegra todo el tiempo.»

Maestro ECKHART[6]

La mayor parte de las enseñanzas filosóficas y espirituales han tenido una curiosa forma de aproximarse a la cuestión de la felicidad: acercándose, en primer lugar, a la realidad del dolor. Muchos de quienes han accedido a la experiencia de una alegría intensa y sostenida en el tiempo afirman que esta comenzó tras un contacto directo, sin filtros, con el sufrimiento. Algunos de ellos optaron incluso, tras esta experiencia, por un modo de vida que les ponía en relación directa y permanente con los que sufren. De entrada, para nuestras reacciones más elementales, todo esto parece contradictorio: ¿cómo se puede ser feliz ante la evidencia de los fantasmas que más amenazan nuestros ideales y sueños de felicidad?

La Primera Noble Verdad de la enseñanza budista es la afirmación de que el dolor es intrínseco a la existencia humana:

> «Nacer es sufrir, envejecer es sufrir, morir es sufrir; la pena, el lamento, el dolor, la aflicción, la tribulación son sufrimiento; no conseguir lo que se anhela es sufrimiento [...]».
>
> BUDA[7]

Este sufrimiento –nos enseña el budismo– tiene su origen en nuestra voluntad de aferramiento a lo que no puede ser más que cambiante, transitorio e impermanente.

Según la leyenda, la realidad del dolor, de la carencia y la limitación, de la enfermedad, la decadencia, la vejez y la muerte había sido ocultada a los ojos del joven príncipe Sidharta (quien, tras su iluminación, sería llamado el *Buda*). Tuvo que rebasar los límites de su palacio, donde vivía rodeado de todos los goces, en medio del lujo y de la ociosidad, y donde era objeto del más perfecto respeto y admiración, para toparse con lo que quebró la ilusión de la completa felicidad en la que hasta entonces había estado sumergido. La visión de la decrepitud, encarnada en un anciano, de la degeneración física y del sufrimiento moral, en la figura de un enfermo, y de un cadáver, al que conducían en medio de gritos y llantos a la pira funeraria, le revelaron la fugacidad y la limitación propias de todo lo existente. La expectativa de una felicidad total, entendida como el sostenimiento en el tiempo de un compendio de polaridades exclusivamente positivas, nos mantiene también a nosotros dentro de los márgenes de nuestros bien acondicionados engaños. Quizá no seamos bellos, ricos, poderosos y queridos como el joven Sidharta en su palacio, pero basta con que pensemos que es posible desterrar de nuestras vidas el dolor, el esfuerzo, el declive o la frustración. Esta expectativa nos recluye en nuestros ilusorios palacios mentales y nos ciega al carácter dual –en el que sombra y luz van siempre de la mano– de la existencia.

Y todo parece invitarnos a que así sea. Cierto optimismo científico se encarga de velarnos el carácter ineludible de la enfermedad y de la decadencia. Hay quienes sostienen que el reciente descubrimiento del mapa del genoma humano pondrá fin a las enfermedades que aún nos afligen y neutralizará los desagradables efectos secundarios de la vejez. La muerte parece ser cada vez más un fenómeno aséptico e impersonal; se trata de que sintamos que siempre mueren "los otros". El pasado optimismo económico nos ha hecho olvidar que la indigencia de las tres cuartas partes de la población planetaria y los desastres ecológicos son, en gran medida, el precio del bienestar socioeconómico de Occidente. La colaboración puntual con una organización benéfica puede servir, en ocasiones, para acallar posibles atisbos de mala conciencia... La publicidad nos promete un ideal de juventud eterna: un poco de dinero, y nuestras arrugas y excesos adiposos desaparecen como por arte de magia...

Evadimos la mirada del mendigo porque quizá no queremos entrar en contacto con el potencial para decaer que todos tenemos dentro: esa rampa psicológica que nos puede arrastrar hacia abajo en situaciones límite. Por lo mismo, puede que evitemos a ese familiar con demasiados problemas o a ese amigo que ha venido a menos –justificándonos con el argumento de que él es el único responsable de su malestar–.

Dentro de nuestras vidas, de nuestros hogares, quizá las grietas son muchas y por ellas se infiltra todo lo que no queremos mirar, gritándonos su evidencia. Pero es fácil desatender esas señales, por ejemplo, encendiendo el televisor o hundiendo nuestros ojos en revistas y magacines que nos permiten, de forma vicaria, ser por un momento lo que soñamos ser. Nuevas ilusiones nos hacen olvidar: «¡Cuando avance un poco más "lo del genoma humano"!». «¡Si nos tocara la lotería!»... Se trata de que siempre queramos "algo más" y de que eso parezca la salvación; de este modo evitamos el contacto con lo que late silenciosamente bajo nuestra avidez: una gran sensación de vacío y de futilidad provocada por tanta huida y por tanto cerrar los ojos. Como afirma Thoreau:

> «La mayoría de la gente vive su vida en una tranquila desesperación.»[8]

Si identificamos la felicidad exclusivamente con las experiencias fisiológicas, mentales y emocionales de naturaleza positiva y con las situaciones que las posibilitan, la felicidad permanente será solo una quimera. Pues nuestro cuerpo, nuestra mente y nuestras emociones están en constante cambio, y también lo están los objetos, personas y situaciones que sustentan nuestro bienestar. Este tipo de felicidad es necesariamente dual; su contraparte polar, su sombra inseparable, es la infelicidad.

> «La felicidad se sustenta en la infelicidad; la infelicidad acecha a la felicidad.»
>
> LAO TSÉ[9]

La ilusión de una felicidad completa, así entendida, es una de las grandes mentiras con las que la sociedad del bienestar y el progreso ilimitado nos hechiza. Una ilusión que nos mantiene en un estado de insatisfacción crónica, y que garantiza el sostenimiento del engranaje socioeconómico que sobrevive alimentando artificialmente la dinámica de nuestros deseos.

Como se dice usualmente: «la vida no es fácil». Esta frase puede parecer prosaica o una verdad de Perogrullo, pero son pocas las personas que han tomado plena conciencia de este hecho y que, por lo tanto, han abandonado la expectativa de que alguna vez vivir sea fácil para ellas. Cuántas vidas se consumen a la espera de este ideal. Y cuántas personas pierden su propio centro y raíz al vivir enajenadas y distraídas, contemplando las vidas de los otros y comparándose continuamente con ellos, engañadas por la creencia de que para algunos de esos otros la vida sí que parece ser fácil.

El dolor es intrínseco a la existencia humana, nos enseña el budismo. Esta no es una afirmación pesimista, pues se limita a enunciar algo que en el fondo todos sabemos. No nos dice nada nuevo. Simplemente nos invita a tomar plena conciencia de este hecho; a salir de nuestros palacios imaginarios; a mirar directamente los aspectos de la vida, de nuestra propia vida, que tanto nos escuecen; a sentir cómo, al hacerlo, tantos castillos de naipes mentales caen por tierra y tantas ilusiones pierden su hechizo sobre nosotros. Quizá nos "des-ilusionemos". Pero ¿por qué consideramos negativa la muerte de una ilusión? La ilusión, efectivamente, otorga cierta energía y motivación, pero no es esta la energía que nos ha de interesar (es la de los ilusos). Pues bien, solo entonces, desde la aceptación del carácter dual de nuestra existencia, en la que la alegría convive con la tristeza y el placer con el dolor, y en la que el nacimiento es la otra cara de la muerte, estamos, paradójicamente, en condiciones de comenzar a entender qué puede significar ser feliz y dónde hemos de situar las raíces de la verdadera felicidad.

Paradójicamente, al dejar de correr tras la "felicidad mitad" o "dual", y de huir de su opuesto, comenzaremos a saborear una felicidad de otra cualidad: más profunda, más firme, más intensa y, a la vez, más serena y silenciosa. Un gozo sereno que ya no tememos perder ni necesitamos aferrar, pues, al modo de la savia que nutre y vivifica la planta desde su raíz, con independencia de vientos y de lluvias, del Sol del verano y de la oscuridad gélida del invierno, este gozo surge desde nuestra propia raíz, desde aquello que en nosotros –la mano que sostiene el péndulo– es inalterable e inalienable.

Al abandonar las "ilusiones" en las que solíamos cifrar nuestra fuente de motivación –y que, a modo de falsos estímulos, necesitábamos para avanzar y exorcizar el desaliento–, comprobaremos que un nuevo tipo de motivación que ya no precisa de ilusiones, sino que tiene su asiento en la realidad, nos guía y nos inunda.

La afirmación budista de que el dolor es intrínseco a la existencia invita a abrir los ojos, a dejar de vivir de ilusiones. Pero en ningún caso nos dice que sea imposible ser feliz. Todo lo contrario, en un segundo momento esta enseñanza sostiene que es posible ser máximamente feliz con los ojos abiertos. Más aún, afirma –como tantas otras doctrinas filosóficas y espirituales– que solo es posible ser realmente feliz con los ojos abiertos, viviendo conscientemente, abandonando nuestros "sueños" de felicidad. Esta es una gran noticia: nada, ningún panorama real, puede amenazar la verdadera alegría. Este segundo paso hace que la constatación del dolor intrínseco a la existencia no sea un refugio para el cinismo o para el desaliento.

La sabiduría nos enseña que la felicidad más genuina no solo puede convivir con la realidad de la limitación y el dolor, sino que encuentra en la aceptación de la fugacidad de las cosas, de la temporalidad y de la muerte su más certera guía. Paradójicamente, solo la felicidad que se sustenta en la toma de conciencia de la impermanencia de todo cuanto existe puede ser permanente.

La felicidad dual y la felicidad no-dual

Es fácil distinguir ambos tipos de felicidad. Estos podrían ser algunos criterios:

• La *felicidad dual* es amenazada y negada por la experiencia del dolor; esta última es su opuesto.

La *felicidad no-dual* no solo no excluye la experiencia del dolor, sino que se alcanza a través de la aceptación de este como un ingrediente intrínseco a la existencia. Reconcilia dentro de sí el par de opuestos alegría-dolor; por eso es *no-dual*.

• La *felicidad no-dual* no se preocupó nunca de sí misma, no se "planificó". Posee, inesperadamente, a quien está comprometido con la verdad, con su propia veracidad; a quien vive con los ojos abiertos y se ha reconciliado plenamente con las luces y las sombras que constituyen la existencia.

Una felicidad "planificada", erigida de antemano como una meta, es, por el contrario, una dicha imaginada. Por eso es dual, pues una "imagen" de la felicidad conlleva, necesariamente, otra "imagen", la de aquello que a toda costa se ha de evitar y evadir. La dicha que se busca en directo es una *felicidad condicionada* porque estará presente solo cuando se den ciertas condiciones, las que establece nuestra idea particular de ella.

La *felicidad no-dual* es *incondicionada*, no depende de que se cumplan ciertas condiciones. Puesto que no se planeó ni se buscó directamente, solo una vez que se ha saboreado –nunca antes–, es reconocida como tal.

• La *felicidad dual* se traduce, con frecuencia, en sentimientos de euforia crispada. El que la alcanza se regodea en ella, pues la había convertido en un fin absoluto; se apega crispadamente a ella, además, porque sabe de su fragilidad. Pero en virtud de la dinámica cíclica que hemos explicado, no nos ha de sorprender que, tarde o temprano, este estado dé paso al abatimiento; este será más profundo cuanto más intensa haya sido la excitación anterior. Los ciclos "maniaco-depresivos" –en los que, sin necesidad de llegar a límites patológicos, todo ser humano está en mayor o menor grado inserto– encuentran su mejor cura en la comprensión de que es el apego a nuestras experiencias felices, y el cultivo de la excitación que ellas nos proporcionan, lo que alimenta la tristeza y la sensación de futilidad posteriores; de que al inflar con el apego nuestras experiencias gozosas, nutrimos la hondura del vacío posterior.

Quien saborea la felicidad no-dual recibe con los brazos abiertos toda experiencia, sea del signo que sea. Se abre a ellas sin temor. Se abre por igual a la alegría y al dolor, cuando estos se hacen presentes. Se entrega a la alegría sin buscar retenerla –sin alimentarla con el apego o con la imaginación–, y por eso esta permanece. No rechaza el dolor, y, por eso, este no provoca sufrimiento psicológico ni acritud y desaparece con suavidad, dejando el rastro de una mayor dulzura de carácter, hondura y sabiduría.

Quien así actúa no olvida, en los momentos de alegría, que estos son pasajeros y que sobrevendrán momentos de tristeza. Cuando experimenta tristeza, tiene presente que tal estado pasará y que volverá a sentir alegría. No engrandece lo primero; no dramatiza lo segundo. Sabe que su ser más íntimo radica más allá de ese vaivén; que no es péndulo, sino la mano que lo sostiene; y halla en este saberse sostén y no péndulo, en este sentirse libre interiormente con respecto a las oscilaciones de la existencia y a los contenidos de tonalidades ilimitadas que la componen, una felicidad de otra naturaleza, la única que es inexpugnable y permanente. Halla el contento invisible que es más fuerte que el visible, la armonía invisible que es mejor que la obvia.

Nos preguntábamos al final del apartado anterior cómo neutralizar la dinámica en virtud de la cual el énfasis en un aspecto polar de la realidad necesariamente nos enfrenta a su opuesto. Pues bien, podemos dar ya una primera respuesta: podemos neutralizar esta dinámica evitando *identificarnos* o *apegarnos* de forma *exclusiva* a ciertos aspectos parciales de la realidad (de forma exclusiva, porque no consideramos los aspectos opuestos: no los miramos directamente ni los asumimos como ingredientes ineludibles de la existencia).

No estamos hablando de renunciar a poner los medios para que en nuestra vida abunde el bienestar psicológico y físico en todas sus formas. Todo lo contrario, debemos comprometernos activamente con que así sea. Lo que es preciso comprender es que *aquello de lo que huimos, lo que no queremos asumir o afrontar, por esa misma razón, nos persigue.* Se trata, por lo tanto, de que nuestra legítima preferencia por algo no conlleve la negación o la evitación sistemática de su opuesto.

Es el apego el que provoca que el movimiento del péndulo se agudice con ímpetu, y que con ímpetu proporcional seamos arrastrados en la dirección contraria. Quien integra los opuestos, quien los observa vibrar en su íntima interdependencia, y no convierte sus preferencias en predilecciones excluyentes o ilusorias, no solo ralentiza la oscilación del péndulo, sino que deja de ser arrastrado por este. Pues ver en simultaneidad los dos opuestos, advertir su intrínseca unidad, equivale a estar más allá de ellos; equivale a ascender por el cordel del péndulo en dirección al vértice que enlaza los extremos que dibuja su vaivén. Desde ahí, somos señores del mundo de los opuestos, y dejamos de ser sus víctimas.

El bien no-dual

> «Para Zeus, todo es bello, bueno y justo; los hombres, por el contrario, tienen unas cosas por justas y otras por injustas.»
>
> HERÁCLITO, fragmento 102

Hemos intentado comprender qué significa una "felicidad no-dual". Intentaremos a continuación dilucidar en qué puede consistir un "bien no-dual".

En este punto conviene matizar lo dicho anteriormente, introduciendo una nueva distinción:

Entre las dualidades que conforman la existencia cabe distinguir dos tipos cualitativamente diferentes. El primero corresponde a las dualidades naturales, las que advierte cualquier observador imparcial y en las que, en principio, está ausente todo componente valorativo: frío-calor, invierno-verano, noche-día, alto-bajo, masculino-femenino, etcétera. El segundo tipo es el de aquellas dualidades que se sustentan siempre en una valoración y existen en virtud de ella: bueno-malo, agradable-desagradable, positivo-negativo, útil-inútil, justo-injusto, etcétera.

Ordinariamente, nos enfrentamos a las distintas realidades, tanto externas como internas, a través de juicios de valor. Si ponemos un poco de atención veremos que nuestro diálogo interno es un continuo juzgar y valorar. Estos juicios son el filtro a través del cual nos relacionamos con nosotros mismos y con lo que nos rodea. Juzgamos a las personas presentes y ausentes, conocidas y desconocidas; a nosotros mismos –nuestros deseos, impulsos, acciones, omisiones, características internas y externas, circunstancias...–; también la situación social, el mundo como un todo, e incluso al mismo Dios.

Gran parte de nuestro mundo emocional es el compendio de las reacciones que han provocado en nosotros cada uno de esos juicios valorativos: estados de ánimo positivos y estimulantes si en dichas estimaciones hemos salido beneficiados; deprimentes e incapacitantes, en el caso contrario; sentimientos de superioridad y de distanciamiento arrogante, cuando los que salen mal parados son los demás; de comunión y afecto, en el caso inverso; de integración y arraigo existencial, cuando nuestra opinión sobre la realidad en sentido amplio es positiva; de desarraigo y desconexión, cuando no es así...

En general, a cada pensamiento que adopta la forma de un juicio de valor lo acompaña una emoción. Las emociones no son tan arbitrarias y carentes de lógica como nos inclinamos a pensar –quizá para evitar sabernos cómplices del desorden de nuestro mundo emocional–. Si queremos ver un correlato exacto de cómo nos sentimos, no tenemos más que observar la tonalidad predominante de nuestro diálogo interno. Cambiemos esta última y cambiará, sin duda, nuestro tono emocional.

Todas estas evaluaciones –en virtud de las cuales calificamos algo, básicamente, como "bueno" o "malo", con todas sus variantes: deseable o indeseable, aceptable o inaceptable...– arraigan en nuestros particulares sistemas de creencias, que son, a su vez, sistemas de valores. Estos sistemas tienen algo en común: todos ellos definen cómo debemos ser y qué debemos hacer, cómo deben ser lo demás y qué deben hacer, y, en general, cómo deben ser las cosas. Presuponen, en definitiva, que *hemos determinado o creemos saber quiénes somos* y *qué es el mundo.*

En cierto modo, todos estos juicios y las emociones concomitantes actúan como una burbuja artificial que nos envuelve y nos penetra. En ella habitamos. Como decíamos en el capítulo «Filosofía para durmientes. Filosofía para el despertar», no todos habitamos el mismo mundo; cada uno mora en un mundo particular que es tan personal, subjetivo e incompartible como un "sueño". Con frecuencia, lo que llamamos comunicación y comunión no es más que el roce ocasional y tangencial de los sueños ajenos con nuestro propio mundo-sueño.

El mundo que cada cual percibe es, en buena medida, un reflejo de su esfera privada de creencias, pensamientos, valores y deseos. Pero –como decíamos también– una treta psicológica muy generalizada, con la que buscamos olvidar que somos hasta cierto punto responsables de lo que vemos y sentimos, nos lleva a pensar que sucede exactamente a la inversa; así, por ejemplo, digo que me siento indignado *porque* el mundo es injusto, que estoy desmotivado *porque* el mundo es desalentador y poco estimulante, etcétera. En primer lugar, decidimos qué queremos creer y, por consiguiente, en qué clase de mundo queremos habitar. En segundo lugar, vemos el mundo a través de ese filtro de creencias, de tal modo que nuestra percepción confirma nuestra previa elección. Interpretamos esto último como si nuestras creencias hubieran sido confirmadas por "la realidad" y olvidamos –más bien, decidimos olvidar– que dicha "realidad" no es más que la proyección de nuestras ideas y deseos.

Nuestros juicios –las creencias que los sostienen y las emociones que los acompañan– definen la idiosincrasia de nuestro mundo personal. El que vive exclusivamente en el mundo de sus interpretaciones personales está "dormido" a la realidad. La imagen del "sueño" –utilizada como una metáfora de nuestro estado ordinario de ignorancia– es una constante en todas las grandes tradiciones de sabiduría, tanto de Oriente como de Occidente. Para estas tradiciones, los "despiertos" no habitan en el mundo de sus opiniones y evaluaciones subjetivas; por eso comparten un "mundo común". Recordemos la sentencia ya citada de Heráclito:

«Los despiertos tienen un mundo único en común; cada uno de los que duermen, en cambio, se vuelve hacia su mundo particular.»

Fragmento 89

Ahora bien, ¿cómo acceder a ese mundo común?, ¿cómo salir del estado de ensueño en el que habitualmente transcurre nuestra vida?... En el capítulo señalado, desde otra perspectiva dimos respuesta a estas preguntas. Ahondaremos en esa respuesta dentro de nuestra actual línea de reflexión.

Despertar requiere, en primer lugar, reconocer que desconocemos el secreto y el sentido último de todo lo que vemos; abandonar la creencia de que sabemos quiénes somos y lo que las cosas son; admitir que habitualmente dormimos y que «sólo los estúpidos se creen muy despiertos» (Chuang Tzu).

Requiere, en segundo lugar, advertir que las distintas realidades, antes que nada –de ser de un modo u otro, y de "deber ser" algo– sencillamente *son*. Este mundo, en toda su complejidad y misterio, ante todo *es*... y es como es. Más allá de nuestras opiniones y valoraciones, atracciones y repulsiones, la realidad permanece imperturbable. Nuestros juicios no la rozan; y ella no nos pide disculpas por ser como es.

Despertar exige, en tercer lugar, comprender que no podemos situarnos "más allá" de "lo que es", para, desde esa posición privilegiada, poder juzgar el mundo. No podemos porque somos parte de "lo que es". Participamos también del misterio de la existencia; un enigma que no tenemos la capacidad de conocer o desvelar –posicionándonos frente a él– porque es nuestra misma sustancia. Ni siquiera podemos juzgar la más mínima cosa y su íntimo sentido, pues ella es parte indisociable de la totalidad de la vida.

El ser humano no puede situarse fuera de la totalidad de la que forma parte; pero sí tiene una opción ante la realidad: la de ser *conscientemente* uno con ella; la de *aceptar* que el mundo sea como es; la de reconciliarse con el misterio que le penetra y le envuelve; la de rendirse ante el hecho evidente de que todo, sencillamente, *es*.

El que así lo hace admite que hay demasiadas cosas que no entiende, que le duelen, le confunden o le repugnan. Pero, por un momento, decide acallar los juicios que sustentan su rechazo, tanto como los que sustentan su apego. Sabe que la estrechez de su mente y su propia limitación no son el instrumento apto para medir el misterio colosal e insondable del mundo. Y en este acto de plena aceptación que excluye todo juicio, de reconciliación con la existencia –con sus luces y sus sombras, con su misterio–, experimenta, sorprendido, que le invade una gozosa certeza: la de que, básicamente, "todo está bien". Se le revela un *Bien* que es independiente de sus valoraciones y preferencias personales; un *Bien superior* –al bien y al mal relativos– *que no depende de ningún juicio de valor*, que es uno con la experiencia profunda del sentido de la vida; un *Bien no-dual.*

En ese momento deja de habitar en "su" mundo y pasa a ser habitante del único mundo. Despierta de su sueño personal, que tomaba por vigilia. Transita al mundo del *Logos*:

> «Para Zeus –nos decía Heráclito– todo es bello, bueno y justo; los hombres, por el contrario, tienen unas cosas por justas y otras por injustas».
>
> Fragmento 102

Ve las cosas desde el punto de vista del *Tao*:

> «El genio del río preguntó: en las cosas, bien sea en su exterior o bien en su interior, ¿dónde está el término o la línea divisoria de lo precioso y de lo vil, de lo pequeño y de lo grande? El genio del mar del norte le responde: si se las ve desde el punto de vista del *Tao*, en las cosas no existe la diferencia entre lo precioso y lo vil; mirándolas desde el punto de vista de las mismas cosas, cada cosa se tiene a sí por preciosa y a las demás por viles; mirándolas desde el

punto de vista del sentir mundano, lo precioso y lo vil no están en las cosas mismas (están en la valoración que se hace de ellas)».

CHUANG TZU[10]

Quien renuncia de este modo a tomarse a sí mismo como eje y medida comprueba que la estricta subjetividad de su mundo emocional se desvanece, y que, en ese espacio vacío, se alumbran otras emociones: *emociones "objetivas"*.

Con anterioridad, sus emociones no le informaban sobre la realidad –cosas, personas, situaciones, etcétera–, aunque así lo creyera, sino sobre la naturaleza de sus creencias y deseos; no le conducían más allá de sí mismo, pues eran en buena medida el correlato de su mundo mental. Ahora, sus sentimientos son precisamente el sello y la reverberación de su unión con lo más íntimo de cada cosa.

Antes, sus emociones velaban sus ojos. Ahora, sus sentimientos le des-velan el secreto del mundo.

Sus sentimientos eran, anteriormente, reactivos: reacciones ante los hechos, una vez que estos pasaban por el filtro de sus creencias y deseos. En el presente son puramente activos: expresan el contacto directo, sin filtros, de las cosas con su propio corazón.

Lo que se suele denominar *sentimentalismo* consiste en otorgar un alto rango y dignidad a lo que solo son emociones reactivas, sustentadas en asociaciones, interpretaciones y valoraciones estrictamente subjetivas; sentimientos que no conllevan conocimiento, que no nos revelan la realidad ni suponen ninguna penetración en ella; meros auto-cosquilleos psicológicos que no nos sacan de nosotros mismos, aunque nuestra efusividad parezca dar a entender todo lo contrario. A estas emociones se refiere Heráclito cuando afirma:

«Para las almas, la muerte consiste en volverse agua».

Fragmento 36

«El borracho, cayendo y levantándose, se deja llevar por un chiqui-
llo sin saber a dónde va, con el alma aguada».

Fragmento 117

Estos fragmentos de Heráclito se han considerado particularmente
oscuros y han conducido a todo tipo de interpretaciones fisiologistas.
Pero no lo son para el que sabe que el agua, dentro del simbolismo
iniciático de la antigüedad, representaba el mundo emocional. Solo
el alma que se torna seca, que abandona los sentimientos de apego
o repulsión ante las cosas, accede a la realidad, al mundo único, y
lo contempla con las emociones adecuadas: las que acompañan no
a los juicios subjetivos, sino a la comprensión objetiva de la naturaleza de cada realidad. A su vez, la lucidez (luz) de la comprensión,
de la que brotan las *emociones objetivas*, era simbolizada en la antigüedad con el elemento "fuego".[11]

«El alma seca es la mejor y la más sabia.»

HERÁCLITO, fragmento 118

Al que accede –tras dejar de considerarse patrón de medida del
universo– a la certeza de que, en último término, "todo está bien", le
replicarán que cómo puede ser tan optimista cuando los informativos
nos bombardean con noticias cada vez más catastróficas; que cómo
va a estar todo en orden cuando... (cada cual adjunte aquí su retahíla
preferida). El que ha despertado sonreirá en silencio y probablemente no se molestará en dar demasiadas explicaciones, pues, a pesar de
ser agudamente consciente del claroscuro que compone el cuadro
de la existencia, sabe que el corazón de las cosas está en paz, y que
la existencia, en su totalidad y en su más íntimo fondo, está en paz.
Sabe que, más allá del nivel que alcanzan nuestros juicios y valoraciones, del bien y del mal relativos y duales, todo sencillamente *es,*

es decir, es completo en sí mismo. Y, por eso, "está bien". Un Bien, en este caso, sin opuesto, no-dual, pues ¿con qué comparar o medir el Todo si este no deja nada fuera de sí?

Desde este momento sabrá que los juicios le apartan de la Realidad –de la que nunca darán cuenta los noticiarios–; que las cosas le revelan sus secretos solo cuando las deja ser lo que son.

> «Cuando todas las cosas se consideran con ecuanimidad,
> regresan a su naturaleza original.»
> *Sin-sin-ming* 25

> «La Vía [el *Tao*] no tiene nada de difícil,
> pero hay que evitar elegir. Libérate del odio y del amor [duales]:
> La Vía aparecerá entonces en toda su claridad.»
> *Sin-sin-ming* 1

No por ello dejará de juzgar. Los juicios, a cierto nivel, tienen su razón de ser; y el despierto no teme –a ese nivel– llamar a las cosas por su nombre; no es mojigato. Sencillamente sabe que sus descripciones valorativas no tocan la esencia de las cosas. Estas descripciones tienen para él solo un alcance funcional, útil. Así, si tiene una meta y quiere alcanzarla, lo que le permita ese logro será "bueno", y lo que se lo impida será "malo". Ambos términos querrán decir, en este caso: "conveniente" o "inconveniente" de cara a alcanzar un determinado fin, el que se haya establecido en cada caso como deseable. En un sentido más profundo será "bueno" lo que permita a cada cosa alcanzar su forma particular de plenitud, y "malo" aquello que lo impida. Pero incluso este último tipo de evaluaciones –las más profundas, en el nivel en que estas tienen razón de ser– no tocan la realidad en su más íntimo centro, allí donde, incluso lo que en el nivel relativo es considerado unánimemente como un mal incuestionable, es un elemento indisociable de la totalidad; donde toda cosa o hecho particular es solo expresión y símbolo del Fondo o Plenitud secreta del que todo brota.

Ser perfecto es ser completo

En este punto de nuestra reflexión, quizá una consideración etimológica pueda resultar iluminadora. La palabra "perfecto" en su sentido originario no significaba lo que hoy en día esta palabra nos sugiere: un compendio de cualidades positivas en el que no hay el más mínimo resquicio para la sombra o la limitación. *Perfectus* significaba "acabado, concluido, total, completo".[12] Lo perfecto era aquello que era *total*. Ahora bien, aquello que solemos calificar de imperfecto, las polaridades y aspectos "negativos" de la realidad, ¿no forman también parte de la totalidad?

Las tradiciones que han sido cauces de la sabiduría perenne han conservado este sentido del término "perfección". Han considerado, además, que el camino hacia la perfección así entendida consiste en un proceso de ampliación de nuestra conciencia orientado a que esta abarque todo lo que es; en una vía de aceptación de la totalidad (de todas las polaridades que constituyen la existencia) que nos permite llegar a reconocernos uno con ella.

> «Es propio del alma un *logos* (conciencia) que se acrecienta a sí mismo.»
>
> HERÁCLITO, fragmento 115

Este proceso tiene lugar en virtud de lo que denominamos la actitud del *Testigo*: una actitud de *atención sin opción*, sin apego ni rechazo, global e imparcial, a todo lo que acontece dentro y fuera de nosotros.

Así, aquello ante lo que nuestra conciencia se solía contraer porque lo evaluábamos como negativo, malo o doloroso, al adoptar la posición interior del Testigo lo contemplamos sin juzgarlo ni negarlo. Atestiguamos, asimismo, con la misma ecuanimidad, aquello que habitualmente calificamos de placentero o amable. Incluso si los juicios, el rechazo o el apego afloran, no juzgamos nuestro propio juzgar, nuestro apego o nuestro rechazo. También ellos forman parte de la totalidad. Los dejamos ser. No negamos esta mirada amorosa e imparcial a nada, a ninguna realidad interna ni externa.

A través de este camino de integración, de unificación, el sabio deviene "total". Sabe que la realidad es una danza de opuestos indisociables, y que él es también un compendio de todos los opuestos pues no hay sombra o luz que no forme parte de él. Pero sabe, además, que su identidad última es más originaria que ese vaivén pues, de hecho, lo observa.

Las tradiciones que han practicado este tipo de *atención pura* han considerado que esta posibilita una transformación profunda y permanente. Paradójicamente, el "dejar ser" a las cosas, el simple hecho de verlas y aceptarlas tal y como son, lo en apariencia menos dinámico, se ha considerado la fuente por excelencia de la transformación, no epidérmica, sino radical.

> «La atención extrema es lo que constituye la facultad creadora del hombre.»
>
> SIMONE WEIL[13]

La sombra

El poder transformador de la *atención* se fundamenta en lo siguiente: *solo cuando aceptamos una situación somos capaces de elevarnos sobre ella*. De cara a ahondar en esta idea puede resultar útil acudir al ámbito de la psicología profunda contemporánea. En concreto, dilucidaremos una noción introducida por el psiquiatra y pensador Carl G. Jung –quien, por cierto, encontró en el pensamiento hermético y taoísta una de sus principales fuentes de inspiración–: la *sombra*.

La *sombra* son todos aquellos aspectos de nosotros mismos que no reconocemos como propios, es decir, con los que no estamos habitualmente en contacto de modo consciente.

Recordemos: cuando éramos niños muy pequeños comenzamos a configurar nuestra autoimagen. Los adultos nos decían que éramos *así* o *asá,* y que debíamos ser de *una determinada manera* y no de *otra*. Nos decían que ciertas facetas de nosotros eran *buenas* y que otras eran *malas*; y nos daban directa o indirectamente a entender que su amor dependía, en gran medida, de que las primeras predominaran sobre las segundas. De este modo comenzamos a negar en nosotros aquellas dimensiones que no armonizaban con nuestra imagen de lo que "debíamos ser". Pues "ser" ya no era suficiente. Ante todo, para ser aceptados y estimados, teníamos que ser "de un modo particular".

Por ejemplo, quizá alguien en su tierna infancia tenía frecuentes rabietas. Pero no era precisamente querido ni bien visto cuando las expresaba. Comenzó a sentir que estas eran incompatibles con su "yo ideal" y, de este modo, tras catalogar su agresividad como "mala", intentó por todos los medios negarla y disociarse de ella. Con el tiempo dejaría de estar en contacto directo con su ira; esta pasaría a formar parte de su *sombra*. Puede, además, que ese mismo niño disfrutara particularmente no haciendo nada y siendo un tanto abandonado, pero le recriminaban que fuera tan poco diligente y productivo. Él mismo empezó a censurárselo y a negar todo lo que no cuadrara con la imagen de eficiencia en la que sentía que se debía reafirmar. Todo su gusto por la ociosidad, tras ser catalogado como negativo, pasó también a engrosar su *sombra*.

En general, todo aquello que sistemáticamente hemos negado y reprimido en nosotros, y que no forma parte de nuestra autoimagen consciente, configura nuestra *sombra*. Pero no porque dejemos de verla ni porque la excluyamos de nuestra conciencia deja de pertenecernos y de ser operante. Actúa a través de lo que Jung denominó la *proyección*. En virtud de este fenómeno, todo el potencial que hemos negado en nosotros mismos y que, por ello, no expresamos de forma directa, lo proyectamos en el exterior, es decir, lo percibimos fuera de nosotros. Si es un potencial que consideramos negativo, lo percibimos, además, como vuelto "contra" nosotros.

Así, quizá la persona de nuestro ejemplo anterior, siendo ya adulta, se considere muy pacífica y haya, en efecto, adquirido el aspecto de un manso corderito; pero probablemente el mundo le parezca agresivo y amenazador y tienda a sentirse, habitualmente, como una oveja en medio de lobos. Interpretará como amenazante todo lo que en los demás es solo un movimiento sano de autoafirmación enérgica. Verá continuamente agresividad dirigida hacia él, cuando es solo el lobo que lleva dentro, pero que no reconoce como propio, el que le asalta desde "fuera" en virtud del fenómeno de la *proyección*. Puede, además, que tenga un amigo más bien indolente. Curiosamente, su amigo le pone muy nervioso porque no puede tolerar lo que considera su pereza. En el fondo, lo que no tolera es su propia tendencia a la ociosidad; pero identificado como está con su faceta eficiente, proyecta su indolencia oculta en su amigo y reacciona desproporcionadamente ante ella, sin sospechar en ningún momento la relación que esta tiene consigo mismo.

> «Cuando odiamos a una persona, odiamos en su imagen algo que llevamos en nosotros mismos. Lo que no está también en nosotros mismos nos deja indiferentes.»
>
> HERMANN HESSE[14]

En general, la *proyección* está presente allí donde, ante cualquier situación, tenemos una reacción emocional desproporcionada. Esta reacción puede ser negativa, como en los ejemplos anteriores (temor e impaciencia-irritación). Pero también puede ser "positiva":

Un individuo –por ejemplo–, a causa de una educación rígida en exceso en su infancia, pudo llegar a sentir que su espontaneidad y creatividad eran disonantes con su entorno. Esto le condujo a reprimirlas y a excluirlas de su autoimagen. Pues bien, probablemente, siendo ya mayor, cuando vea a alguien capaz de ser creativo y espontáneo en situaciones en las que él está rígido como un bastón, experimente una admiración desorbitada. En realidad, lo que allí admira es su propia creatividad negada y relegada. Lo desorbitado de su admiración es inversamente proporcional a su capacidad para reconocer esa cualidad en su interior. Precisamente por ello, su admiración le enajena, no le remite hacia sí mismo.

Muchos apegos insanos a la figura de un líder, por ejemplo, tienen aquí su raíz. En la misma medida en que creemos que esa persona posee algo de lo que carecemos totalmente –y esto es lo que el líder con frecuencia busca dar a entender–, no tenemos la oportunidad de reconocer esa cualidad en nosotros mismos. De aquí que esa dependencia nos parcialice y nos empobrezca.

Las relaciones "románticas" son, en gran medida, un fenómeno de *proyección* a dúo.

El fanatismo en todas sus formas encierra una dinámica de *proyección*. El que, en su afán desorbitado de seguridad mental y emocional, no se permite la duda, no puede tolerarla fuera de sí mismo. El ímpetu con el que ataca al "infiel" y con el que busca convencerlo y convertirlo es proporcional al ímpetu con el que dentro de sí reprime la semilla de la incertidumbre.

El pseudovirtuoso ve continuamente pecadores a su alrededor y continuamente se indigna "justamente" por ello.

Las cazas de brujas fueron la escenificación exterior de la tremenda *sombra* generada por una moralidad y una religiosidad negadoras y estrechas. Las supuestas brujas solo actuaron a modo de pantallas de *proyección*, y la perversión que en ellas se veía era generalmente la perversión reprimida de sus perseguidores.

El que tiene una baja autoestima, o bien un oculto narcisismo que no se atreve a reconocer, buscará constantemente –y encontrará– a quienes otorgar la admiración que en secreto le gustaría otorgarse a sí mismo; se hará adicto a todo tipo de líderes y "club de fans". Etcétera.

Integración

La vía de superación de la *proyección* –nos enseña Jung– es la *integración*. Integrar es reconocer que todo forma parte de nosotros, que nada humano nos es ajeno. Equivale a advertir, a través de nuestras respuestas emocionales desproporcionadas, que eso que estamos viendo fuera y de lo que creemos carecer totalmente, nos pertenece. Solo en este reconocimiento la *proyección* pierde su fuerza, y poco a poco dejamos de teñir el mundo con nuestras apreciaciones distorsionadas. El simple hecho de mirar con atención ecuánime algo que hasta ahora nos negábamos a aceptar, y de reconocerlo como propio, nos libera de ello. Dejamos de estar a su merced, de reaccionar, y comenzamos a actuar. Poco a poco nos integramos, crecemos, nos ampliamos, nos unificamos, nos volvemos *perfectos*, es decir, *totales*.

En resumen, la *sombra* es el conjunto de aquellos aspectos del individuo que este no reconoce como suyos, por haber enfatizado conscientemente solo los aspectos opuestos y por haberse identificado con estos últimos. El individuo se verá reiteradamente enfrentado a lo que ha reprimido o negado en el nivel consciente y se sentirá a merced de ello; lo experimentará como una fuerza ajena

–pues la represión se traduce en *proyección*– e incontrolable, hasta que no reconozca dichos aspectos como propios, integrándolos así en su conciencia.

El camino de la *integración* es la mirada atenta e incondicional, ajena tanto al *sí* (el apego) como al *no* (el rechazo).

> «No te apegues a las opiniones duales,
> evita cuidadosamente seguirlas.
> Si hay el menor rastro del sí y del no
> el espíritu se pierde en un dédalo de complejidades.»
> *Sin-sin-ming*

Por lo general, lo que solemos entender en nuestra cultura como "camino hacia la perfección" es un proceso exactamente inverso al que acabamos de describir. Así, en primer lugar, consideramos –porque eso nos han enseñado– que "debemos ser" o que "debemos llegar a ser" "algo". Para lograrlo, rechazamos y negamos lo contrario de ese algo: lo que supuestamente no debemos ser. De este modo, lejos de unificar e integrar, dividimos y enajenamos: dividimos entre *lo que debe ser* y *lo que no debe ser*, y negamos lo segundo fuera y dentro de nosotros. El resultado es la división, la *sombra*, la *proyección* y la compulsión creciente (nos encontraremos sometidos a fuerzas sobre las que no tenemos ningún control), el empobrecimiento, la estrechez y la ceguera crecientes.

Otra consideración etimológica puede sernos útil en este punto. Una de las posibles etimologías del término "diablo", símbolo del mal por excelencia en nuestra cultura, lo hace equivaler con *divisor*.[15] Al igual que el término "perfección" es sinónimo de *integración* y de totalidad, lo que aparta de la perfección es la división: la escisión y la exclusión. En otras palabras, el verdadero "mal" no es un polo de la dualidad (el polo "negativo"), sino la dualidad misma cuando se otorga a esta carácter absoluto, es decir, cuando los opuestos se perciben como contrarios mutuamente excluyentes.

El único "mal" es la escisión de lo que en sí está unido, la división en nuestra conciencia de lo originariamente indiviso. Un mal que, en último término, no es tal (carece de realidad positiva), pues esta división es solo una ilusión, un error de nuestra percepción.

En conclusión: si la realidad última es no-dual, si integra armónicamente los opuestos, no puede ser uno con ella el que se resista a ver, aceptar y asumir alguna faceta de este mundo polar. La ampliación de nuestra conciencia y la ecuanimidad de nuestra atención son el camino por excelencia hacia la plenitud, hacia la perfección.

> «En el mundo hay sólo un heroísmo: ver el mundo tal cual es, y amarlo.»
>
> ROMAIN ROLLAND[16]

Esa atención amorosa e imparcial es la fuente de la *comprensión*. Esta *comprensión* es el germen de la *transformación*. Ambas constituyen la esencia de la sabiduría.

Epílogo

Al escuchar la palabra filosofía son muchos los que piensan de inmediato en una disciplina académica en gran medida abstracta y autorreferencial; en una rama del saber a la que se entregan individuos sesudos y extremadamente serios, proclives a encerrarse en sus especulaciones y en bibliotecas sombrías mientras la vida fluye, magnífica y palpitante, al margen de sus disquisiciones y al otro lado de las ventanas. Pocos ecos quedan ya en esta palabra de lo que quiso ser originariamente esta actividad: amor a la *sabiduría,* entendida esta última no solo como un saber acerca de las verdades últimas, sino también como *arte por excelencia de la vida.*

Aun así, la filosofía que ha llegado hasta nosotros como un conocimiento básicamente especulativo ha conservado el nombre que la vio nacer, el de *philo-sophia* o amor a la sabiduría. Precisamente aquí radica el grave equívoco que hemos denunciado en este libro: buena parte de la filosofía cambió de naturaleza, abandonó su función originaria, pero siguió conservando la denominación que la asociaba a la sabiduría, al aprendizaje del vivir, al camino de la plenitud y la liberación interior. En otras palabras, esta filosofía desvirtuada ocupó el lugar de la sabiduría sin que casi nadie advirtiera lo equívoco de esta usurpación. El lugar arquetípico de la sabiduría desapareció, de este modo, de nuestra cultura; los que la anhelaban, caían, en virtud de ese equívoco, en el laberinto estéril del pensamiento especulativo, o desembocaban en los cauces acríticos de una dudosa religión. Algunos, no satisfechos con ninguna de estas vías, no tuvieron más opción que la de buscar esa sabiduría adentrándose en pasajes alternativos, ajenos a los oficiales, lo que hizo que esta adquiriera, injustamente, un aura secretista o esotérica.

El lugar arquetípico de la sabiduría, en buena medida silenciado en nuestra civilización, es precisamente aquel que aúna, de forma indisociable, conocimiento, experiencia directa, transformación personal y liberación interior. El que evidencia que no hay verdadera filosofía sin "despertar", sin una modificación profunda de nuestro ser que es el preámbulo de la visión interior; que el compromiso con la verdad pasa por el compromiso con la propia veracidad, y que, cuando no es así, el conocimiento filosófico no solo es estéril sino falaz: un mero mecanismo de autojustificación; que el saber más profundo no es el que versa sobre la realidad, sino el que consiste en la experiencia de comulgar con ella; y el que evidencia, por último, que esta experiencia es solo posible a través del conocimiento de uno mismo, ahondando en las raíces de nuestra identidad.

Pero la sabiduría es indestructible; una y otra vez aflora, ajena a márgenes disciplinarios y a legitimaciones oficiales, allí donde alguien está profundamente comprometido con la verdad. Esta sabiduría imperecedera, que aflora por doquier, ha mantenido y mantiene viva la antorcha de las intuiciones y experiencias atemporales sobre la condición humana, así como de las instrucciones que nos permiten adentrarnos en el camino de la lucidez serena. Hemos descrito en estas páginas algunas de estas intuiciones e indicaciones, presentes en las sabidurías de Oriente y de Occidente, y tan válidas y necesarias hoy como lo fueron ayer.

Hemos intentado mostrar que no es necesario ser un técnico de la filosofía para acceder a la sabiduría de todos los tiempos. Cierta filosofía ha silenciado la sabiduría, entre otras cosas, porque ha dado a entender que esta era propiedad exclusiva de un reducto de especialistas. Ocultaba de este modo lo único que puede proporcionar a todo ser humano la plena autonomía de su espíritu: la certeza de que «a todos los hombres les está concedido [...] ser sabios» (Heráclito); la convicción, máximamente liberadora, de que dentro de cada uno de nosotros –siempre que estemos profundamente interesados en la verdad– podemos hallar la guía y el refugio, de que todo hombre puede llegar a ser una luz para sí mismo.

> «Que cada uno de vosotros sea su propia isla, cada uno su propio refugio.»
>
> BUDA[1]

> «Todo hombre puede encenderse a sí mismo una luz en la noche.»
>
> HERÁCLITO, fragmento 26

Notas

Introducción

1. *Meditaciones*, Libro II, 17.
2. La filosofía, en su sentido originario, y como refleja su etimología, era *philo-sophia*: amor a la sabiduría La filosofía *per se* era en sus inicios filosofía sapiencial.
3. Parafraseamos unas palabras de Edgard Morin, quien afirma en su obra *La mente bien ordenada*: «El espíritu disciplinario va a convertirse en un espíritu de propietario que prohíbe cualquier incursión ajena en su parcela de saber. Se sabe que en su origen la palabra "disciplina" designaba un pequeño látigo que servía para autoflagelarse, permitiendo, pues, la autocrítica; en su sentido degradado, la disciplina se convierte en un medio de flagelar a aquel que se aventura en el dominio de las ideas que el especialista considera como propiedad suya» (págs. 148 y 149).
   «La enorme máquina de la educación es rígida, endurecida, coriácea, burocratizada. Muchos profesores están instalados en sus costumbres y sus soberanías disciplinarias. Éstos, como decía Curien, son como los lobos que orinan para marcar su territorio y muerden a aquellos que penetran en él. Existe una resistencia obtusa, incluso entre espíritus refinados» (pág. 130).
4. Como afirma R.W. Emerson en su ensayo «The American Scholar»: «Los jóvenes dóciles crecen en bibliotecas, creyendo que es su deber aceptar el pensamiento de Cicerón, Locke o Bacon, y olvidan que cuando Cicerón, Locke y Bacon escribieron esos libros eran sólo jóvenes en bibliotecas». *Essays and Lectures*, pág. 57.

Parte I. La sabiduría silenciada

1. Acerca de la utilidad de la filosofía

1. «The Over-Soul», *Essays and Lectures*, pág. 390.
2. *Sobre los deberes*, Libro II, 5, pág. 143.

3. Esta consideración es ilustrativa sobre cuál ha de ser la naturaleza de la educación y de la formación: «El hombre alimenta su inteligencia por medio de los órganos de los sentidos y aparentemente de ideas de otros hombres, y con estos elementos forma el contenido mental propio. Pero el hecho de que a pesar de exponer a algunos hombres ideas razonables, no se convenzan, quiere decir que, mientras no haya en aquel hombre las sensaciones fundamentales de la idea, ésta no se dará a la conciencia. Es, pues, la sensación lo primordial. La sensación es el alimento intelectual, con el cual la mente forma juicios e ideas merced al mecanismo de elaboración del entendimiento. He aquí cómo se producen en los niños indigestiones e intoxicaciones mentales, al pretender darles ideas hechas en lugar de sensaciones. Esto es como si pretendiésemos alimentar nuestro organismo con carne humana, por aquello de que es el alimento más parecido a aquello que hay que nutrir [...]. [Los niños adquieren las sensaciones básicas que llegan a formar la idea que se trata de sugerir] con juegos, modelados, música, danza, gimnasia, excursiones, etc. Todo esto forma con el tiempo las más grandes y fundamentales ideas. Lo contrario es llenar la mente de conocimientos sin asimilar (erudición) [...]. Análogamente, el espíritu no se alimenta de "moral hecha" sino de "sensaciones que sugieren moral". El espíritu se alimenta de cariño, de fraternidad, de amistades, de la contemplación de la naturaleza, de sensaciones musicales (que son vibraciones espirituales expresadas en el campo de los sonidos). Todo lo que no sea esto –el único camino para que la moral sea consciente– es llegar a la intoxicación de nuestra psiquis, ocasionada por el cúmulo de preceptos morales, que, como ocurre con el estado artrítico en el plano físico y con el estado erudito en el plano mental, constituye un estado patológico que se llama "fanatismo", que supone la captación de una moral expuesta por otro, pero no sentida por el sujeto». Eduardo Alfonso. *La religión de la naturaleza*, págs. 33-35.
4. *Disertaciones por Arriano*, pág. 103.
5. *La mente bien ordenada*, pág. 68.
6. *A la espera de Dios*, pág. 103.
7. *Mis ideas y opiniones*, pág. 8.
8. *La filosofía perenne*, pág. 7.
9. *Evangelio de Mateo* VII, 16, 20.
10. *Disertaciones por Arriano*, pág. 68.
11. *Sobre los deberes*, Libro III, 11, 13, págs. 198 y 199.

2. La filosofía como terapia

1. *Disertaciones por Arriano*, pág. 103.
2. Damos a estos dos términos un sentido exclusivo en este contexto, diverso del que pueden tener en otros ámbitos.
3. *Introducción al pensamiento filosófico*, pág. 29.
4. *Disertaciones por Arriano*, págs. 225 y 227-228.
5. La palabra "experiencial" busca enfatizar que no se trata de un conocimiento abstracto, pues tiene el carácter de una experiencia directa. Evitamos el término "experimental" porque este último suele asociarse al experimento científico, que cifra toda su atención

en el objeto de observación mientras que el sujeto, el experimentador, no interesa como tal y permanece presuntamente inmune, sin modificarse en el acto de conocer. Por otra parte, el vocablo "experimental" suele asociarse exclusivamente a las experiencias que encuentran su fundamento en la realidad empírica, es decir, accesible a los cinco sentidos.
6. Platón, *La República*, I, 350 *b*.
7. *Ética a Nicómano*, Z, 13.

3. El eclipse de la sabiduría en Occidente

1. *Introducción a la filosofía vedânta*, pág. 12.
2. La preocupación por la ratificación histórica de conocimientos y verdades, o el cifrar en la supuesta autoridad –divina o casi-divina– de un personaje histórico la verdad de su doctrina, es una falacia. Así, por ejemplo, algunos estudiosos del budismo parecen muy ocupados en averiguar si ciertas doctrinas o palabras habitualmente atribuidas al Buda fueron o no realmente expresadas por el Buda histórico, de cara a fundamentar la autoridad de las mismas. Los que así actúan olvidan que la autoridad que indirectamente se ha otorgado al Buda histórico se deriva del valor intrínseco de una doctrina –que es lo que conocemos–, y no a la inversa. A su vez, la autoridad de esta doctrina se deriva de su capacidad para resonar con lo más profundo de nosotros mismos. Buscar la autoridad de una enseñanza en el hecho de que, efectivamente, fue expresada por el Buda histórico, es un engañoso círculo vicioso parecido al que ilustra la siguiente anécdota: «Un hombre dijo a otro: "Tengo un amigo que es un hombre de Dios y habla con los ángeles". El oyente dudó de la veracidad de su aseveración. El otro replicó: "¿Cómo va a mentir un hombre que habla con los ángeles?"». El mismo Buda, que en ningún momento pretendió fundar una religión, afirmó que no debemos creer en nada ni en nadie, sino solo en lo que nuestras propias investigaciones nos enseñan.
3. *Mito y ritual en el cristianismo*, pág. 23.
4. Pensadores como Aldous Huxley, Ananda K. Coomaraswamy, Thomas Merton, Titus Burkhart, Frithjof Schuon, Ken Wilber, Huston Smith, etcétera.
5. Citado por Alan Watts en ibídem.
6. *Mis ideas y opiniones*, pág. 11.

Parte II. La filosofía perenne: claves para la transformación

4. El *Tao:* la fuente y el curso de la Vida

1. "Tao" es la noción central del taoísmo, una sabiduría y un modo de vida que surgen en China en torno al siglo VI a.C. y cuyos principales representantes son Lao Tsé, autor del lacónico, enigmático y bellísimo *Tao Te King*, y Chuang Tzu, autor de la obra

que lleva su nombre. El taoísmo –quizá una de las manifestaciones más profundas, depuradas y sutiles que haya encontrado la filosofía sapiencial– surgió en China en una época en que la filosofía perenne emergía con fuerza en todo el mundo entonces conocido. Así, nos encontramos con que, entre los siglos VIII y V a.c., nace en Grecia la filosofía; este período comprende el pensamiento de los presocráticos (Heráclito, Pitágoras, Anaxágoras, etcétera) y las figuras de Sócrates y Platón. En China, como hemos señalado, aparece en esta etapa el taoísmo y también el confucianismo. En el mundo índico, esta es la época de las *Upanishad* –unos textos de gran profundidad que serán la fuente de los principales despliegues del pensamiento de la India–, del Buda y de Mahavira. En el antiguo Irán vive entonces Zarathustra, y, en Palestina, es el tiempo de los profetas. Este período histórico fue denominado por el filósofo Karl Jaspers "época axial": la época-eje del pensamiento de la humanidad.

2. *El Kybalion* es una compilación de axiomas y principios científicos herméticos, supuestamente transmitidos por tradición oral e inspirados en las enseñanzas del legendario Hermes Trismegisto (de aquí el término "hermético"), un sabio e iniciado del antiguo Egipto, denominado por algunos el "maestro de maestros", cuya figura se debate entre la historia y la leyenda.

3. *Tratado de la unidad*, 1.3.2 y 1.4.4.

4. "Maya" es, para el pensamiento índico, una denominación del mundo fenoménico. *Cfr.* nota 6.

5. *Semillas de conciencia*, pág. 98.

6. Este doble sentido del término "apariencia" nos puede ayudar a comprender el significado del término índico *maya*. *Maya*, para el mundo índico, es la realidad fenoménica, el mundo que alumbran nuestros sentidos y se presenta a nuestra mente, las manifestaciones de la Realidad («El término *maya* se usa para significar las manifestaciones de la realidad, de manera que *maya* es solamente la Realidad», Ramana Maharshi, *Pláticas con Ramana Maharshi*, pág. 32). Pero *maya* puede significar también el *velo de Brahman*. En esta segunda acepción, *maya* ya no es tanto sinónimo de "mundo" (no es el mundo el que vela a *Brahman*) como de "ignorancia": la de quien no sabe mirar el mundo adecuadamente, viendo en él el rostro de la Realidad.

7. *Chuang-Tzu*, c. 19, 2.

8. *Chuang-Tzu*, c. 2, 8.

9. *Yo soy Eso*, pág. 344.

10. *Tao Te King*, XIV.

11. La filosofía perenne ha denominado "trascendencia" del *Tao* a esta independencia del *Tao* con respecto al mundo, y ha denominado "inmanencia" del *Tao* a la dependencia radical del mundo con respecto a Él. El *Tao* es, con relación al mundo, *trascendente* (por lo que no cabe hablar de *panteísmo*) e *inmanente* a la vez.

12. «En el principio era la *Nada*» (*Chuang-Tzu*, c. 12, 8). «El espíritu del *Vacío* no muere» (Lao Tse, *Tao Te King*, IV).

13. *Enéadas*, VI, 32.

14. *Chuang-Tzu*, c. 20, 1.

15. *Enéadas*, IV, 7, 8.

16. *Yo soy Eso*, pág. 486.

17. *Chuang-Tzu*, c. 6, 11.

18. Testimonio acerca de Heráclito de Sexto Empírico en *Contra los dogmáticos*, VIII, 286.
19. *Mis ideas y opiniones*, pág. 8.
20. Continúa: «[...] Lo que pensó Platón lo puede pensar él. Puede sentir lo que un santo ha sentido. Puede entender lo que ha sucedido en cualquier época a cualquier ser humano. El que tiene acceso a este Espíritu universal es un partícipe de todo lo que se ha hecho o puede hacerse, pues Éste es el único y soberano agente». «History», *Essays and Lectures*, pág. 237. *Cfr.* nota 79.
21. Hay también en los animales cierto nivel de autoconciencia; los estudios más recientes sobre el comportamiento animal lo revelan sobradamente. Lo específico del ser humano es el poseer un grado de autoconciencia notable, el requerido para que puedan darse la reflexión (el hombre se pregunta por el sentido de su vida, sabe que ha de morir, etcétera) y la cultura (la técnica, la tradición, el progreso, la ciencia, el arte, la religión, etcétera).
22. Testimonio acerca de Heráclito de Aecio en *Doxographi graeci*, 331.
23. *Vivekacudamani* 521. [Aunque en nuestro libro atribuiremos esta obra a quien tradicionalmente se ha considerado su autor, Shamkara, estudios recientes han cuestionado su autoría.]
24. Expresión acuñada por el estoico Cleantes, con la que buscaba definir en qué consiste el bien y el fin de la vida humana.
25. *Cfr. Chuang-Tzu*, c. 32, 7. En esta obra, Confucio y su escuela simbolizan el énfasis en el ritualismo y las convenciones que alejan del *Tao*. Las anécdotas sobre Confucio relatadas por Chuang Tzu no son históricas, sino un recurso creativo para ilustrar la contraposición existente entre el formalismo moralista confuciano y el taoísmo.
26. *Chuang-Tzu*, c. 8, 2.
27. No aludimos a otros muchos motivos, como, por ejemplo, los intereses creados que llevan a los gobiernos, grandes multinacionales, etcétera, a conseguir por todos los medios minimizar u ocultar los efectos secundarios de todo aquello que les está proporcionando –a unos pocos– tan suculentos beneficios económicos.
28. *Chuang-Tzu*, c. 13, 8.
29. Una de las expresiones con las que el taoísmo denomina al sabio.
30. *Chuang-Tzu*, c. 6, 2.
31. Otra de las expresiones con las que el taoísmo denomina a los sabios.
32. *Chuang-Tzu*, c. 21, 5.
33. *Tao Te King*, XXXIII.
   «Cuando se olvida el pie, es que el calzado está bien ajustado. Cuando se olvida la cintura, es que el cinto está bien ajustado [...]. Cuando se comienza bien y no se deja de estar bien, es cuando se olvida el bien de lo que está bien.» *Chuang-Tzu*, c. 19, 13.
34, *Chuang-Tzu*, c. 14, 7.
35. *Tao Te King*, XXXVIII.

316 La sabiduría recobrada

5. Conócete a ti mismo

1. *Tao Te King*, XXXIII.
2. *La tragedia del hombre y del mundo: la mente mecánica*, pág. 29.
3. *Cfr*. Mariano Artigas, *Introducción a la Filosofía*, Eunsa, Pamplona, 1984, págs. 33 y 34.
4. *Yo soy Eso*, pág. 519.
5. Ambos términos son intercambiables, si bien el término "Yo universal" añade un matiz: se trata del Ser al que accedemos ahondando en nosotros mismos, en nuestra propia subjetividad.
6. *Tratados y sermones*, pág. 219.
7. Cabría añadir otra categoría más en esta clasificación de los niveles del yo, intermedia entre el yo universal y la particulariad psicofísica, y que viene a ser la confluencia de ambos: la individualidad espiritual, no meramente biológica, fuente de la vida psicofísica, sede de nuestras facultades superiores y chispa y expresión en cada uno de nosotros del Yo universal, del *Logos*.
8. *Cfr*. su libro *Ser*, cap. 3.
9. *Cfr. Ser*, pág. 95.
10. *Tratado de la Unidad*, 1.7.1.
11. *Mis ideas y opiniones*, pág. 10.
12. *Tao Te King*, XIV.
13. Recordemos la caracterización tradicional de la Realidad última como Mente universal, y del mundo como ideación suya.
14. Término filosófico que alude a una forma radical de subjetivismo según la cual lo único que podemos conocer es nuestro propio yo particular y subjetivo.
15. *Tratados y sermones*, pág. 91.
16. *Confía en ti mismo*, pág. 13.
    Ralph Waldo Emerson (1803-1882) fue filósofo, ensayista, poeta y líder del movimiento denominado Trascendentalismo. Influido, entre otras cosas, por la tradición neoplatónica y por la filosofía hindú, inspiró decisivamente a pensadores como Henry David Thoreau y el poeta Walt Whitman. *Self-reliance* (Autoconfianza) es el nombre de uno de sus célebres ensayos.
17. «Por eso os digo: no andéis inquietos por vuestra vida, qué comeréis, ni por vuestro cuerpo, qué vestiréis. ¿No es más el alma que la comida y el cuerpo que el vestido? Mirad las aves del cielo, que ni siembran, ni siegan, ni recogen en graneros y, sin embargo, vuestro Padre celestial las alimenta. ¿No valéis vosotros más que ellas? [...]. Mirad cómo crecen los lirios del campo; no trabajan ni hilan. Pero os aseguro que ni Salomón en todo el esplendor de su gloria se vistió como uno de ellos. Pues si el heno del campo que hoy es y mañana va al horno, lo viste Dios así, ¿cuánto más hará con vosotros, hombres de poca fe?» Evangelio de Mateo VI, 25-30.
18. *Epístola* 35.
19. «... lo mejor es buscarse maestros cuyo discurso no sea incomprensión, cuya animación no encierre ningún reproche, cuya mirada no juzgue, cuyo consuelo no exaspere en vez de calmar [...]. Pues toda incomprensión proviene [...] de que el discurso, especialmente tratándose de un diálogo, contiene una confrontación; por ejemplo,

cuando el dichoso le dice al afligido: ¡Alégrate, hombre!, esta expresión contiene a la par: ¡No ves qué contento estoy yo!; o como cuando el fuerte dice: ¡Sé valeroso!, entonces se sobreentiende: Como yo lo soy. Pero el silencio honra la aflicción y honra al afligido, como los amigos de Job, que por respeto se sentaron silenciosos junto al que sufría y con ello le honraban. Mas con todo ¡no le quitaban los ojos de encima! Y esto de que un hombre mire a otro contiene a su vez una confrontación [...]. Porque casi ningún hombre puede estar presente, aunque calle, sin que su presencia no signifique nada comparativamente. Esto puede acontecer a lo más con un niño, que sin duda guarda cierta semejanza con los lirios del campo y los pájaros del cielo. ¡Cuántas veces no ha comprobado un sufriente, con emoción íntima, que cuando sólo había un niño en su presencia, realmente no había ninguno presente!». Kierkegaard, *Los lirios del campo y las aves el cielo*, págs. 37 y 38.

20. «Self-reliance», *Essays and Lectures*, pág. 259.
21. «Self-reliance», *Essays and Lectures*, pág. 263.
22. *De beneficiis* IV, 34.
23. *Yo soy Eso*, págs. 797 y 266.
24. Cuando el sabio afirma que se conoce a sí mismo quiere decir que ya no se confunde con su yo superficial y que se ha situado en el eje de su verdadera Identidad. Sabe *quién* es, pero esto no significa que conozca exhaustivamente *qué* es, es decir, cuáles son los "contenidos" concretos que constituyen su potencial y cuál va a ser la expresión acabada de su Identidad en el tiempo.
25. *A la espera de Dios*, pág. 71.
Simone Weil (1909-1943) es el nombre de una filósofa francesa cuya vida fue un testimonio heroico de su filosofía (genuina filosofía esencial). De hecho, lo que quizá mejor resuma su biografía es precisamente la profunda unidad existente entre su vida y su pensamiento, sustentada en un compromiso radical e insobornable con la verdad. En su breve existencia (murió a los 34 años) compaginó un intenso compromiso social con su actividad como pensadora y escritora y una exigente vida interior –que le condujo desde el agnosticismo hasta el misticismo, si bien siempre se mantuvo al margen de toda religión o creencia organizada–. En su filosofía (es decir, en su vida) se trasluce la inspiración que encontró en las doctrinas estoicas, en las enseñanzas gnósticas, en el pensamiento índico, en las religiones orientales, en el pensamiento de la Grecia presocrática (Heráclicto, Pitágoras...), etcétera. Su pensamiento ha sido calificado por algunos de complejo y controvertido. Pero está lejos de serlo cuando se contempla bajo su verdadera luz, la de la filosofía perenne.
26. *Yo soy Eso*, pág. 104.
27. «Self-reliance», *Essays and Lectures*, pág. 263.
28. «Self-reliance», *Essays and Lectures*, pág. 259.
29. Ibíd.
30. *Tao Te King*, XVI.
31. «Self-reliance», *Essays and Lectures*, pág. 263.
32. *Tratados y sermones*, pág. 97.
33. *Así habló Zarathustra*, pág. 413.
34. «Self-reliance», *Essays and Lectures*, págs. 94 y 95.

35. Qué alejada esta forma de entender la humildad de la relación que establece Simone Weil entre la humildad y el genio: «El genio real no es otra cosa que la virtud sobrenatural de la humildad en el dominio del pensamiento». «La persona y lo sagrado», *Confines* 2, 1995, pág. 170.
36. «Self-reliance», *Essays and Lectures*, pág. 270.
37. *Mis ideas y opiniones*, pág. 12.
38. «The Over-Soul», *Essays and Lectures*, pág. 399.

6. Filosofía para durmientes. Filosofía para el despertar

1. Ya filósofos anteriores, como los idealistas alemanes, habían sostenido que no es el mundo el que configura nuestro pensamiento, sino nuestra mente la que configura el mundo. Ahora bien, se trata de una mente capaz de certezas y de alcance universal –de aquí que estos filósofos construyeran grandes sistemas explicativos con afán globalizador–, por lo que, a los ojos de la filosofía postmoderna, también los pensadores idealistas siguen siendo filosóficamente ingenuos.
2. *La mente bien ordenada*, págs. 71 y 72.
3. *Yo soy Eso*, pág. 227.
4. *Relatos de poder*, pág. 25.
5. *Yo soy Eso*, pág. 238.
6. *El libro de la Vida*, 9 de agosto.
7. *El libro de la Vida*, 16 de febrero.
8. *Chuang-Tzu*, c. 2, 12.
9. El filósofo Jean Paul Sartre acuñó este término para aludir al autoengaño, al modo en que eludimos nuestra propia responsabilidad.
10. *Más allá del bien y del mal*, pág. 29.
11. *Comentario a la Bhagavad Gita* XIII, 2.
12. Es importante advertir que la expresión "tengo" no tiene aquí un sentido posesivo; tampoco supone una enajenación o disociación de nuestra vivencia corporal. Busca expresar que, si bien somos uno con el cuerpo, este no es el foco central de nuestra identidad. La identificación con el cuerpo oculta este hecho.
13. *La conciencia sin fronteras*, pág. 168.
   Ken Wilber se inspira en las siguientes palabras de Shamkara: «Tienes que considerar atentamente esto: de la misma manera que el que ve un jarrón es distinto del jarrón mismo, y de ninguna manera se identifica con él, así yo, que veo el cuerpo burdo, no soy este cuerpo. / De la misma manera debes reconocer que se llega a la siguiente conclusión: yo, que soy testigo de los órganos sensoriales [...], no soy esos mismos órganos. / Medita pues así: yo no soy ni la mente, ni el intelecto, ni tampoco la fuerza vital del cuerpo. / [...] ni tampoco su combinación. Discrimina claramente y con inteligencia que el *Testigo*-Vidente es distinto de todo lo que es objeto de percepción. / Medita así: Yo soy Eso ante cuya presencia todos aquellos entes inertes como el cuerpo, los sentidos, etcétera, se vuelven capaces de producir actividad de manera dependiente. / Medita así: Yo soy Aquel que por naturaleza carece de todo cambio, y, siendo el interior [de todo], impulsa al intelecto y a las

demás funciones al movimiento [...] / Medita así: Yo soy Aquel gracias a cuya vecindad el cuerpo, los sentimientos y las fuerzas vitales, aunque inertes por sí mismos, parecen dotados de conciencia como el Sí Mismo». *La esencia del vedanta,* págs. 25 y ss.

14. *Chuang-Tzu,* c. 24, 18.
15. Decíamos que el *Tao* es incognoscible. Ahora podemos entender mejor por qué. El ojo ve, pero no puede verse a sí mismo. La luz del conocimiento alumbra todo, pero no puede ser alumbrada. No podemos ver el *Tao,* porque es lo que ve en nosotros. No lo podemos conocer, porque es lo que conoce en nosotros.
16. *Sé lo que eres,* pág. 44.
17. *La gravedad y la gracia,* págs. 153 y 156.
18. *Yo soy Eso,* pág. 483.
19. *La libertad primera y última,* pág. 185.
20. *Más allá del bien y del mal,* pág. 25.
21. «Self-reliance», pág. 271.
22. *Más allá del bien y del mal,* pág. 33.
23. «La persona y lo sagrado», *Confines,* pág. 170.
24. «La persona y lo sagrado», *Confines,* pág. 171.
25. «Nosotros alimentamos por nuestras creencias o nuestra fe los mitos o ideas que salen de nuestros espíritus, y estos mitos o ideas toman consistencia y poder. No solo somos poseedores de ideas, sino que también estamos poseídos por ellas, capaces de morir o de matar por una idea.

    »De este modo habría que poder ayudar a los espíritus adolescentes a moverse en la noosfera (mundo vivo, virtual e inmaterial constituido por informaciones, representaciones, conceptos, ideas mitos, que disponen de una relativa autonomía, aunque dependan de nuestros espíritus y de nuestra cultura); ayudarles a instaurar la convivialidad con sus ideas, sin olvidar nunca mantenerlas en su papel mediador, evitando que se identifiquen con lo real. Las ideas no solo son medios de comunicación con lo real; también pueden convertirse en medios de ocultación. El alumno debe saber que los hombres no matan solo en la noche de sus pasiones, sino también a la luz de sus racionalizaciones». Edgard Morin, *La mente bien ordenada,* págs. 67 y 68.
26. «Self-reliance», pág. 264.
27. «La persona y lo sagrado», págs. 170 y 171-172.

7. Recobrar la inocencia

1. Dentro de su producción estética –la escrita bajo seudónimo– también se incluyen obras de temática religiosa, tales como *Temor y Temblor, El concepto de la angustia,* etcétera. Pero ninguna de estas obras refleja el verdadero pensamiento religioso de Kierkegaard. En sus propias palabras: «No hay ni una sola palabra en las obras seudónimas que sea mía [...]. Estoy tan lejos de Johannes de Silentio de *Temor y Temblor* como del caballero de la fe que describe». El término "obra religiosa", con el que compendia su obra no seudónima, no alude, por lo tanto, a aquellas obras suyas de temática religiosa, sino solo a las que expresan su verdadera religiosidad.

2. *Mi punto de vista*, págs. 32 y 33. En esta obra, Kierkegaard explica el sentido de toda su producción filosófica.
3. *Los lirios del campo y las aves del cielo*, págs. 46-48.
4. *Los lirios del campo y las aves del cielo*, págs. 55-57.
5. «Self-reliance», pág. 271.
6. «Self-reliance», pág. 265.
7. *Chuang-Tzu*, c. 23, 6.
8. «Self-reliance», pág. 273. La cursiva es nuestra.
9. Continúa Julián Marías: «[El estoicismo] no aborda tampoco los estratos más hondos de los problemas, como hace, por ejemplo, la metafísica de Aristóteles: en toda la producción filosófica del Pórtico [= del estoicismo] no se podría encontrar nada comparable al análisis de la sustancia o de los modos del ser analógicos, o a la teoría de las categorías aristotélicas. Y, sin embargo, el hecho histórico, de abrumadora evidencia, es que a raíz de la muerte de Aristóteles el estoicismo suplanta su espléndida filosofía y logra durante cinco siglos una ininterrumpida vigencia». «Introducción a la filosofía estoica», pág. 17, en: Séneca, *Sobre la felicidad*.
10. *Manual*, 5.
11. *Disertaciones por Arriano*, págs. 98 y 99.
12. *Meditaciones*, Libro IV, 49.
13. *Mis ideas y opiniones*, pág. 8.
14. El término *proaíresis* se suele traducir por "libre albedrío". Esta traducción se puede prestar a equívocos, pues lo que entendemos habitualmente por "libre albedrío" es la capacidad de elegir del yo particular o del yo superficial. *Proáiresis* significa literalmente "pre-elección", es decir, se trata de una libertad propia de una dimensión de nosotros más originaria que aquella de la que provienen nuestras decisiones habituales (muchas de las cuales son acciones condicionadas, más que auténticas decisiones libres). De ella afirma Marco Aurelio, retomando unas palabras de Epicteto: «No hay ladrón del libre arbitrio». *Meditaciones*, Libro XI, 36.
15. *Disertaciones por Arriano*, pág. 242.
16. *Disertaciones por Arriano*, pág. 275
17. *Meditaciones* XII, 19.
18. *Disertaciones por Arriano*, págs. 96, 97 y 98.
19. *Meditaciones* IV, 23.
20. Conviene aclarar que la *aceptación*, en el sentido que damos a este término, no equivale a la *resignación*. Aceptar es asumir que "lo que es" es, es decir, resulta inexorable (con independencia de nuestras preferencias y aversiones personales); equivale a no resistir la experiencia presente. La aceptación tiene relación con el *ahora*, no con el futuro. La resignación pasa por alto esto último y, por eso, a diferencia de la aceptación, no va acompañada de un esfuerzo activo por modificar o mejorar las situaciones cuando ello es posible y conveniente.
21. El estoicismo denomina al Principio único rector del cosmos *Logos*. Esta noción tiene en el estoicismo un sentido análogo al que tiene en el pensamiento de Heráclito.
22. «Self-reliance», págs. 275-276.
23. Este es el verdadero sentido del término "Übermensch", traducido habitualmente por "superhombre", y que a tantas interpretaciones erradas se ha prestado.

24. *Así habló Zarathustra*, pág. 53.
25. *Así habló Zarathustra*, págs. 53 y 54.
26. *Así habló Zarathustra*, pág. 54.
27. *Así habló Zarathustra*, pág. 55.
28. *Cfr. Las Leyes,* 903c / 904 a.

8. La armonía invisible

1. IV, 3, 1005 *b* 20-30.
2. «Lo que se opone es concorde, de los discordantes surge la más bella armonía, y todo se engendra por la discordia.» (Heráclito, fragmento 8.)
3. *Hojas de hierba*, pág. 25.
4. Testimonio acerca de Heráclito de Diógenes Laercio, IX, 8.
5. *La gravedad y la gracia*, págs. 112 y 137.
6. *Tratados y Sermones*, pág. 358.
7. *Majjhima Nikaya, Los sermones medios del Buddha*, pág. 184.
8. *Walden*, pág. 25.
9. *Tao Te King*, LVIII.
10. *Chuang-Tzu*, c. 17, 4.
11. Heráclito habla, de hecho, de un "fuego inteligente".
12. Perfecto (del latín *perfectus* = *realizar; per = completamente + facere = hacer o actuar*): tener todas sus partes, total y completo.
13. *La gravedad y la gracia*, pág. 154.
14. *Demian*, pág. 160. Herman Hesse (1877-1962), escritor alemán y Premio Nobel de Literatura, fue, como es sabido, un profundo conocedor del pensamiento junguiano y de las tradiciones de sabiduría orientales.
15. *Diabolos* es una palabra griega derivada de la raíz *dia-ballo*: dividir, tirar a través. Diablo es quien divide. Su sentido derivado sería calumniador.
16. Citado por Federico Delclaux en *El silencio creador*, pág. 51.

Epílogo

1. *Digha Nikaya*, 16.

Bibliografía
(Incluye solo los libros citados en el texto)

Alfonso, Eduardo, *La religión de la naturaleza*, Kier, Buenos Aires, 1981[5].

Aristóteles, *Ética a Nicómano*, edición y prólogo de Vicente Hernández Pedrero, versión de María Araujo y Julián Marías, Alianza editorial, Madrid, 1999.

—, *Metafísica*, edición trilingüe por Valentín García Yebra, Gredos, Madrid, 1982[2].

Bhagavad Gita, ed. bilingüe con comentarios finales de Roberto Pla, Etnos, Madrid, 1997.

Blay, Antonio, *Ser*, Índigo, Barcelona, 1992.

Bocheński, J.M., *Introducción al pensamiento filosófico*, Herder, Barcelona, 1982[11].

Castaneda, Carlos, *Relatos de Poder*, Fondo de Cultura Económica, México, 1976.

Chuang tzu, *Chuang-Tzu*, introducción y traducción de Carmelo Elorduy, Monte Ávila Editores, Caracas, 1991.

Cicerón, *Sobre los deberes*, traducción, introducción y notas de José Guillén Cabañero, Madrid, Alianza, 1989.

Delclaux, Federico, *El silencio creador*, Rialp, Madrid, 1987.

Desjardins, Arnaud, *Zen y Vedanta. Comentario al Sin-sin-ming*, traducción de Esteve Serra, José J. de Olañeta, Palma de Mallorca, 1997.

Eckhart, Maestro, *Tratados y sermones*, Edhasa, Barcelona, 1983.

Einstein, Albert, *Mis ideas y opiniones*, traducción de José M. Álvarez Flórez y Ana Goldar, Bon Ton, Barcelona, 2000.

El Kybalion, Luis Cárcamo editor, Madrid, 1978.

Emerson, Ralph Waldo, *Essays & Lectures*, The Library of America, New York, 1983.

—, *Confía en ti mismo*, traducción de Mariano J. Vázquez Alonso, Libros Río Nuevo, Barcelona, 1997.

Epicteto, *Disertaciones por Arriano*, traducción, introducción y notas de Paloma Ortiz García, Gredos, Madrid, 1993.

—, *Manual. Fragmentos*, traducción, introducción y notas de Paloma Ortiz García, Gredos, Madrid, 1995.

Hesse, Herman, *Demian*, traducción de Luis López-Ballesteros y de Torres, Editores Mexicanos Unidos, México, 1985[6].

Huxley, Aldous, *La filosofía perenne*, traducción de C.A. Jordana, Edhasa, Madrid, 1992.

Ibn Al'Arabī, *Tratado de la unidad*, Sirio, Málaga, 1992[2].

Kierkegaard, Søren, *Los lirios del campo y las aves del cielo. Trece discursos religiosos*, Ediciones Guadarrama, Madrid, 1963.

—, *Mi punto de vista*, traducción de José Miguel Velloso, Aguilar, Madrid, 1988.

Krishnamurti, Jiddu, *El libro de la Vida. Meditaciones diarias con Krishnamurti*, traducción de Armando Clavier, Edaf, Madrid, 1996.

—, *La libertad primera y última*, prólogo de Aldous Huxley, traducción de Arturo Orzabal Quintana, Edhasa, Barcelona, 1979.

—, *La tragedia del hombre y del mundo: la mente mecánica*, traducción de Pedro Sánchez Hernández, Kier, Buenos Aires, 1992[6].

La ciencia de Brahman: once Upanishad antiguas, edición de Ana Agud y Francisco Rubio, Trotta, Madrid, 2000.

Lao Tsé, *Tao Te King*, traducción y comentarios de Richard Wilhelm, Sirio, Málaga, 1995[3].

Majjhima Nikaya. Los Sermones Medios del Buddha, traducción del pali, introducción y notas de Amadeo Solé-Leris y Abraham Vélez de Cea, Kairós, Barcelona, 1999.

Marco Aurelio, *Meditaciones*, introducción, traducción y notas de Bartolomé Segura Ramos, Alianza editorial, Madrid, 1999.

Mondolfo, Rodolfo, *Heráclito. Textos y problemas de su interpretación*, prólogo de Risieri Frondizi, traducción de Oberdan Caletti, Siglo XXI editores, México, 1981[6].

Morin, Edgard, *La mente bien ordenada*, Editorial Seix Barral, Barcelona, 2001.

Müller, Max, *Introducción a la filosofía vedanta*, traducción de Mª Rosa Acebedo, Mra, Barcelona, 1997.

Nietzsche, Friedrich, *Así habló Zarathustra*, introducción, traducción y notas de Andrés Sánchez Pascual, Alianza Editorial, Madrid, 1997.

—, *Más allá del bien y del mal*, traducción de Andrés Sánchez Pascual, Orbis, Madrid, 1983.

Nisargadatta Maharaj, *Yo soy Eso*, traducción de Ricardo de Frutos, Sirio, Málaga, 1988. [*I am That. Talks with Nisargadatta Maharaj*, Chetana, Bombay, 1981[3].]

—, *Semillas de conciencia*, traducción de Pedro Rodea, introducción de Ramesh S. Balsekar, Sirio, Málaga, 1995.

Platón. *Obras completas*, traducción, preámbulos y notas por María Araujo, Francisco García Yagüe, Luis Gil, José Antonio Míguez, María Rico, Antonio Rodríguez Huéscar y Francisco de P. Samaranch, introd. de José Antonio Miguel, Aguilar, Madrid, 1988[2].

Plotino, *Enéadas* III-IV y V-VI, introducción, traducción y notas de Jesús Igal, Gredos, Madrid, 1985 y 1988.

Ramana Maharshi, *Pláticas con Sri Ramana Maharshi*, Kier, Buenos Aires, 1993.

—, *Sé lo que eres. Las enseñanzas de Ramana Maharshi*, editado por David Godman, Sri Ramanasramam, Tiruvannamalai, la India.

Séneca, Lucio Anneo, *Epístolas morales a Lucilio I y II*, edición crítica, traducción y comentarios a cargo de I. Roca Meliá, Gredos, Madrid, 1990.

—, *Sobre la felicidad,* versión y comentarios de Julián Marías, Alianza editorial, Madrid, 1999.

Shamkara, *Bhagavad Gita. Con los comentarios advaita de Shamkara*, Edición de Consuelo Martín, Trotta, Madrid, 1997.

—, *La esencia del vedanta*, traducción del sánscrito y comentarios de Raphael, Kairós, Barcelona, 1995.

—, *Vivecacudamani*, traducción y comentarios de Raphael, Edaf, Madrid, 1995.

Upanishads, prólogo de Raimon Panikkar, edición y traducción de Daniel de Palma, Siruela, Madrid, 1995.

Thoreau, Henry David, *Walden*, Parsifal Ediciones, Barcelona, 1989.

Watts, Alan, *Mito y ritual en el cristianismo*, traducción de Vicente Merlo, Kairós, Barcelona, 1997.

Weil, Simone, «La persona y lo sagrado», *Confines* 2, 1995.

—, *A la espera de Dios*, traducción de María Tabuyo y Agustín López, prólogo de Carlos Ortega, Trotta, Madrid, 1996[2].

—, *La gravedad y la gracia*, traducción, introducción y notas de Carlos Ortega, Trotta, Madrid, 1998[2].

Whitman, Walt, *Hojas de hierba*, selección, traducción y prólogo de Jorge Luis Borges, Lumen, Barcelona, 1991.

Wilber, Ken, *La conciencia sin fronteras*. Traducción de Marta I. Gustavino, Kairós, Barcelona, 1993[5].

editorial **K** airós

Puede recibir información sobre nuestros
libros y colecciones o hacer comentarios
acerca de nuestras temáticas en

www.editorialkairos.com

Numancia, 117-121 • 08029 Barcelona • España
tel +34 934 949 490 • info@editorialkairos.com